Vivisektionen eines
Zeitalters

Porträts zur Ideengeschichte
des 20. Jahrhunderts

霍耐特
选集

Axel Honneth

时代的活体解剖

20 世纪观念史肖像

〔德〕阿克塞尔·霍耐特 著

梁乐睿 译

上海人民出版社

国家社科基金重点项目（编号：19AZX003）资助

目 录

总序：从直觉到理论
　　　　——我走向承认学说之路　__i
前言　__i

黑格尔矛盾的遗产
　　　　——弗朗茨·罗森茨威格在世纪之初　__1

狂热的逻辑
　　　　——约翰·杜威关于德国人精神气质的考古学　__27

恶的现象学
　　　　——奥雷尔·科尔奈被遗忘的著作　__47

破坏性的现实主义者
　　　　——论齐格弗里德·克拉考尔的社会哲学遗产　__80

我们思维的决定性因素
　　　　——罗宾·G.科林伍德未被认可的成就　__98

自由的诱惑
　　　　——赫尔穆特·普莱斯纳在纳粹统治前　__115

对我们的威胁
　　　　——阿米泰·埃兹奥尼著作中的社会主义倾向　__123

"经济人"的界限
　　——论阿尔伯特·O.赫希曼的思想遗产　__136

恐惧与伤害的历史性
　　——朱迪丝·施克莱思想中的社会民主主义特质　__171

作为解放的历史学
　　——昆廷·斯金纳的观念史革命　__181

"世界末日之后"
　　——扬·菲利普·雷姆茨玛的社会理论　__194

参考文献　__213

术语索引　__215

人名索引　__221

从直觉到理论

——我走向承认学说之路

人们通常会这样说，任何理论都根植于一种前科学经验，后来被表述为诸多普遍化陈述之复合体的东西，早已萌芽于其中了。即使这个论断或许不无夸张，但在理论往往反映了远在系统化知识阶段之前就获得的洞见这一点上，它大概还是正确的；追踪成长过程中这样的深刻印象并给予其可普遍化的形式，往往正是这种愿望，开辟了从最初的直觉到理论形成的道路。对自己的理论信念的这种自传式起源进行说明，是自身启蒙的永恒且绝无休止的任务的组成部分：关于我们如何成长为今天的自己，我们越是捉摸不透，就越不能放弃至少弄清楚这个混乱发展过程中那些碎片的努力。人们或许应该把我接下来将要进行的内容设想为这样一种自身启蒙努力的组成部分：我想向自己澄清，我是如何从一些最初的、还是完全散乱的经验，走到了我的承认理论今天这种形式的。

一

我青年时代所经历的，与我的同时代人中那些像我这样出身于殷实的中产阶级家庭，从而相对无忧无虑地长大的人似乎没有多么不同；我们出生在二战结束几年之后，成长于一个即将经历巨大经济繁荣的国家；这种繁荣轻易地就排挤掉了人们对纳粹罪行的回忆，并让他们仅仅向前看，只将目光投向一个更美好的未来。在 20 世纪 60 年代早期，当我从小学升入文理中学的时候，经济繁荣也逐渐让联邦共和国的更低阶层受益，他们现在领取更高的薪水，并能够希望让自己的后辈获得社会地位上的提升。结果是，越来越多的来自传统的劳动者阶层的孩子被父母送到"更高级的"学校，这些学校从而由于其守旧的、取向于资产阶级价值的教育使命而很快就不堪重负；不仅文理中学没有充足的学习名额来应对涌入的学生，"有教养的资产阶级的"教学计划也不适合于为这些对技术性职业更感兴趣的年轻人助一臂之力。于是在一些政治家和知识分子的压力下，一开始还犹豫不决的教育改革，从 1965 年后便在一片批评声中由政府方面坚决地进行，这项教育改革对我在文理中学的学习生涯的影响，在本质上要大于那个时代许多其他的事件和动荡；回顾此生，我认识到这些经验是我对社会承认产生兴趣的源泉之一，所以它值得更详细地阐述一下。

对于一个出生于医生家庭，在 50 年代家境相对富有并在联邦德国被抚养长大的年轻人来说，教育改革的第一步就已经意味着对他那种战后中产阶级此时仍然孤芳自赏的生活的一种炸裂。在此之后，他们直到在文理中学的头几年还只是与家境类似的人一起度过，也就是跟药剂师、律师、经济顾问或者医生的孩子们一起玩耍，一起成长，而现在这些十二三岁的年轻人第一次碰到属于一个不同的、首先是在习惯和生活风格上陌生的阶级的青少年。这个巧合或者是我的性格让我尤其愿意跟来自这个阶层的同学们友好相处；作为采矿职工的孩子，他们大多生活在被隔离的城区，因为职工居住在离传送设备尽可能近的地方，这在采煤业是很常见的。我们作为朋友，时不时地会去拜访对方的家庭，或者是为了一起完成家庭作业，或者是为了我们的一些共同的兴趣爱好——大多数情况下是踢足球，它让我们的兴趣突破了阶级的界限。在我骑着自行车去他家的路上，某种程度上说就算是一种社会探险了，沿着这条路，我从南部满是粉刷一新的独户住宅的富裕城区，骑行到北部那些满是烟灵、黑乎乎的住户区，那里居住密度要高很多，并且从外面就已经可以看出这些家庭的穷困。但是比起这段路程，我能够更加准确地回忆起的是每次走进朋友的住所时迎面袭来的那种感受：每当我看到这个居住条件的窘迫和屋内布置的简陋时，羞愧、不安和同情的一种难以分清的混合情绪就不由自主地占据了我内心。每当这样的时刻，我就会惶恐地以为，我在朋友的表情和手势中看出了类似的心潮起伏，只不过是在相反的方向：我感到羞愧和同情，是因为我父母的房子装修得要豪华很多，从而就能够提供给我更多的个人发展空间，这样朋友就会感觉到羞愧和不安，因为我必定已经将他生活环境的贫穷和童年的社会窘境清楚地看在眼里了。在接下来的时间里，这种奇怪的扭曲关系在我们之间的情绪反应中从未被主题化，对此我们始终坚持沉默，但是很快就不再到对方家中拜访；此后我们在足球场、去划船的时候或者其他休闲娱乐场所碰面，也就是在中性的地点，以不费言辞地避开各自阶级地位带来的羞愧的压力。

对这些社会的情感波动的觉察，仿佛已结成了一条细线，将我引向日后的理论好奇心的心点（Fluchtpunkt），我此时开始对地位差别和社会不平等处境的情绪后果这个主题进行更为广泛的探究。那时我是个坏学生，但在课外却是一个热情的读者，这一度首先意味着，翻遍那个时代的文献，看看哪里有关于社会弱势

或社会优势的经验可读，我屏住呼吸狼吞虎咽地浏览了当时的很
多东西，那些作者都对碰到与他们的社会出身和阶级状况存在极
大差异的人时的那种感受做了细致入微的描写。但是我永远不
会忘记，我是带着何种恐惧的绝望彻夜阅读阿瑟·米勒（Arthur
Miller）的戏剧《推销员之死》（*Tod eines Handlungsreisenden*）的，20
世纪 60 年代这部戏剧在联邦德国的很多戏台上非常成功地演出
过；维利·罗曼（Willy Loman）出于羞愧而要努力对他的家人隐
瞒其职业上的失败，所以他就逃避到一种幻想的社会成功的世界
里，他的命运在任何理论知识之前很早就被我预感到了，即他不
得不生活在失去社会尊重的恐惧之中。[1]

二

当时对美国戏剧的热情甚至让我在中学毕业之后马上做出将
来去学习戏剧学的决定；那时，我认为舞台是形象地说明和探讨
我在中学时代已经深入思考过的社会主题的最适宜的媒介。然而
一旦认识到，学习戏剧学要求自己必须演戏的时候，我便由于对
任何公开登台表演的胆怯而放弃了这个计划，取而代之的是，决
定尽可能多地学习我可能获得关于社会尊重对一个人生存意义的
解答的学科。我开始学习哲学、社会学、日耳曼语文学和心理学，
四个学科的组合在当时联邦德国的大学还是被允许的。若非我
在文理中学时就具有的工作热情和纪律性，否则现在很快就迷失

---

[1] Arthur Miller，*Tod eines Handlungsreisenden. Gewisse Privatgespräche in zwei Akten und ein Requiem*，Frankfurt/M. 1987.

方向了；我现在阅读和研究的是在最宽泛意义上与这个问题——人们的自身理解和认同是如何被社会地位所影响的——相关联的所有东西。然而，我不得不很快就认识到，心理学和日耳曼语文学对这些题材范围只是做出了非常边缘性的贡献：在20世纪70年代初，心理学仍然受到伟大的发展心理学家皮亚杰（Piaget）的强烈影响，他曾吸引着我并且我至今还在研究他，但是心理学却几乎没有对自身价值和自尊心的感受的社会塑造做过专门的探索；日耳曼语文学则相反，处于一种理论爆发和重新定向（Neuorientierung）的状态之中，因为对文学文本的形式和内容的历史印迹的唯物主义追问一下子凸显出来，但是新的、大有希望的进路还没有足够发展起来，以实际地说服我这个青年学生——取而代之的是，我紧紧扣住原始文本，并开始研究青年卢卡奇和阿多诺的美学著作。从而，我在波鸿大学——一所年轻的、几年前刚刚建立的高校——学习的中心点就只是哲学和社会学；我聚精会神地学习它们，日耳曼语文学只是顺带着学，而心理学的学习在此期间则被完全放弃了。但是我当时几乎不可能在我最为感兴趣的这两门学科之间建立一种富有成果的结合：在社会学领域，我首要地研究阶级结构、特殊阶层的社会化（schichtspezifischen Sozialisation）和冲突分析等方面的问题，在哲学领域占优先地位的是批判理论、德国唯心主义以及阿诺德·盖伦（Arnold Gehlen）和赫尔穆特·普莱斯纳（Helmuth Plessner）的哲学人类学，他们吸引我并常常让我入迷。这种不能将感兴趣的两个领域交叉起来的状态，持续了两三年，直到我在柏林自由大学社会学系获得一个学术助理的职位后才结束，这个职位被委托的任务是在一个可预见的时间段之内写作一篇博士论文。我与当时的朋友汉斯·约阿斯（Hans Joas）写作的一本小册子，属于我为了开展这个计划而进行的准备工作；在其中我们尝试以某种方式清理哲学人类学传统，这种方式将让人们知道，人类所有的特定能力都是植根于其生活形式的主体间结构之中的。[1] 在这条道路上，我逐渐成功地实现（也走了许多弯路）将我青年时代就开始研究的主题进行重新表述，即开始描画哲学与社会学之间清晰的结合点——我的智识发展的这一篇章，对我的承认理论版本的发生来说太重要了，它理应得到详细一些的陈述。

三

在 70 年代的进程中，当我坚定地追随哈贝马斯而注意到批判理论传统中某些依我之见应该被消除的欠缺的时候，我的哲学兴趣就有些变浓了；我认为由阿多诺和霍克海默提出的理论的一个核心缺陷是，他们过于强烈地被如下观念所主导，即所有主体无论其群体归属如何（Gruppenzugehörigkeit）都毫无反抗地被编入资本主义的社会体系之中。在努力适当地理解社会诸群体的反抗追求的过程中，我当时在社会学中的一些具体化的兴趣又反过来有所助益；因为在我的社会学学习框架内，我碰到了一系列的理论方法，它们想表明社会底层支配着其本身的解释策略，以此来应对其受到的社会蔑视和承认缺乏——这个时候皮埃尔·布尔迪厄（Pierre Bourdieu）、理查德·森内特（Richard Sennett）和由斯图亚特·霍尔（Stuart Hall）建立的当代文化研究中心

---

[1] Axel Honneth, Hans Joas, *Soziales Handeln und menschliche Natur. Anthropologische Grundlagen der Sozialwissenschaften*, Frankfurt/M. 1980.

（CCCS）诸成员的研究对我产生了决定性的影响。[1]从哲学兴趣和社会学兴趣的这种混合出发，我得出了一个计划，即在我的博士论文中通过给被压迫群体的颠覆性反抗潜力，并借此对所有社会整合的冲突性（Konflikthaftigkeit）予以更大关注，从而弥补早期批判理论的欠缺。但是接下来在我起草计划的过程中，一种完全不同的理论突然之间将我吸引住了；那是在我当时主持法国后结构主义研讨班的过程中，我一下子明白了，福柯的权力分析与早期法兰克福学派之间显示出了某些引人注目的共同点，继续研究它们必定会非常富有成果。所以我再次放弃了我博士论文的最初计划，以用一个我确信是更好和更加富于成果的计划来替换之：现在我想借助福柯的权力分析来证明阿多诺和霍克海默的批判理论的欠缺，也就是表明后者恰恰缺乏一种社会冲突性和持续争辩性（Umkämpftheit）的观念，而这却处于前者理论的中心；接下来的第二步，在一种反向运动的过程中，通过关于福柯的诸多分析，如下这点被展示出来，即它们没有对关于这种冲突和争端在一个社会中到底是由什么推动的这个问题做出适当解释，因为这样就需要提及社会底层的规范性期待——正如前面提到的布尔迪厄、森内特和当代文化研究中心非常丰富地将其主题化的那样。

---

[1] Pierre Bourdieu, *Die feinen Unterschiede. Kritik der gesellschaftlichen Urteilskraft*, übersetzt von Bernd Schwibs und Achim Russer, Frankfurt/M. 1982; Richard Sennett, Jonathan Cobb, *The Hidden Injuries of Class*, New York 1972; Stuart Hall, *Selected Writings on Marxism*, Durham/London 2021. 关于布尔迪厄，可参阅我后来发表的文章：Axel Honneth, "Die zerrissene Welt der symbolischen Formen. Zum kultursoziologischen Werk Pierre Bourdieus", in: ders., *Die zerrissene Welt des Sozialen. Sozialphilosophische Aufsätze*, Frankfurt/M. 1990, erweiterte Neuausgabe: Frankfurt/M. 1999, S. 177—202。

从这个修订后的计划出发，我在 70 年代后期写就了我的博士论文，这篇论文本来是以对一种新的、还未获得的"社会斗争"概念的展望来结尾的；我已经清楚，社会只能被适当地理解为诸多竭力争取尊重和地位的群体之间那种受限于时间的妥协"凝结"为制度的结果，而我还不清楚的则是，这种冲突或斗争在概念上如何能够被适当地"拼写"出来。在我快要结束博士论文写作的时候，偶然发生了一件非常幸运的事情，我异常惊喜地接到于尔根·哈贝马斯的电话，他询问我将来是否愿意到法兰克福大学任他的学术助理；由于我的博士论文还没有完全结稿，所以我不得不拒绝，而他则改为给我提供为期一年的研究奖学金以替代之，随后，我在移居法兰克福之前接受了这笔奖学金。哈贝马斯提供的这个奖学金给了我一个机会，将此后不久即将结稿的博士论文补充进关于哈贝马斯社会理论的很长的一章，从而将其完善为一本专著。1985 年，也就是在我产生关于这篇论文的第一个想法的整整十年之后，我的博士论文的扩展版在苏尔坎普出版社（Suhrkamp）出版，名为《权力的批判：批判社会理论反思的几个阶段》[1]；这次出版在很多方面都可以被视为我后来的承认理论的预备阶段。

在我的这本著作中，我试图分三步表明，（1）阿多诺和霍克海默的早期批判理论没有充分考虑到社会冲突（包括在晚期资本主义社会中）的持续存在；（2）而福柯则相反，他不无道理地将这样的冲突视为任何社会秩序"永久的"基础，但是他未能真正地提出其规范性的动力源；（3）最后，哈贝马斯尽管正确地分析了所有社会整合的规范性约束，即他探究了日常行为中对尊重的

---

[1] Axel Honneth, *Kritik der Macht. Reflexionsstufen einer kritischen Gesellschaftstheorie*, Frankfurt/M. 1985.

交往性期待的交互性，但是却忽视了这个领域中相应规范的持续不断的争议性。在研究的结尾处，我指出了有必要从冲突的道德根源去对相互交往（Umgang）的规范进行更详细的研究。因此，社会冲突在核心处总是展现为一种为了社会承认的斗争这个观念虽然还未诞生，但是拐入以上勾勒出的这个方向已经是摆明的了。我的智识发展的下一步将是，从我此时为止的思考出发，借助于对青年黑格尔的回溯，推导出相应的结论。

四

这时已到了 1984 年，我在这一年中从柏林搬到了法兰克福，在这里我开始担任当时哲学系新聘的哈贝马斯的教席学术助理。这时我的兴趣自然而然地开始非常强烈地指向哲学的论题，但我却不想让社会学完全淡出视野之外。因为我已出版的博士论文依然有悬而未决之处，就是并未实际地澄清以道德方式推动的持续社会冲突概念，我并不想直接地攻克，而是迂回地接近它。为了这个目的，我的教学活动和课外阅读首要地关注法国哲学和社会理论的传统，我推测其中存在一种对社会冲突性的意义的强大感知能力；所以在我的研讨班大纲中就出现了卢梭、列维-斯特劳斯（Claude Levi-Strauss）、科内琉斯·卡斯托利亚斯（Cornelius Castoriadis）、福柯和布尔迪厄等人的理论，这些理论总是以这样或那样的方式让对社会群体之间斗争的原因的追问成为主题。我的智识发展的这一阶段的成果是几年之后汇编进文集《分裂的社会世界：社会哲学文集》(*Die zerrissene Welt des Sozialen. Sozialphilosophische Aufsätze*) 的诸多论文，在这本文集中，我同时还想将法兰西思想与批判理论进行比较。[1]但是这个研究并未实际地让我接近如下问题的答案，即社会群体的声誉和社会地位如何能够与一种社会内在冲突相关联。在我智识发展的这个节点上，我才想起我早年在波鸿鲁尔大学的研讨班，这些研讨班中讲授的往往是黑格尔的核心文献，因为那里的许多教授和同事都在坐落于彼处的黑格尔档案馆工作。我依稀记得，在这个背景下我多次听到黑格尔关于承认对个体意识之影响的洞见，但是当时并没有将其与我早年的如下经验建立联系：社会差异在自身价值感中的影响是产生羞愧。初次阅读黑格尔的情景我已几乎回忆不起，而在法兰克福的研究所，我确实已经开始在我的研讨班里翻新他的承认理论了。除了《精神现象学》——在我看来，它对承认在"主人与奴隶"一章中的角色论述仍然是不清楚的——之外，我在这些教学活动中首要地致力于黑格尔耶拿时期的早期著作；给我的印象是，黑格尔在这里对其走向承认概念（Anerkennungsbegrifflichkeit）的原初动机的呈现要清晰得多，从而也比在其后期著作中更容易把握。

在 80 年代后半期，我对黑格尔的研究越是深入，就越是强烈地萌生这样一个计划，即我的教师资格论文将致力于尝试借助黑格尔的承认理论来解决适当的社会冲突概念这个被搁置起来的问题；具体而言就是想要表明，正是自卑的贬低和顺从的经验，时常推动着个人和群体去反抗占统治地位的社会关系。但是很快我就不得不发觉，捍卫这样一个强有力的论题所需要的，远不只是对黑格尔的一些早期著作的相应阐释；他那关于"为承认而斗争"在社会性构成中的角色的简明的、意识理论的论述，如果要

---

[1] Axel Honneth, *Die zerrissene Welt des Sozialen. Sozialphilosophische Aufsätze*, a. a. O.

被引来作为批判的社会理论的基础的话，在某种程度上还需要一种现实化的"翻新"（Auffrischung）。从这些思考出发就逐渐产生了我的教师资格论文计划，我希望在我担任法兰克福大学为期六年的高校助理工作结束之前完成它：当时关于黑格尔的承认学说正好已经出版了一系列富有价值的研究论著，[1] 这个学说应该借助于一些源于心理学和社会学的理论得到补充，并作为一个解释框架被呈现出来，这个解释框架将使得如下这点成为可能：把社会发展解释为社会群体之间为了它们的身份诉求而斗争的结果。为了让这个强有力的论题有说服力，我首先感兴趣的是，通过松散地借鉴黑格尔的初始著作（Ausgangsschriften）区分出的对"身份"承认的要求的不同"层级"：无论是在亲密关系中争取自身需求的情感顾及，还是在社会环境中争取对个人人格独立的尊重，抑或是在道德上志同道合的共同体中争取对自身成就的赞许，依我看来都是相互区别的——由此便得出了我尝试对相互承认的各个形式之间做区分的三分法。关于承认对个人身份的获得和维持的意义，我当时认为正在被广泛讨论的米德（George Herbert Mead）社会心理学能够提供一种补充性的支持；毕竟米德与黑格尔类似，他将一种稳定的自身意识的发展设想为一种本我（eigene Ich）通过将他人承认的视角内在化而形成的一个逐级发展的组织过程——开始要具体一些，接着就越来越抽象。[2] 另外我想借助精神分析学家唐纳德·温尼克特（Donald

---

[1] Vgl. Ludwig Siep, *Anerkennung als Prinzip der praktischen Philosophie. Untersuchungen zu Hegels Jenaer Philosophie des Geistes*, Freiburg/München 1979; Andreas Wildt, *Autonomie und Anerkennung. Hegels Moralitätskritik im Lichte seiner Fichte-Rezeption*, Stuttgart 1982.

[2] George H. Mead, *Geist, Identität und Gesellschaft*, Frankfurt/M. 1973.

Winnicott）的客体关系理论，突出我首次提出的不同承认形式
对儿童自身价值感的发展的根本性意义；最后我计划通过借用萨
特和弗兰茨·法农（Frantz Fanon），来说明应该构成社会承认
之获取的一个稳定要素的斗争概念。

　　正如时常发生的那样，我在制定所有这些浮夸的计划时并没
有充分顾及自己紧张的时间期限，即便现在也是如此。为了让被
构思为教师资格论文的那部著作在我还在任哲学系学术助理期间
就能够提交，我必须首先取消许多曾构想的附加要素，从而只能
呈送一个在追求承认和为承认而斗争的视角下的黑格尔早期著作
阐释。1989 年秋天，也就是在民主德国和联邦德国之间的围墙
在民主德国的抵抗运动的压力下倒掉前不久，我以这部著作在法
兰克福歌德大学获得了教师资格。又是一次纯粹的幸运，我正在
完成教师资格论文时就收到了柏林科学学院的邀请，作为学院成
员在那里度过了 1989—1990 这个学年。柏林墙的倒塌使得当时
科学学院聚集起来的科学家圈子处于骚乱和兴奋（Begeisterung）
之中，尽管如此，我还是成功地利用这段时间修改和扩展了我的
教师资格论文；从而这篇论文能够在经过进一步润色和修辞上的
改进之后，最终于 1992 年在苏尔坎普出版社作为专著出版。[1]

　　此书关乎我为批判理论重新奠基的希望，不仅在规范性方面，
而且也在解释性方面。关于它的解释性内涵，为承认而"斗争"
的方法将有利于弄清楚，被压迫群体总是一再地与统治性社会秩
序发生冲突的动机和根据；也就是说，只要这样一种社会秩序还
在按照不平等的尺度考虑不同群体的利益和身份，只要这个不平

---

[1] Axel Honneth, *Kampf um Anerkennung. Zur moralischen Grammatik sozialer Konflikte*, Frankfurt/M. 1992, erweiterte Neuausgabe：Frankfurt/M. 2003.

等的尺度还反映在负担和特权的制度化分配之中，那么弱势群体迟早会努力反抗这一统治性的承认秩序，以使他们被压制的利益获得其应得的承认。为了理解我当时为什么赋予我这本书的解释性目标以特别价值，必须简短地回顾一下 70 年代和 80 年代冲突理论的趋势：那是一种将任何社会冲突都回溯到纯粹工具性兴趣（无论是经济上的收益还是政治上的权力）的强烈偏好，进而就遗忘了反抗的真正的道德驱动力。为了抵制这种倾向，我接着想强调一些新近的历史研究，[1]表明这种类型的冲突更频繁地是通过被拒绝承认和蔑视的经验刺激起来的，也就是说最终是通过具有道德根源的动机刺激起来的。

我想将我的构想的规范性目标设定与这个解释形态以如下方式结合起来，即在争取承认的斗争中总是能发现对规范性诉求的表达，这些诉求必须是在未来占统治地位的社会秩序的规则中才生效的。我当然明白，这个策略要求在获得辩护的和不可辩护的社会承认诉求之间做一个能够普遍化的区分——因为我只能将对承认的如下这种需求理解为以道德方式得到论证了的，即它事实上要指向统治性社会秩序的一种现存的非正义（Ungerechtigkeit），从而就拥有某种规范的有效性。当时我想，能够通过对一种社会生活形式在伦理上做先行把握（Vorgriff）来解决这个困难，在这种生活形式中所有主体都得到了完全的承认；从这种预期的最终状态（我曾想将其把握为一种“伦理的形式概念”[2]）出发，那么就可以回溯性地洞见到——至少我是这样希望的——哪些承认诉求可以被理解为走向那些能够被视为得到

---

[1] 例如参见：Barrington Moore, *Ungerechtigkeit. Die sozialen Ursachen von Unterordnung und Widerstand*, Frankfurt/M. 1982。

[2] Axel Honneth, *Kampf um Anerkennung*, a. a. O., Kap. 9.

辩护的诉求的道路上的步骤。就像我关于《为承认而斗争》的研究中的诸多其他论题一样，我很快也放弃了这个规范性策略。从而现在就行进至我将要过渡到的如下节点，即对我在紧接着的几年中就拙著中提出的理论进行的修订做一个概观。

　　在这个原初的构想中我至今仍没有放弃的东西，是对相互承认的三种不同形式之间的区分，正如其在亲密关系、社会权利关系和价值共同体的成功形式中所呈现的那样：在第一类关系中，参与者作为拥有独特的需要本性的个体而相互承认，在第二类关系中，参与者作为有责任能力从而享有个人自主的人格而相互承认，而在第三类关系中，参与者最终是作为对共同体富有价值的能力之主体而相互承认——第一种承认形式我称之为"爱"或者"关怀"（Fürsorge），第二种为"尊重"（Respekt），第三种为"尊敬"（Wertschätzung）。我事实上至今也没有对这个术语表做任何实际的改变，只不过我在将近二十年之后对后两种承认形式还是做了进一步区分——就此我还会谈及。不过，我在《为承认而斗争》出版后不久就已经在许多富有成果的讨论中清醒地意识到，我或许不能将我的三分法如我曾经顺势而为的那样普遍化。尽管我在重建现代权利发展为独立的承认形式的历史时刻的过程中已经明白，承认的不同类型并没有取代任何历史；但是我恰恰并未由此推出邻近的结论，将承认形式的发展和分化理解为一个彻彻底底的历史发生过程。但是借助于这个历史化，我接下来必须扬弃如下观念，即借助于某种理想化而预期一种人们之间完全承认的最终状态；如果它处于历史长河中（远不是我曾想的那样）的话，人们也就无从知晓，为承认而斗争的历史过程将会在什么地方终结。就此而言，我接下来迅速意识到我另外也必须寻求获取在得到辩护和不能够得到辩护的承认要求之间做区分的规范性基础，正如我之前所做的那样。所有这些细小的、但是接下来总数却相对巨大的修正，是我在 1990 年底开始的与美国哲学家南希·弗雷泽（Nancy Fraser）之间进行的争辩的准备阶段做出的。在我智识发展中开启的这一新篇章，我必须单独陈述。

五

我在柏林科学学院为期一年的研究工作（我利用这段时间修订了我的著作）刚刚结束，就很幸运地收到康斯坦茨大学哲学系的一个教席的聘任。这样我就开始了一段对深化我的哲学知识和取向贡献良多的时光，因为那里的同事们支持着繁多的、我至今都不甚了解的理论传统。我计划暂时不出新的专著，而是撰写论文，以更加确切地界定我与老一代和新一代的批判理论之间的关系；整体上说，我的智识发展的这个阶段更多地是处理新的冲动和扩展理论视野，而不是追求迅速的发表。在康斯坦茨任职仅仅三个学期后，我于 1992 年更换到柏林自由大学，在奥托·苏尔研究所（Otto-Suhr-Institut）就任政治哲学教席。那时我首先是为《墨丘利》（Merkur）杂志撰写关于社会学和哲学论题的短评；其中的一部分我在若干年之后集成一本小书《瓦解》（Desintegration）在费舍尔出版社（Fischer-Verlag）出版。[1] 在教学活动中我与一群优秀的学生一起研究政治哲学传统，同时也探究我本人的立场与批判理论传统之间的差别。在结束了这段平

---

[1] Axel Honneth，*Desintegration. Bruchstücke einer soziologischen Zeitdiagnose*，Frankfurt/M. 1994.

静的、但也是工作繁重的阶段之后，我才于 1995 年，即在纽约社会研究新学院任为期一年的客座教授期间收到了法兰克福歌德大学的聘请，在那里我将成为哈贝马斯在哲学系的继任者。我毫不犹豫地接受了这个聘请，感到从纽约返回之后，就有责任在我的新教席上，以特别的、无论如何是与我的前任的"光芒"相关联的方式继续发展我自己的理论。在接下来的岁月中，我首要地专注于两个主题。

我在新工作地研究的一个分支是致力于如下问题，即法兰克福学派的不同代表人物对统治性关系进行批判的方式，到底应该如何把握。完全显而易见的是，从阿多诺经霍克海默到哈贝马斯，他们一方面努力用现存社会自身宣告和制度化的规范来衡量这个社会，以能够用内在批判的方式将这样一种社会状态描述为与那些规范相矛盾的非公正性；同时，在这种"内在批判"之外，也存在着完全不同的努力，不是将社会关系简单地作为不公正的社会关系来批判，而是将其作为我们整个生活形式的过失（Verfehlung）来把握。这第二种形式的批判同样地在法兰克福学派的所有著作中都可以找到，我接着哈贝马斯将其刻画为对"社会病理"的诊断；对以上勾勒的主题，我的兴趣是如此之大，以至于我专门撰写了一篇较长的论文来探讨它，在其中我探究了这种批判形式的理论史起源和诸多方法论问题。[1] 这个新的兴趣领域以一种令人惊奇的方式与我当时研究工作的第二个分支和谐一致。20 世纪 90 年代后期，在我的智识发展中我首次深入研究黑格尔的"法哲学"；在过去，我跟随传统的解释潮流，

---

[1] Axel Honneth, "Pathologien des Sozialen. Tradition und Aktualität der Sozialphilosophie", in: ders., *Das Andere der Gerechtigkeit. Aufsätze zur praktischen Philosophie*, Frankfurt/M. 2000, S. 11—69.

常常认为这本著作是保守的，对承认理论也无关紧要，以至于我并未对它花费很大力气。现在当我意识到黑格尔在这部著作中不仅将正义理论的目标与一种病理诊断的意图以令人印象深刻的方式连接在一起，而且它还为承认理论准备了许多未被突出的宝藏之时，情况就出人预料地改变了。阿姆斯特丹大学 1998 年向我发出邀请，请我在紧接着的那个夏季学期到那里去担任斯宾诺莎客座教授，在那里，我利用这个机会，将我对黑格尔《法哲学》的深入研究作为斯宾诺莎讲座（Spinoza-Lectures）提交出来；由此便产生了两年之后我的小型研究《不确定性之痛：黑格尔法哲学的再现实化》(*Leiden an Unbestimmtheit. Eine Reaktualisierung der Hegelschen Rechtsphilosophie*)，这本书是由雷克拉姆出版社（Reclam-Verlag）出版的。[1]

黑格尔的这部著作首先让我激奋的除了正义理论与病理诊断之间的连接之外，就是其在伦理领域中三种承认形式相互区分的独特方式；它在社会学的观察力和道德哲学的锐利眼光上远远超过了黑格尔在其早期著作中已经草拟出的东西。黑格尔在其关于"伦理"的那章中将三种承认形式描述为互动关系，在其中，参与主体意识到共同分担的价值而自愿地承担社会角色，这些角色让他们相互之间有义务通过他们的补充性地相互交错的行为而服务于他们共享的善。这是一种社会学收益，它使得如下这点变得更容易理解，即相互承认往往包含着补充性义务的履行；但是在这个"社会学"收益之外，《法哲学》的整个架构也让承认形式根本不可能涉及非历史的、普遍地给出的互动关系这一点清楚明

---

[1] Axel Honneth, *Leiden an Unbestimmtheit. Eine Reaktualisierung der Hegelschen Rechtsphilosophie*, Stuttgart 2001.

白；完全相反的是，黑格尔在他的文本中始终意识到，他不仅将现代的、"浪漫主义的"爱的形式，也将"市民社会"中市场参与者之间的承认关系视为历史的晚近成就。这种对承认形式的历史相对化，也就是黑格尔的如下信念，即主体之间相互承认的方式随着历史过程的进展而变迁，让我最终确信我最初设定的关于承认模式的那种固定不变、一劳永逸地确定的三分法是错误的。我对我的原初方法的相应修正，是在与南希·弗雷泽的政治学—哲学争辩过程中首次明确地进行的。

我与弗雷泽之间同事般的友谊要回溯到 1996 年，那一年我是作为社会研究新学院哲学系的特奥多-豪斯教授（Theodor-Heuss-Professor）度过的；当时我们就计划以书面争辩的形式来探讨我们对承认的社会角色的不同观点，这个探讨随后在可能的情况下或许会出版。然而，因为我们二人同时都参与很多其他的研究项目，所以这个计划拖延了将近五年。在这本合作的论著（它最终产生于我们之间的思想交流）中，我首次总结了我当时对我的承认理论的最初构想所做的修改。[1] 基于异议、讨论和进一步的阅读，我当时至少在三个方面获得了不同于我在《为承认而斗争》中所阐述的观点的见解：首先是现在我更清楚了，人们能够将一个特定时代既存的承认形式的社会总体有意义地理解为一种"承认秩序"；从而我希望铸就一个概念，以让人们认识到在任何社会中，通常是在各种不同的社会领域内存在着不同的相互承认形式，但它们一起却必定给出了社会文化再生产的一个有支撑能力的基础，从而它们相互之间也就不可能存在过大的矛盾。正如前面已经提

---

[1] Nancy Fraser, Axel Honneth, *Umverteilung oder Anerkennung. Eine politisch-philosophische Kontroverse*, Frankfurt/M. 2003.

及的，第二方面是我明白了，在社会发展进程中，诸参与主体之间的承认形式可能发生巨大的变迁；尽管我本人已在《为承认而斗争》中强调，在现代之前，社会成员之间的适当承认还是依据社会尊重而按照等级制进行划分的，因此一个人基于其更高的地位会被授予比其他人更多的法律权限，但是我当时并未由此引出必然的结论。现在，这对我来说就意味着，不仅是一个社会的成员之间能够就多少方面相互承认这个问题在历史上是开放的，而且各自的承认方式——感情的、合理性的或者二者的混合——在历史上也是极度变化不定的。第三方面的修订是从第二方面推导出的一个结论，并且是我本该从一开始就必须明白的：社会承认若要能成功就往往必须是交互性或相互性的，这并不是自动地说它也要求主体之间的一种平等；毋宁说，交互承认的历史形式中诸主体就是作为不平等的主体而相互承认的——例如黑格尔在他的《精神现象学》中表明的主奴关系，他们的关系也是相互承认的一种形式，但似乎恰恰是一种不平等的承认。[1]

在我将我的论文加工成与弗雷泽的讨论集这段时间，我在苏尔坎普出版社出版了另外一本名为《不可见性》(*Unsichtbarkeit*)的文集，其中的论文探讨的主题是近现代哲学中承认动机的历史；[2]这些论文虽然产生自不同的诱因，但却都围绕着一个问题，即在新近的过去，主体间关系是如何得到哲学地理解的。但是接下来更大的挑战又一次降临到我身上，我于 2003 年收到伯克利大学的邀请，将于 2005 年 3 月去那里进行享有盛誉的坦纳

---

[1] G. W. F. Hegel, *Phänomenologie des Geistes*, Werke Bd. 3 (Suhrkamp-Werkausgabe), Frankfurt/M. 1970, Kap. B. IV, A, S. 145—155.

[2] Axel Honneth, *Unsichtbarkeit. Stationen einer Theorie der Intersubjektivität*, Frankfurt/M. 2003.

讲座（Tanner-Lectures）。就此我的智识发展又翻开了新的篇章。

六

去伯克利举行坦纳讲座的邀请吸引我的不仅是这个活动的世界性声誉，而且更为强烈的是如下挑战，即要能将我认为重要的主题在具备出众才华的听众面前分三次讲完。因此我不多犹豫就接受了邀请，但暂时还是难以确定要探讨的主题。我将来还要继续从事承认理论领域的许多问题的研究，不过我不想利用这些讲座来单纯地进一步追求我的核心兴趣；因此我要寻求一个理论对象，它尽管显示出对承认概念有所涉及，但是却又足够远离这个概念，以能够为这个概念打开新的视野。当我清晰地意识到，我长久以来就想对由卢卡奇造就并在后来频繁地被使用的"物化"概念进行一番深入分析，以为了当下而在某种程度上拯救这个概念时，我被这个突然产生的想法解救了；这样，将这个概念作为我报告的主题，并尽可能地将其置于与我的承认理论的关系之中，再没有什么比这更切题的了。

关于卢卡奇对"物化"的规定和推导，首要地有两个问题长久以来一直吸引着我。[1] 首先，我不太清楚的是，卢卡奇在其著名的论文中列出的所有物化现象是否都可以妥当归入这个概念的名下；例如，如果一个雇佣劳动者的劳动力在资本主义市场上被当作商品来对待，那么他并不简单地是在严格的意义上被"物

---

[1] Georg Lukács, "Die Verdinglichung und das Bewußtsein des Proletariats", in: *Georg Lukács Werke*, Bd. 2, Neuwied/ Berlin 1968, S. 257—397.

化"，因为剥削要取决于具体的人的工作能力——因此劳动者并不是单纯地作为物而被利用，而是被当作一个具备特别潜力的人而被"客体化"，或者像一件工具那样被对待。其次，我并未明白的是，为什么一个人或者其本身的灵魂生活的所有变成物或者被像物一样对待的现象都要被溯因到资本主义商品交换；对这种客体化的、剥夺人类尊严的行为方式的出现来说，还存在着单纯经济强制（即以市场参与者的态度看待周围世界和自己）之外的许多其他原因——很遗憾我当时还不知道大卫·莱文斯通·史密斯（David Livingstone Smith）的著作，在这些著作中他研究了这些形式的剥夺人类尊严的行为的非常不同的起因。[1]因此我着手的工作就是从卢卡奇的论文出发，提出在他的"物化"规定和推导之外的一个概念上的备选方案；我努力的结果就是我的坦纳讲座，其内容于 2005 年在苏尔坎普出版社以《物化：一项承认理论的研究》为题出版。[2]

我在这本小册子中尝试表明，我们所理解的"物化"，应该被设想为一种态度，在其中原初的、早在童年时代就已学会的将他人视为有感知能力的"同类"（Mitwesen）的承认被遗忘了——"承认之遗忘"这个概念我是受海德格尔的"存在之遗忘"概念的启发，以期能够用它来标明一种关于人类感知能力的"知识"的丧失所带来的深刻影响，这种知识在之前还是完全不言而喻地被掌控着的。但是，这种刻画并没有说出对这种原初的、非常根本性的承认的遗忘的社会诱因或者原因；我在这里必须呈

---

[1] David Livingstone Smith, *Less than Human. Why We Demean*, *Enslave*, *and Exterminate Others*, New York 2011.

[2] Axel Honneth, *Verdinglichung. Eine anerkennungstheoretische Studie*, Frankfurt/M. 2005.

现的问题，是追问如下状况的问题，它们迫使初步的感觉（如将他人视为有同样感知能力的存在者的感觉）失效了，或者使这种失效成为了可能。资本主义商品交换的行为强制应该能够对此负责，卢卡奇的这个解释由于上述原因并没有让我明白；但是接下来，这样一种"遗忘"可能会是如何被发动的呢？我最终设想的答案（在此不做充分阐述）是，把将人类自更长久的时间以来所渴望的、把邻人仅仅作为无质的客体来利用的这种行为做法（Verhaltenspraktiken）的训练视为这种"遗忘"的原因——我所引用的例子是军事操练，士兵们通过操练"学会"将他人仅仅视为一次可能袭击的目标甚或一次杀戮的目标。我不想就此排除某种经济上的做法也可能引起这样一种遗忘；通过这些做法，涉及的主体事实上仅仅被作为没有任何人性特征，可以被任意操纵的客体来对待，从而它就能够被定性为物化的形式。与到此为止对我的承认理论的表述相反，我的建议的新内容还在于，随规范性义务而来的所有承认形式，都预先呈现了一种首要的、极为根本的承认类型，它唯一的内涵是，完全将他人作为人，从而也就是作为一种有感知能力的、反思性地关涉自身的存在物来看待。

在我的坦纳讲座的讨论中，无论是在现场还是在之后以评论的形式，我的承认理论的这种新建筑术频繁地被误解；其中不乏有人硬说我想要借此以人类学的方式预设一种人们之间在根本上的友好（wohlwollend）关系。我想借这次回顾我本人的智识发展的机会，对这个成问题的论点再次做出澄清：承认的这种第一的、根本性的形式，并不是指诸主体普遍地以友好的动机相互对待，它更多地应该是说，在我们能够赋予他人以要求更高的也就是按照义务来要求自身的属性之前，我们一般地必须首先将他承认为一个"人"，也就是承认其为一种反思性的、对我们做出敏感反应的存在物。后来在我为这本书第二版补充上去的后记中，我尝试对承认的这种根本形式的先行意义再次进行了澄清："物化"作为对首要的、近乎自动地学习到的承认的遗忘，应该意味着在特定的、路径化的实践进程中忽略了，他人是一种反思性地关涉其互动伙伴的存在物意义上的人——无论是以友好还是拒绝的姿态。

七

在我的坦纳讲座这一章（包括对于我内心来说）结束不久，我就开始致力于一个其轮廓在我眼里还没有实际明了的任务。最晚是从我撰写关于黑格尔《法哲学》的意义和目的的那本小册子开始，在我心里就萌生了如下想法：以这本巨著为衬托，尝试为当下提出一种以伦理概念为取向的正义理论。但是我并没有直接撰写著作，而是首先长时间地探讨这个雄心勃勃的冒险计划所要求的方法前提；我在那些想将社会正义原则更多地从既有的"日常道德"中获取或导出的政治哲学方式中，而非像通常那样在一种取向于普遍原则的、回溯到康德的思维传统中去寻求建议——所以我当时的阅读定额（Lektürepensum）中就包含着对迈克尔·沃尔泽（Michael Walzer）和大卫·米勒（David Miller）的相关研究。[1] 此外，我对这个新的、规模宏大的主题所做的漫长的准备工作（Einarbeitung），伴随着诸多研究的计划，即将我

---

[1] Michael Walzer, *Sphären der Gerechtigkeit. Ein Plädoyer für Pluralität und Gleichheit*, übersetzt von Hanne Herkommer, Frankfurt/New York 1992; David Miller, *Grundsätze sozialer Gerechtigkeit*, Frankfurt/New York 2008.

过去几年出于不同的诱因而撰写的论文结集成册；在短短三年时间中，我就以这种方式出版了两本新的文集，它们也都是由苏尔坎普出版社出版的，并且是致力于两个非常不同的主题领域：在论文集《理性的病理学：批判理论的历史与当前》（*Pathologien der Vernunft. Geschichte und Gegenwart der Kritischen Theorie*）中我收集了之前撰写的、论述批判的社会理论传统的不同作者和方法的论文，[1]在《我们中的自我：承认理论研究》（*Das Ich im Wir. Studien zur Anerkennungstheorie*）这本文集中，我收集了论述人类主体间性理论的先行者和代表人物的研究。[2]

　　这两本书收录的论文中没有一篇直接对那个更大的、当时浮现于我眼前的规划有所贡献，但是其中有几篇展现了走向这个新计划的重要的中间步骤（Vermittlungsschritte）。我在一篇文章中探究了波尔丹斯基（Luc Boltanski）和泰弗诺（Laurent Thévenot）在他们的著作《论辩护》（*Über die Rechtfertigung*）中勾勒出的道德社会学的基本理论预设，以查明日常行动者借以检查其社会秩序的特定领域的合法性的那些道德原则；[3]尽管我对这种方法提出了诸多异议，但是它帮助我获得了关于黑格尔哲学前提的重要性和正确性的社会学澄清，即任何主要的社会领域都按照各自的基本原理而获得伦理上的辩护。[4]在我看来类似的还有大卫·米勒（David Miller）关于《社会正义的基本原理》

---

[1] Axel Honneth, *Pathologien der Vernunft. Geschichte und Gegenwart der Kritischen Theorie*, Frankfurt/M. 2007.

[2] Axel Honneth, *Das Ich im Wir. Studien zur Anerkennungstheorie*, Berlin 2010.

[3] Luc Boltanski, Laurent Thévenot, *Über die Rechtfertigung. Eine Soziologie der kritischen Urteilskraft*, Hamburg 2007.

[4] Axel Honneth, "Verflüssigungen des Sozialen. Zur Gesellschaftstheorie von Luc Boltanski und Laurent Thévenot", in: ders. *Das Ich im Wir*, a. a. O., S. 131—157.

（*Grundsätze sozialer Gerechtigkeit*）的研究，我对它的探讨最初是我为文集《我们中的自我》写的"前言"；在这种方法中我看到了许多与黑格尔《法哲学》在社会学上的相似性，米勒的出发点恰恰也是对有效的正义原则的规定必须能够遵循社会成员的伦理确信，从而必须预设一个多元的形态。[1]在研讨这些理论的道路上，我逐渐提出如下初步观点——就像我尝试将黑格尔法哲学重新现实化时在方法上所必须认识到的那样：为了让他的思辨操作变得勉强合理，我就不能单纯地"拾起"关于单个社会领域的"伦理"原则的简单现存观点或者仅仅是经验地查明之，毋宁说这些观点必须随着现代社会的发展以规范的方式被"重建"，以使得它们作为在社会冲突中赢得的、逐渐推进的对不同现代体制的"内在规范性"的解说而能够被理解。在波茨坦大学为我的作品召开的学术研讨会上，我给出了关于以上提出的、我打算作为我研究之基础的"规范性重建"方法论的第一份概要，这篇论文后来发表在一本小册子中。[2]这份方法上的纲要标志着一个开始，这样我从 2008 年起便能够高强度地对我的计划进行文字上的撰写，以赋予黑格尔《法哲学》一个与我们这个时代相适应的形态。

很早我就决定，将这本即将产生的著作取名为《自由的权利》（*Das Recht der Freiheit*），以借此充分考虑黑格尔的实践—政治哲学的根本意图：黑格尔确信，现代社会的制度领域中的社会正义，应该就此得到衡量，即其在何种程度上成功地全面满足了

---

[1] Axel Honneth，"Sozialforschung als Kritik. Zur Gerechtigkeitstheorie von David Miller"，ebd.，S. 158—178.

[2] Axel Honneth，"Gerechtigkeitstheorie als Gesellschaftsanalyse. Überlegungen im Anschluss an Hegel"，in：Christoph Menke, Julia Rebentisch（Hg.），*Axel Honneth. Gerechtigkeit und Gesellschaft*，Berlin 2008，S. 11—29.

诸主体关于其个人自由现实化的要求。不过，这个原则要能够被应用，首先就必须阐明"个人自由"的含义——就像黑格尔在其《法哲学》的长篇"导言"中所进行的那样。[1] 我也打算在我著作的开头部分提出类似的东西，只是我想要在这里取消掉黑格尔那种形而上学的、从精神概念出发来进行的论证过程。因此我的任务就是，将我对不同社会领域的规范性原则的规范性重建作为本书的一部分先说出来，在此黑格尔的精神中的"个人自由"概念被分成诸多组成部分，这些部分由于精神的含义的复多性而内在于精神之中。为了完成这个任务，我采取的策略是，沿着近代政治思维的历史总结出"自由"的三种含义，这三种含义必须被区分开并且构成了同一个概念的富有意义的诸方面：霍布斯隆重命名的"消极的"自由观念，卢梭和康德确立的"道德的"或"反思的"自由观念，最后是"社会的"或"交往的"自由，这是由黑格尔在《法哲学》的"导言"中作为最为广泛的自由范畴提出来的。[2] 就像在黑格尔那里一样，我想将这三个概念放到词典式的（lexikalisch）秩序中来理解，因此它们中任何一个后出现的概念都以前一个概念为前提，离开前一个概念，后一个概念就得不到思维（或者现实化）。这样，就像在黑格尔那里一样，我得出了研究的框架结构：我一开始必须阐明近代社会中个人自由的社会地位和辩护基础，我借助于霍布斯将其理解为"消极的"自由，它应该被把握为主体权利的典型体现；我必须由此过渡到"反思的"自由，以演示消极自由的生存授权

---

[1] G. W. F. Hegel, *Grundlinien der Philosophie des Rechts* (Theorie-Werkausgabe), Frankfurt/M. 1970, Bd. 7, Einleitung, S. 29—91.

[2] Axel Honneth, *Das Recht der Freiheit. Grundriß einer demokratischen Sittlichkeit*, Berlin 2011, Teil A, Kap. I—III.

（Daseinsberechtigung），并最终重建不同的领域，在这些领域中社会成员应该有能力以社会互动的形式，"社会地"实施其个人自由，并就此感到自身是更为广泛的"我们"中的一员。

在我的计划中显得如此简单的东西，接下来在细节上却比我预期的要难以实现得多。我不仅低估了为了让关于这个需单独阐述的领域的知识水平达到尚可程度所必须处理的文献总量；我之前也没有注意到，与黑格尔不同，还必须阐述单个自由领域中的社会冲突，这些冲突自那个时代以来导致了不同规范性原则的集体谱写（Ausbuchstabierung）的巨大进步。另外，我也想跟随黑格尔，不仅突出单个自由领域的"生存权利"（Daseinsrecht），而且还要提出社会的病理学，每当向来得到保障的自由的规范性要点被误解，这种病理学就会产生。简而言之，我在笔记中所注意到的和渴求进一步阅读的许多东西，都聚集到了这里。我的家庭之前从未忍受过我日复一日地为了驾驭劳动消耗而强加于自己的纪律所带来的痛苦；但是幸得我在法兰克福大学能够有资格休连续两个学期的学术假（Freisemester）——这是我因为参与"规范性秩序"（Normative Orders）研究集群而赢得的。接下来就是 2011 年 4 月，我完成了我的书稿，我对这个成果基本满意，从而就能将整部长达 600 多页的稿件递交给苏尔坎普出版社的编辑女士。

在这里我不想再次总结我这部论著的建筑术和论证线索。指出我曾尝试为 20 世纪西方社会提出民主伦理的制度条件这一点就足够了：我若是想跟随黑格尔的操作办法，就必须在我的著作中致力于研究现代社会的制度结构，看看对其成员或者是对国家机关的哪些规范性义务被准入，若不遵守它们，对社会再生产来说必不可少的不同任务就得不到完成，就像基于当时流行的、被粗略划分的社会道德所期待的那样；那么就类似黑格尔所做的，依据以这种方式揭示的、声称具有社会有效性的社会规范，就应该得到"规范性的"或"合理性的"重建，因此它应该总是被描绘为"公正的"，因为它在以道德方式要求的形式下，对社会内部必不可少的任务的完成做出了贡献。社会正义条件的整体应该被把握为社会成员能够没有限制和畏惧地参与一个民主社会的社会生活的前提。我于2011年出版的这本书很快就获得大量反响，包括热情的赞誉到谨慎的赞同，再到激烈的批判；持肯定态度的人，首先是赞赏通过一种伦理的制度主义对规范性的程序主义的克服，而否定的反响涉及的则首先是说，我与黑格尔一道过分拘泥于制度上的既有物，以及"规范性重建"的方法未得到充分论证。在随后为本书举行的许多学术讨论会上，我试图与这些异议进行争辩；就此我专注于社会习俗主义这种异议，通过清晰地区分"制度的"革命和"规范的"革命来进行反驳：尽管我的研究一再暗示，当下的制度架构能够给出更好的、对自由价值有更加内涵丰富的说明的选项，但不是说我们就要长期坚持这个规范性原理本身，这里我想说的是不以借法国大革命强有力地表达出的个人自由价值为约束——从而我的论证和方法认可的，当然是"制度的"（institutionell）革命，而非为了将来的"规范的"革命。关于这个异议以及与之接近的争论点而发生的一些争辩，现在应该可以以书面的形式查阅到；这些读物提供了一个关于我的著作在学术界所引起的诸多讨论的很好的概观。[1]

---

[1] The Right of Freedom. Special Issue，in：*Krisis. Journal for contemporary philosophy*（Online journal；www.krisis.eu），2013；*Critical Horizons. Special Issue*：*Axel Honneth's Freedom's Right*，Vol. 16（2015），No.2；Mark Hunyadi（Hg.），*Axel Honneth. De la reconnaissance à la liberté*，Lormont 2014；Magnus Schlette（Hg.），*Ist Selbstverwirklichung institutionalsierbar? Axel Honneth's Freiheitstheorie in der Diskussion*，Frankfurt/M.：Campus Verlag 2018.

但是在完成了我迄今为止规模最为宏大的著作之后，我还想做进一步的澄清，从而开辟一条新的道路。在这个意义上说，我的智识发展由此开启的这个阶段首先只是理论的深化和哲学上的后续工作。

八

在我的著作出版那一年，我就收到了纽约的哥伦比亚大学的职位聘请，去就任哲学系的一个名为梅隆教席（Mellon-Professur）的长期教职；但是由于我要继续歌德大学的教授职位以及社会研究所所长之职——这两个职位对我都很重要——我就告知哥伦比亚大学，我想暂时先以每年中的半年时间担任计划中的这个教授职位。接受这"第二个"教授职位肯定首先意味着巨大的转换（Umstellung）和多出来的一份工作，但是它却有悖常理地为我本身的研究挪出了更大空间，因为我在纽约的几个月不必陪伴家庭，从而还一度可以像一个学生那样无忧无虑地工作。尤其是在对我著作的批判压力之下，我已于2012年利用新的可能性堵住了《自由的权利》的论证过程的一些漏洞，同时也补上了一些缺失的区分。有一篇文章属于第一个领域，德国教育科学家大会邀请我做主题报告给了我撰写这篇文章的机会。因为过度屈从于黑格尔《法哲学》的布局，我在我的著作中犯下了如下错误，即与德国唯心主义者一道，忽视了公共教育机构——在今天涵盖从学前教育经中小学再到大学——对民主伦理的发展和维持的重大意义；在上述报告中，我尝试通过与杜威和涂尔干一道突出公共学校（恰恰不是"私人"学校）关键的民主角色来消除这一明显的缺陷。这份讲演稿很快就作为论文发表，[1]它在某种程度上它必须被作为在思想上补充进《自由的权利》的另外一章，以让后者能够包含民主伦理的制度条件的一幅完整图景；对此公共学校占据非常核心的位置，它们还被委以法治的使命，即通过课程的形式和材料来练习民主的态度和实操。

但不仅是有一些明显的疏漏在事后被认为在《自由的权利》中就应该消除的，而且我这本著作中还有一些核心的转换构件（Weichenstellung）未得充分说明，所以我现在感觉到有事后去改善它们的压力。除了"规范性重建"在方法上的程序之外，首要的是"个人自由"的三个概念之间的区分。又是一个做报告的邀请，给了我机会对它做进一步阐明。2013 年，玛莎·纳斯鲍姆（Martha Nussbaum）向我建议，在接下来的一年到芝加哥大学去主持杜威讲座；由于我长期以来对杜威的哲学著作评价甚高，而且认为其迎合了我本身的关切，[2]所以我毫不犹豫就接受了这个邀请。在我的报告中（随后也作为论文发表[3]），我尝试通过对日常例证的直观说明并独立于所有传统对其含义进行解

---

[1] Axel Honneth, "Erziehung und demokratische Öffentlichkeit. Ein vernachlässigtes Kapitel der politischen Philosophie", in: *Zeitschrift für Erziehungswissenschaft*, Bd. 15, H. 3, 2012, S. 429—442.

[2] 除《自由的权利》中的许多论述之外，还可参见：Axel Honneth, "Demokratie als reflexive Kooperation. John Dewey und die Demokratietheorie der Gegenwart", in: ders., *Das Andere der Gerechtigkeit*, a. a. O., S. 282—309; Axel Honneth, "Zwischen Prozeduralismus und Teleologie. Ein ungelöster Konflikt in der Moraltheorie von John Dewey", in: *Deutsche Zeitschrift für Philosophie*, Jg. 47 (1999), Heft 1, S. 59—74。

[3] Axel Honneth, "Drei, nicht zwei Begriffe der Freiheit", zuerst erschienen in: *Die Unergründlichkeit der menschlichen Natur. Internationales Jahrbuch für Philosophische Anthropologie*, hg. von Olivia Mitscherlich-Schönherr u. Matthias Schloßberger, Berlin 2015, Volume 5, S. 113—130.

释，来赋予对《自由的权利》至关重要的"社会自由"概念一个更加清晰的轮廓。关于最后是否成功，我不能做出适当评价，但是我认为确定的是，离开关于自由的"第三个"概念的一种直觉性的说服力和可理解性，《自由的权利》的根基就非常脆弱。

不过《自由的权利》的回声中对我来说有燃眉之急的是，频繁地有人提出异议，说我在我这本著作中像黑格尔一样过度拘泥于现存的社会关系，没有能力在思想上超越之。因此早在2012年我就萌生了一个想法，撰写一本关于社会主义的简短研究著作，以一劳永逸地解释清楚，我认为在《自由的权利》中阐述出的民主伦理的条件的进一步发展，在一种"社会主义的"社会体系的方向上不仅仅是可以想象的，而且甚至也是规范性地被要求的。又是做一个系列报告的邀请让我有机会，将这个一开始还是模糊的计划实际地付诸实施，并随着时间的推移产生了一本关于《社会主义理念》的小书。[1] 在这项研究中，我通过三项思想操作来确立其与之前那本著作之间的连续性，同时想打开一个向前的视野：首先，在我看来很重要的是突出社会主义传统，它在道德上不是简单地要求论证社会平等，而是首先要求论证社会自由——在规范上要求所有社会成员的平等地位，这不是为了他们自己，而是为了社会的或者团结的自由之实现。其次，我心里记着要去阐明，在这个社会主义传统中，我在《自由的权利》中与黑格尔一道描述的不同社会领域的功能性区分从一开始就被低估了，也就是如下事实被低估了，即在现代社会，社会再生产的任务在分工上相互联系的诸领域中完成，而这些领域是分别通过不同的规范来调节和组织的；因为人们持着受马克思主义影响的社

---

[1] Axel Honneth，*Die Idee des Sozialismus. Versuch einer Aktualisierung*，Berlin 2015.

会主义观念，并错误地从社会整体被（社会主义地改造过的）经济所统治和构造这一观点出发，所以就需要对社会主义理论进行重新定向，以适当考虑这种功能性区分的情况。再次，我也着眼于尽可能清楚地突出，为何最终还需要对社会主义的历史观进行重新定向（Umorientierung）：如果说人们到目前为止仍然确信，对如何构造"社会主义"社会的制度系统已经拥有了足够的知识，那么我的看法则与此相反，我们今天可能还远远不能肯定，哪种经济形式最能够满足社会自由的扩展和实现这个目标；从而在我看来，为当前的社会主义推荐一种实验性的观点是有道理的，在其中未来的历史必须被视为一种制度的诸可能性的开放领域，这样通过社会实验才会试验出走向实现社会主义经济的最适合的道路。

关于我对社会主义重新定向的努力的简短概观已经让我们知道，这项研究被视为一种"元政治学"的自我理解；我绝不是想就此为当前政治领域的派别提供方向性建议，毋宁说我是将这些规范性的和社会理论的基点勾勒出来，它们是当今有责任实现社会自由的社会主义运动必须加以坚持的。《社会主义理念》出版之后迅速引发许多讨论，在这些讨论中我的论证方向（Ausrichtung）经常被误解；人们总是一再地在其中寻求我们今天关于社会主义已经能够形成共识的、关于社会参与者或者经济措施的具体指引。每次我都不得不令这些查问失望，因为我每次都指出我的研究的元政治学身份（Status）；再重复一下，毋宁说我的意图在于，只有有朝一日，我们获得了社会主义的新定向框架之后，在其中这个运动过去的政治失败所贡献的所有理论前提都被排除了之后，只有当这样的重新校准（Neujustierung）的任务得到完成之时，那么人们才能够提出我们为社会主义运动的政治重组能够做些什么这个问题——我至今仍确信这一点。

随着我的《社会主义理念》这本小书的出版，我针对学界批判《自由的权利》的回应就告一段落了；尽管我看到了进一步澄清的需要，因为诸如"规范性重建"在方法上必须如何得到更加准确的理解，或是对"社会病理学"概念如何有意义地使用这样的问题，至今都仍然是开放的；[1] 但是对于大多数的查问我相信通过我的补充性文章和社会主义研究现在都已经回答了，以至于我首次感觉到，我能够转向我的新任务了。就像在我的智识发展中如此频繁发生的那样，我的社会哲学理念的每次进一步深化的启迪，都是由一次我幸运地收到报告邀请来实现的。

九

如果我的回忆没错的话，在 2016 年的前几个月，我收到剑桥大学历史系的邀请，次年去那里进行西利讲座（Seeley-Lecture），这个讲座虽然在德国知名度不高，但在盎格鲁—撒克逊世界却声誉日隆。他们很友好地告知我，这三次讲演应该致力于"思想史"领域，从而必须探讨精神史一类的材料，但是在确切的主题选择上给予我所有的自由。因为我长期以来感到需要更多地从事哲学史的工作，便立刻接受了这个邀请，但是在决定将要探讨哪个主题上，一开始还有些困难。最终我豁然开朗了，因为我明白了，当时关于社会承认消极方面的大量讨论，也就是关

---

[1] 例如参见：Fabian Freyenhagen, "Honneth on Social Pathologies: A Critique", in: *Critical Horizons.* 16（2），2015，S. 131—152。

于任何承认都能够固定地连接着特定的属性这种情况的讨论，都必须具有一种历史性维度。也就是说，我开始追问，人类的承认需要在欧洲精神史上有时候是否被消极地解释了，以至于今天对"承认"的怀疑是有其历史先行者的。几年之前我就曾经探索过这个问题，例如我曾经研究过卢梭的著作，看看它就人类对社会性尊重的依赖进行了哪些深刻的抨击；[1] 何不进一步探询并将整个过程以精神史的方式重建出来，在这个过程中，欧洲现代精神就人类的承认需要这个主题在不同思想家中间进行了极富争议的讨论；我希望，我也能够以这种方式发掘出今天人们或者从消极影响，或者从积极影响来评价社会承认的原因。对这个主题我几乎还没有准备好，我意识到通过这个主题我会将历史性问题和系统性问题结合起来，心里也立刻热血沸腾起来；我给剑桥大学的同事回复说，我的三场讲演将致力于探讨承认理念的欧洲精神史。

在我的智识发展中，之前很少有什么任务像写下这三场讲演的文稿这么简单流畅。第一次带着系统的知识兴趣，我阅读了拉罗什富科（La Rochefoucauld）、卢梭、大卫·休谟、亚当·斯密和其他作者的相关著作，因为在他们所有人那里，我都看到了就我们对社会承认的依赖性的意义进行探讨的有趣踪迹。我对他们各自著作钻研得越是深入，让人认识到具体语言文化之间最为显著的差别的发展线索就越是清晰地呈现在我眼前：在法兰西文化圈中，也就是在道德主义者和卢梭那里，存在着一种对社会尊重之需要的极大怀疑，因为他们推测其中存在着个人独立性和本真

---

[1] Axel Honneth, "Untiefen der Anerkennung. Das sozialphilosophische Erbe Jean-Jacques Rousseaus", in: *West End. Neue Zeitschrift für Sozialforschung*, 9. Jg.（2012）, Heft 1/2, S. 47—64.

性丧失的动机根源；在盎格鲁—撒克逊文化圈则相反，在沙夫茨伯里（Shaftesbury）、休谟和斯密这些人那里，对这种依赖他人的积极评价占据统治地位，因为他们在其中看到了一种认知的和道德的自身控制的产生手段；最后在德意志文化圈中，在康德、费希特和黑格尔那里，一种对邻人的社会依靠的同样极为积极的评价也在"尊重"和"承认"等概念的名下迅速得到普遍认同，因为它被把握为所有市民之间平等关系的源泉。当我明白了对社会承认的解释的这些民族特征，并且认为在添加上历史材料的情况下能够将其阐释为政治差异的后果之后，我就迅速地将我调查研究的结果写成文章；然后我基于这些稿件于 2017 年 5 月在剑桥大学做了三次讲演，并且也得到很多赞同，这样就可以计划将我的西利讲座出版成书了。

在访问剑桥大学的几个月后，我向手稿中补充了另外的一章，在其中我尝试从我的观念史思考中引出系统性的结论；扩展了这一章之后，这份小型研究就以《承认：一部欧洲观念史》（*Anerkennung. Eine europäische Ideengeschichte*）为名，于 2018 年又是在苏尔坎普出版社出版了。[1] 但有趣的是，这本小书在国外，尤其是在法国和英国，引起的关注要大于在德国——尽管我在这本书中恰恰是将对"承认"的德语解释阐明为特别进步和指引性的。直到今天，我都没有成功地弄明白，到底对我的研究的接受的这种巨大差异是由什么原因引起的；但有时我会怀疑，这个原因可能与历史意识的缺乏有关，这种缺乏的情况多年来一直令人遗憾地在德国大学的人文社会科学中占据着统治地位。

———————

[1] Axel Honneth, *Anerkennung. Eine europäische Ideengeschichte*, Berlin 2018.

+

随着这个悲观的推测，我在这里呈现的、对我本人的智识发展做一个概观的努力就接近尾声了。在我关于欧洲思想中承认主题的著作结束之后的时间里，我在新泽西的普林斯顿大学高等研究院做了为期一年的学术访问；在那里我能够借助优越的工作条件来积蓄新的力量，以准备未来的研究规划。我再次幸运地收到了一个报告邀请（现在这对我来说是一个习惯了），这次是柏林，他们邀请我于2021年到那里去做本雅明讲座（Benjamin-Vorlesungen）。与之前的邀请不同，这次我没感觉到困难，我迅速决定了这三次讲演的主题；因为长久以来我就有这个想法，即最终以更为详细和更为专题性的形式来探讨我迄今为止只是以众多相互独立的文章进行探究的问题：[1]我想以历史—系统的方式来研究，我们的社会劳动关系在将来如何能够得到变革，以允许职工能够在没有时间、心理和物质限制的情况下参与民主决策？尽管我已经在一篇关于民主与分工的新文章（它发表在我2020年出版的文集中[2]）中尝试勾勒了这个新的工作领域，但是现在我想处理的是，在本质上更加详尽地探讨对民主决策的补充需求（Ergänzungsbedürftigkeit）和对公平的、良善的劳动条件的追问。

---

[1] Axel Honneth, "Arbeit und instrumentales Handeln", in: Axel Honneth, Urs Jaeggi (Hg.), *Arbeit*, *Handlung*, *Normativität*, Frankfurt/M 1980, S. 185—233; ders., "Arbeit und Anerkennung. Versuch einer Neubestimmung", in: *Deutsche Zeitschrift für Philosophie*, 56 (2008) 3, S. 327—341.

[2] Axel Honneth, "Demokratie und soziale Arbeitsteilung. Noch ein vernachlässigtes Kapitel der polirischen Philosophie", in: ders., *Die Armut unserer Freiheit. Aufsätze 2012—2019*, Berlin 2020, S. 208—233.

我目前已经以《劳动的主权》(*Der arbeitende Souverän*) 为题在柏林做了三场讲演；我在那里收到了对我的思考反馈回来的诸多启发意见和批评性质疑，我将在接下来的几个月中对我的手稿进行加工，以将其完善为一本专著。借着这本计划中的书，我以某种方式返回到了我智识发展的最初开端；因为我想主题化的，恰恰是劳动群众受到的社会歧视，早在我的学生时代，这些歧视就已经让我注意到社会承认的价值了。

阿克塞尔·霍耐特

2021 年 7 月

（谢永康　译）

前言

这本小册收录了我在非常不同的场合所描绘的知识分子肖像。然而，这些人物——他们的作品在此得到回顾——所具有的共同点要多于这些场合所显现的差异。本书要讨论的十一位作家从 20 世纪的历史经验空间中获得理论创作的灵感，即便是在这种完全外在的意义上，他们就已殊途同归。虽然约翰·杜威、弗朗茨·罗森茨威格、齐格弗里德·克拉考尔、罗宾·科林伍德，以及赫尔穆特·普莱斯纳生于 19 世纪下半叶，但他们那些足以影响理论的经历与经验都发生在 20 世纪，即艾瑞克·霍布斯鲍姆在回望历史时所说的"极端的时代"。此外，这里所收录的理论家们还有一个共同点：他们穷其一生，都不愿超然于政治—历史的事件之外来理解自己的工作。即使如罗宾·科林伍德这般看似遁世而怀旧的人，都认为自己的哲学理论或许能为时代的挑战提供解答。然而，这里所谈论的大多数作者都并非出于自愿才成为知识分子，而是迫于流亡与政治上的无所归依，才不得不在自己的理论工作中紧跟历史的时代步伐，唯其如此，他们方能幸免于难。就此而言，本书也证明了托尼·朱特的论断有多么正确：
20 世纪造就了"无所归依的世界公民"这种新知识分子类型。[1]

当然，所有这些共同点都还没有解释我这本论文集的标题。

---

[1] Tony Judt, *Das vergessene 20. Jahrhundert. Die Rückkehr des politischen Intellektuellen*, München 2010, S. 22ff.

在研究齐格弗里德·克拉考尔的论文时，我碰到了"活体解剖"概念。在他数量众多的文学评论中，克拉考尔赋予其中一篇以《时间的活体解剖》(Vivisektionen der Zeit)之名，借此表达以下观点：倘若用于社会肌体(Gesellschaftskörper)的解剖刀能够揭示被遮蔽的功能过程(Funktionsabläufe)，那么，该文所讨论的艾瑞克·雷格尔的小说事实上有助于理解自身时代的内在生命。[1]通过以下双重方式，本书所收录的诸论文也应当提供此类"活体解剖"：一方面，这些论文所论及的是这样一些知识分子——他们试图对社会运作方式进行分析，借此对社会活体进行解剖，从而推导出关于历史、社会或者政治的合适概念；而另一方面，这些论文又一同构成了对整个时代的"活体解剖"，因为它们会在所选取的 20 世纪理论中清晰说明，这些理论在其创作过程中那些关于痛苦、灾难以及驱逐的深层经验究竟是什么。当然，这种汇编并不能替代 20 世纪的政治观念史，但却可以迈出一种早该进行的尝试的第一步。这种尝试就是：把该时代的思想史视作一个过程——一个从历尽艰辛的领悟中，萃取出充满意义的洞见与无法替代的教诲之过程。

阿克塞尔·霍耐特

2014 年 3 月于美因河畔的法兰克福

---

[1] Siegfried Kracauer, »Vivisektion der Zeit« [1932], in: Siegfried Kracauer, *Werke*, herausgegeben von Inka Mülder-Bach und Ingrid Belke, Bd. 5.4, Berlin 2011, S. 250—256.

黑格尔矛盾的遗产

——弗朗茨·罗森茨威格在世纪之初

　　尽管弗朗茨·罗森茨威格因身患重症，仅仅活了 43 岁，但时至今日，他仍被视为 20 世纪最重要的犹太思想家之一。作为宗教哲学的经典之作，他的书《救赎之星》在大西洋两岸的影响力似乎与日俱增。[1] 众所周知，他与马丁·布伯一道开创性地新译部分《圣经》，这从一开始就争议不断。[2] 1920 年，他在法兰克福创办"自由犹太学校"（Freies Jüdisches Lehrhaus），其贡献之卓越，同样令人难忘。在他的领导下，该校在魏玛共和国初期成为了著名犹太知识分子们重要的聚集地。[3] 因此，在 20 世纪的犹太哲学思想史中，尽管罗森茨威格并非出类拔萃，但他仍与马丁·布伯、格肖姆·肖勒姆、伊曼努尔·列维纳斯一样举足轻重。与此相反，人们几乎忘记了这样一个事实：在未皈依犹太教之前，罗森茨威格就已着手挽救德国观念论，并将其带入

---

[1] Franz Rosenzweig, *Der Stern der Erlösung*, Frankfurt am Main 1921（heute in: ders., *Der Mensch und sein Werk. Gesammelte Schriften*, Bd. II, Den Haag 1976）.

[2] Vgl. exemplarisch: Martin Jay, »Politics of translation — S. Kracauer and W. Benjamin on the Buber-Rosenzweig Bible«, in: *Leo Baeck Institute Yearbook* 21（1976）, S. 3—24.

[3] Vgl. Raimund Sesterhenn（Hg.）, *Das freie Jüdische Lehrhaus. Eine andere Frankfurter Schule*, München 1987.

12 新的世纪。著作《黑格尔与国家》[1]——这是关于黑格尔政治思想发展最生动、周密而精确的研究之一——便产生于他活动与创作的这个最初阶段。该书在"一战"前就已完稿，但因时局动荡，到 1920 年才得以出版，直至今日，亦不减原初之光芒；其娴熟的文风、富有历史力的生动书写以及充满艺术感的整体诠释（Gesamtdeutung）仍旧引人入胜。

虽然，罗森茨威格的这项研究集众多优点于一身，但随着时间的推移，效果历史的关联意识加速萎缩，时至今日，这本著作在专家学者的小圈子外知者寥寥。此外，还有一些原因。首先有必要说明的是：该书最初两卷本所用的字体为聚特林书写体（Sütterlinschrift），在 1962 年和 1982 年影印再版时，这种难以阅读的字体被保留了下来[2]，这或许令许多有潜在兴趣的读者望而却步。第二个——至少是同样重要的——原因在于：随着德意志帝国的崩溃以及魏玛共和国的建立，黑格尔政治思想的哲学研

13 究进路发生了巨大变化，而罗森茨威格恰好在这个历史节点之前完成了他的研究。在 1918 年后，对黑格尔社会理论著作的发展进行描绘的所有尝试，要么直接来自马克思唯物主义的超越性视角，要么至少也带有被历史唯物主义深刻影响的印记；然而，这一参考点（Bezugspunkt）对罗森茨威格而言是如此次要且近乎陌生，以至于他的黑格尔诠释必然笼罩在 19 世纪的氛围中。因此，对当代读者而言，要参与到这项开创性的研究中，就必须首

---

[1] Franz Rosenzweig, *Hegel und der Staat*, herausgegeben von Frank Lachmann, Berlin 2010.

[2] Franz Rosenzweig, *Hegel und der Staat*, Erstausgabe in zwei Bänden, München/Berlin 1920; fotomechanische Nachdrucke: Aalen 1962, 1982.

先撬开过时的观点及诠释视角的外壳，然后才能触碰到它那真正富有创造力的、活生生的内核。这或许有助于解释，为什么就连当今对黑格尔思维路径最杰出的诠释，也对罗森茨威格的这本著作鲜有提及。[1]

最后，罗森茨威格的研究之所以在此期间几乎被遗忘的第三个原因，或许与其标题所谈及的主题有关。在今天的黑格尔政治哲学重新引起强烈兴趣的诸多因素中，他的"国家"（Staat）理念自然无足重轻。现在，除了"国家"的实体性理念，黑格尔"法哲学"里几乎所有东西都值得重构——他的"公民社会"构想[2]，蕴含于其中的"劳动"概念[3]，对"伦理"的建构[4]，针对康德而提出的"家庭"观点[5]，甚至还有"所有权"[6]概念。由于其反个人主义的倾向与有机结构[7]，国家理念在随后的时代——一个民主的法治国家逐步实现与巩固的时代——似乎已经过时；无论如何，当今只有少数声音明确表达了这样的意图，即根据其国家概念去重估黑格尔政治哲学，并让它再次具有现实意义。也许正因如此，一个在标题中便宣称要如此行事的研究

14

[1] So etwa bei Terry Pinkard, *Hegel. A Biography*, Cambridge 2000.

[2] Z.A. Pelczynski（Hg.），*The State and Civil Society. Studies in Hegel's Political Philosophy*, Cambridge 1984.

[3] Hans Christoph Schmidt am Busch, *Hegels Begriff der Arbeit*, Berlin 2002.

[4] Robert Pippin, *Hegel's Practical Philosophy. Rational Agency as Ethical Life*, Cambridge 2008; Jean-François Kervégan, *L'Effetifet le rationnel. Hegel et l'esprit objectif*, Paris 2007.

[5] Vgl. u. a. Axel Honneth, »Zwischen Gerechtigkeit und affektiver Bindung. Die Familie im Brennpunkt moralischer Kontroverse«, in: ders., *Das Andere der Gerechtigkeit*, Frankfurt am Main 2000, S. 193—215.

[6] Jeremy Waldron, *The Right to Private Property*, Oxford 1988, Kapitel 10.

[7] Vgl. die Darstellung in: Charles Taylor, *Hegel*, Frankfurt am Main 1978, S. 574—604.

便无法在当下激起太大回响。用黑格尔的话来说，时代精神早已从这项研究身旁掠过，而我们无需以任何方式对相关损失报以惋惜。

但是，如果我们把罗森茨威格的书仅仅视为对黑格尔国家概念的理论历史贡献，或许就会低估该书的实质内容。正如
15 我们将要看到的那样，虽然罗森茨威格起初只打算按照黑格尔国家具体建构的逐步形成来重构其政治思想的发展脉络，但在写作过程中，这位年轻作者对黑格尔著作（其中一些著作他才刚刚接触）的研究变得特立独行，他所关注的领域也开始迅速扩大。到最后，罗森茨威格对黑格尔思想传记的着眼点不再是国家概念，而是所有对其现代世界政治想象（Vorstellung）的有益之物：其中，包括政治经济学新颖的角色与居间位置（Zwischenstellung）、发生改变的家庭功能以及一种或能整合全部要素的政治组织形式。就这样，罗森茨威格的著作最终变成了关于黑格尔现代伦理观念思想成型的首个颇有广度的研究，尽管这并非他的初衷。他的著作能够让我们在回顾中认识到，"一战"爆发前的德国，除了"1914 观念"（Ideen von 1914）之外，还存在另一种绝对强劲而有力的选择。单单是这个原因，就值得我们今天重温该著作的缘起、意图与实质。

一、缘起背景（Entstehungskontext）

罗森茨威格并没有把这本黑格尔研究著作献给某个哲学家或宪法学者，而是将其"感激而尊敬地"献给弗雷德里希·梅尼克，一个在当时就颇具声望、之后闻名世界的历史学家。罗森茨

威格 1886 年生于卡塞尔，成长于一个犹太自由派家庭，是家中独子。青年时代的他受堂兄汉斯·艾伦贝格影响，在 1907 年至 1908 年冬季学期决定中断刚开始的医学学业，去学习历史与哲学。[1] 这一决定并不意外，因为他在慕尼黑与弗莱堡学习自然科学之时，就已经广泛涉猎人文科学的主题，并定期参加相关领域的研讨课。尽管在当时尼采热的精神氛围中，康德哲学对他而言似乎缺乏生存维度，但其严肃性与严谨性仍令他印象深刻。[2] 最终，堂兄把他带上了黑格尔研究之路。当时指导他堂兄研习哲学的人是威廉·文德尔班，后者于 1910 年发表了著名的海德堡学院演讲（Heidelberger Akademierede），借此，文德尔班通过系统化的《黑格尔主义的复兴》[3] 的断言，为短暂的德国新黑格尔主义运动奠定了基础。[4]

然而，与这场发生在文化哲学与伦理学领域的运动宗旨不同，罗森茨威格起初只是对黑格尔哲学的政治历史作用感兴趣。在柏林大学学习一段时间后，他在 1908 年秋再次就读于弗莱堡大学，在弗里德里希·梅尼克的指导下学习历史，并跟随海因

---

[1] 这些传记材料主要取自纳胡姆·格拉策借以描述青年罗森茨威格思想历程的书信引文汇编：Nahum N. Glatzer, *Franz Rosenzweig. His Life and Thought*, New York 1961, S. 1—22。其堂兄汉斯·艾伦贝格对罗森茨威格的发展发挥了重要作用，对此请参考：Günter Brakelmann, »Leben und Werk von Hans Ehrenberg — eine biographische Skizze bis 1932«, in: Werner Licharz/Manfred Keller (Hg.), *Franz Rosenzweig und Hans Ehrenberg. Bericht einer Beziehung*, Frankfurt am Main 1986, S. 81—119。

[2] Vgl. den Brief an die Mutter vom 18. November 1907, in: Franz Rosenzweig, *Briefe*, ausgewählt und herausgegeben von Edith Rosenzweig, Berlin 1935, S. 33 f.

[3] Wilhelm Windelband, *Die Erneuerung des Hegelianismus. Festrede in der Heidelberger Akademie der Wissenschaften*, Heidelberg 1910.

[4] Heinrich Levy, *Die Hegel-Renaissance in der deutschen Philosophie mit besonderer Berücksichtigung des Neukantianismus*, Berlin 1927.

里希·李凯尔特学习哲学。在 1907 年，梅尼克出版了巨著《世界主义与民族国家》[1]，这让罗森茨威格振奋不已。在那些年间，他多次翻阅这本书，在给母亲的信中热情洋溢地谈论它[2]，并视其为自己哲学研究的典范。在该书中，梅尼克试图重构长期统治德国的普遍世界主义观念逐步式微、民族国家思想借以滋生的精神史进程；他坚信，正是世界主义（Kosmopolitismus）的"非政治的—普遍的"[3]构想阻碍了 18 世纪和 19 世纪初德意志民族国家的建立，因而，俾斯麦需要首先在现实的国家思想上取得突破，才能在民族的基础上建立国家。尽管从今天的视角来看，这种宏大叙事的、富有启发性的观念史令人讶异，因为它根本没有论及民族国家在德国迟迟难以形成的社会和政治原因[4]，但在这种观念史中，黑格尔是政治现实主义的勇敢开拓者。在梅尼克看来，黑格尔是第一个关注到国家争夺霸权之迫切需要的德国思想家：通过"民族精神"的"理性化"，黑格尔使"民族精神"这一概念不再模糊且远离政治；而对国家主权无条件权利的强调，则让建立"永久和平"的所有设想化为泡影。[5]这种对黑格尔的政治哲学化诠释——该书的第十一章对此进行了发挥——让罗森茨威格极其着迷。尽管当时的一些书信

[1] Friedrich Meinecke, *Weltbürgertum und Nationalstaat. Studien zur Genesis des deutschen Nationalstaates*, München 1908（hier zitiert nach der Werkausgabe, Bd. V, München 1962）.

[2] Brief an die Mutter vom 13. November 1908, in: Franz Rosenzweig, *Briefe*, a. a. O., S. 41.

[3] Friedrich Meinecke, *Weltbürgertum und Nationalstaat*, a. a. O., S. 236.

[4] Vgl. Helmut Plessner, *Die verspätete Nation. Über die politische Verführbarkeit bürgerlichen Geistes*, Frankfurt am Main 1974（Originalausgabe 1959）.

[5] Friedrich Meinecke, *Weltbürgertum und Nationalstaat*, a. a. O., Elftes Kapitel（S. 236—243）.

表明[1]，罗森茨威格并非完全认同书中所勾勒的路径，尤其是梅尼克将黑格尔的国家概念引入俾斯麦的政治合法性目的之中的企图。但让他无限敬佩的是，他导师以从容自信的叙述方式，寥寥数页便在精神史上把黑格尔置于19世纪的政治文化张力中；借助语境化（Kontextualisierung）的形式，他认识到，哲学作者可以超出纯理论的领域，通过诠释介入其时代的自我理解之争。换句话说，梅尼克在其著作中所推动的观念史历史主义（der ideengeschichtliche Historismus）让罗森茨威格得以在所有哲学中觉察到某种基于政治立场的、为历史发展方向而战的重要面相；而这恰恰是让这位当时的年轻学子痴迷于哲学和历史交叉领域之处。

在1909年到1910年间，罗森茨威格打算师从梅尼克，在弗莱堡大学攻读政治哲学博士。这并不仅是受到梅尼克著作的鼓舞，更为重要的是，当时的罗森茨威格参与了他堂兄汉斯·艾伦贝格在青年哲学家与历史学家中构建对话圈的计划，从他们基础性、前瞻性的理念视角出发，去关注时代文化；并非完全独立于梅尼克的黑格尔诠释，在这个知识圈子中，罗森茨威格即使没看到什么实质内容，也很快看到了机会——一个让黑格尔哲学的历史性、介入性（eingreifend）精神在当代结出新硕果的机会。[2]于是，这个弗莱堡学生投入满腔热情，帮助堂兄将建立这种圈子的设想变为现实：他们精心挑选了巴登巴登（Baden-Baden）作为定期集会的地点——因为新康德主义西南学派的主

19

20

---

[1] Vgl. etwa den Brief an Hans Ehrenberg vom 4. August 1909, in: Franz Rosenzweig, *Briefe*, a. a. O., S. 42 ff.

[2] Vgl. den Brief an Franz Frank (undatiert), in: Franz Rosenzweig, *Briefe*, a. a. O., S. 50 f.

要成员之前常在此碰面；只有来自德国的年轻历史学家与哲学家才有资格入会——因为要想以"自我认识"的形式来分析德意志文化，国外的专家学者并不具备这种精神性前提。[1]虽然竭尽心力，然而事与愿违，首次"巴登巴登集会"——参会者甚至包括恩斯特·罗伯特·库蒂尔乌斯与维尔纳·皮希特——显然以失败收场。无论如何，另一位与会者维克托·冯·魏萨克在其回忆录中写道：许多历史学家在听完罗森茨威格的报告后怒不可遏，拒绝与其继续合作，因为对他们而言，罗森茨威格过分堆砌概念，并对历史充满敌意。[2]因此，这次集会便成为绝响，知识圈子尚未成型，便在历史主义与历史哲学野心的张力间夭折了。[3]

罗森茨威格并不缺乏科学的自信心，他对这些由其报告所引发的激烈反应并不沮丧，相反，他认为这是一种激励——在给汉斯·艾伦贝格的信中，他甚至写道：巴登巴登的经历是他自己"理论"的"判决性实验"(experimentum crucis)。[4]当他在柏林写下这封信时，梅尼克已经同意接收他为自己的博士生，研究黑格尔的国家概念。据我们所知，梅尼克让罗森茨威格从观念史的视角把握黑格尔直至《法哲学原理》时期的思想发展脉络。正是在这本书中，黑格尔首次将现代国家学说析毫剖厘地呈现出来。要完成这个计划，罗森茨威格须暂住柏林，以便查阅国王图书馆中诸多尚未出版的黑格尔手稿。从他柏林时期写给堂兄的信

[1] Brief an Hans Ehrenberg vom 21. Dezember 1909, ebd., S. 47 f.

[2] Viktor von Weizsäcker, *Natur und Geist*, München 1977, S. 19. 在这里，冯·魏萨克还提到，他已经把对罗森茨威格演讲的敌对反应与反犹主义的怨恨联系起来。

[3] Ebd., S. 18 f.

[4] Brief an Hans Ehrenberg vom 28. Oktober 1910, in: Franz Rosenzweig, *Briefe*, a. a. O., S. 59.

中，我们得以一瞥他当时的日常生活：从早上十点起，他就坐在图书馆的手稿室里研究黑格尔原稿，手稿室关门后，他在下午三点转战阅览室大厅，研究与主题相关的历史政治背景著作，在下午的晚些时候，他偶尔参与大学研讨课，尤其是艺术史学家海因里希·沃尔夫林的课，以便晚上能够参加戏剧表演。[1] 不过，从 1910 年秋至 1911 年秋这一年的柏林生活中，罗森茨威格主要从事的还是纯粹文献学的研究："我摘录、校对、标点断句，我临摹、研究笔迹，如歌德笔下的瓦格纳般，彻底沉迷于那些高贵的羊皮卷……这种直接的同在，字里行间注视着他（黑格尔，作者注）——简直美妙至极。"[2]

罗森茨威格认为，必须仔细研读那些保存在国王图书馆编目箱中的黑格尔原稿，因为他博士论文的目标并不局限于观念史，而是试图在澄清黑格尔国家概念之时历时性地呈现其思想发展——这才是他的抱负所在。虽然早在世纪之初，威廉·狄尔泰就在《青年黑格尔史》一书中已经从事了这项工作，但仅限于黑格尔的神学著作，并因谨小慎微之故，拒绝就单个手稿的历史分期提供任何建议。[3] 然而现在，罗森茨威格想要打破所有这些限制，呈现出对黑格尔哲学形成过程的整体诠释，而这种诠释必须在时间上不遗巨细。他所能接触到的出版著作，除了狄尔泰的研究，就只有狄尔泰学生赫尔曼·诺尔 1907 年主编的《黑格尔早期神学著作》[4]，鲁道夫·海恩与卡尔·罗森克兰茨所撰写的

[1] Brief an Hans Ehrenberg vom 11. November 1910, ebd., S. 57 f.

[2] Ebd.

[3] Wilhelm Dilthey, »Die Jugendgeschichte Hegels« [1905], in: ders., *Gesammelte Schriften*, Leipzig/Berlin 1925, Bd. IV, S. 5—187.

[4] *Hegels theologische Jugendschriften*, herausgegeben von Herman Nohl, Tübingen 1907.

23 经典传记[1]，以及当时刊行的两套黑格尔著作集。[2]因此，要想在单个手稿中准确把握黑格尔思想发展的时间细节，罗森茨威格就必须日复一日地在柏林图书馆的手稿室里孜孜不倦。

在完成文献学的检索后，罗森茨威格于1911年至1912年的冬天返回弗莱堡，在梅尼克的指导下进行博士论文的写作；此时的他所考虑的不仅是把论文上交了事这么简单，而是为了一个更加雄心勃勃的计划——完成一部包罗万象的专著。由于缺乏书信证据，我们对他在1912年期间的论文写作情况几乎一无所知，只知道他于同年年底在梅尼克那里获得博士学位，而这篇博士论文后来构成了他专著的一部分。不过，外在的成就还未让罗森茨威格稍作休憩，他便立刻投身计划中的专著写作中。在1912年至1913年的冬季学期，这位新晋博士继续负笈求学，为了完成他的著作，这一次，他来到莱比锡大学攻读法学；他还常常于百忙之中造访图宾

24 根、斯图加特等地，在当地档案馆里查阅黑格尔原稿以及困扰他的政治主题文件。[3]在此期间，他似乎还与柏林牧师格奥尔格·拉松建立了联系，后者在那一年从黑格尔的遗作中整理出版了《政治与法哲学文集》。[4]在《黑格尔与国家》的前言部分，罗森茨威格

---

[1] Rudolf Haym, *Hegel und seine Zeit. Vorlesungen über Entstehung und Entwicklung, Wesen und Wert der Hegelschen Philosophie*, Berlin 1857（Nachdruck der 2., erweiterten Ausgabe: Darmstadt 1962）; Karl Rosenkranz, *G. W. F. Hegels Leben*, Berlin 1844（Nachdruck: Darmstadt 1963）.

[2] G.W.F. Hegel, *Werke. Vollständige Ausgabe durch einen Verein von Freunden des Verewigten*, 18 Bde., Berlin 1932—1945; ders., *Sämtliche Werke*, herausgegeben von Georg Lasson, Leipzig 1907 ff.

[3] Vgl. Brief an Hans Ehrenberg von Mitte Juli 1913, in: Franz Rosenzweig, *Briefe*, a. a. O., S. 64 f.

[4] G.W.F. Hegel, *Schriften zur Politik und Rechtsphilosophie*, herausgegeben von Georg Lasson, Leipzig 1913.

感谢拉松给予他"充满价值的启发"。至于他们何时何处开展了合作，这些细节并不甚明朗。

从 1913 年春至 1914 年夏第一次世界大战爆发前这段时间，罗森茨威格又回到了柏林，从事书籍第二部分的写作。[1]不过对他而言，由于神学与宗教问题日趋重要，他在此时定期参与赫尔曼·柯亨的课，并积极与犹太宗教哲学建立密切联系。[2]从当时的信件中，人们容易获得这样的印象：完善这本专著已逐渐变成他的负担，不再是他真实内在经验的表达。而战争经历让罗森茨威格完全远离了黑格尔研究，大战爆发之初，他就自愿以医务兵的身份前往比利时，接着先后奔赴法国与巴尔干参战。他意识到，战前的时光一去不返，随之一同彻底消逝的还有一个经验世界——对黑格尔国家概念的哲学研究就根植其中——因此，从中产生的思想路径与任务设定也大多失效了。对罗森茨威格而言，仿佛一夜之间，对黑格尔政治思想的发展进行广泛研究这一宏大而热忱的规划就沦为了一项事与愿违的沉重义务。战争岁月中，那些在哲学上真正让他忙碌、在精神上使他全神贯注的东西，淋漓尽致地体现在 1921 年出版的著作《救赎之星》（*Der Stern der Erlösung*）中。[3]

战后，罗森茨威格从贝尔格莱德的战地医院返回德国，辗转于弗莱堡、卡塞尔与海德堡之间，带着显而易见的抗拒感与疏离

[1] 更为准确的日期可参考 der Brief an Hans Ehrenberg vom 29. Mai 1917, in: Franz Rosenzweig, *Briefe*, a. a. O., S. 209 f.。
[2] Vgl. dazu etwa: Ulrich Bieberich, *Wenn die Geschichte göttlich wäre. Rosenzweigs Auseinandersetzung mit Hegel*, Ottilien 1990, S. 42 ff.
[3] 关于罗森茨威格战时岁月，可参考 Nahum N. Glatzer, *Franz Rosenzweig. His Life and Thought*, a. a. O., S. 32—85。

感，终于完成了剩余书稿的写作。在一封信中他写道："书在总体上"背离了自己，为之付出的任何努力都只是"谎言"。[1] 在另一封信中，他认为自己仅仅"为了老人们"才"致力于这本黑格尔著作"[2]，对几近成型的手稿进行微调，在内容上查漏补缺。他专注于孟德斯鸠与荷尔德林，因为他们对黑格尔思想的影响在现有书稿中仍待澄清。[3] 但在这段时间里，罗森茨威格为完成著作所投入的精力基本集中在技术层面上。他期望将内容丰富的手稿以两卷本的形式付梓，但因出版社要价不菲，出版计划大大受阻。他也考虑以其他形式出版[4]，在多次资助申请未果后，终于在海因里希·李凯尔特的斡旋下获得了海德堡科学学院（Heidelberger Akademie der Wissenschaften）的青睐。罗森茨威格在 1919 年下半年——此时他已经筹划在法兰克福创办"自由犹太学校"——对其手稿进行了最终的扩充与修订。1920 年，题名为《黑格尔与国家》的两卷本著作由奥登堡出版社（Verlag R. Oldenbourg）在慕尼黑与柏林出版发行。

二、重要意义

尽管弗朗茨·罗森茨威格所从事的研究深受梅尼克《世界主义与民族国家》一书中有关黑格尔章节的启发，但他的意图与

---

[1] Brief an Gertrud Oppenheim vom 4. Mai 1919, in: Franz Rosenzweig, *Briefe*, a. a. O., S. 358.

[2] Brief an Rudolf Ehrenberg vom 14. Mai 1919, ebd., S. 360.

[3] Brief an Gertrud Oppenheim vom 8. Juni 1919, ebd., S. 363.

[4] Vgl. Brief an Gertrud Oppenheim vom 4. Mai 1919, ebd., S. 358.

方法却与自己所敬佩的这位良师益友大相径庭。尽管梅尼克对   27
黑格尔的著作浅尝辄止，但他却想把这位德国观念论者描绘为德
意志权力国家思潮的开创者。在梅尼克看来，这一思潮在兰克的
著作与俾斯麦的创举中转变为历史现实。梅尼克所使用的方法带
着某种观念史的天真，因为他仅从黑格尔的只言片语中，就妄图
推断出其作品的根本意向。罗森茨威格在研究方法上几乎反其道
而行，竭力避免将某种基本意图先入为主地强加于作品之上。在
他看来，黑格尔并非有的放矢，而是在思想与路线的不断试错中
曲折到达了自己真正的主题——政治。为了阐述黑格尔的国家概
念，罗森茨威格并不采取原初理念渐趋成熟的解释模式，而是把
一个主要的、终身的问题当作重构思想的指导方针。他认为，黑
格尔的这一关键问题似乎存在于文化与社会分裂（Entzweiung）
的经验中，而关于国家的想法则试图为此提供一个相对滞后的
答案。[1]

    不仅在研究方法，而且在内容观点上，罗森茨威格的著作也
与他导师的诠释概念南辕北辙。正如前文提到的，梅尼克想称赞
黑格尔为构建德意志民族国家这一积极理念所作出的哲学贡献。 28
为此，他在《哲学全书》《法哲学原理》等哲学著作中断章取义，
在基于"民族原则"[2]所建立的国家之中找寻世界历史法权（das
weltgeschichtliche Recht）。作为梅尼克的学生，罗森茨威格早就
对俾斯麦的帝国政治持严重的怀疑态度。他在那里看到了德意志
"帝国主义"的征兆，而且，考虑到生活在同一地域的多民族这

---

[1] Vgl. Rosenzweig, *Hegel und der Staat*, a. a. O., S. 138 (Nachdruck, Bd. I, S. 102 f.).

[2] Friedrich Meinecke, *Weltbürgertum und Nationalstaat*, a. a. O., S. 238.

种多元论事实，"民族国家"思想简直过于狭隘。[1]因此，与他老师不同，罗森茨威格并不想通过重构黑格尔国家概念的基本特征，来为德意志民族国家合法性的基础提供证明。完全相反，他只想证明这种国家模式不堪一击，并试图避免基于"民族原则"的这种显而易见的解决方案。相应地，在1920年所写的前言中，罗森茨威格如此谈及自己的计划：应当让黑格尔的国家思想"在其变化中，透过黑格尔的生命，在读者眼皮底下自行分解"[2]。并且，似乎是为了与曾经的老师拉开距离，他补充道，自己进行这样一种内部解构，"目的在于开启一个由内而外辽阔恢弘的德意志的未来前景"[3]，建设一个脱离民族国家基础的德国。

毫无疑问，罗森茨威格想把前文被称为"生命"的东西与黑格尔的智性思考之路关联起来。他意图追寻的并非外在的，而是精神的经验进程——在尝试对之前诊断的分裂进行多次失败的扬弃后，黑格尔借由该进程最终抵达了国家概念。当然，"外在"的经历与事情并非无足轻重——智性的友谊、政治事件、社会经济状况——但应当着重介绍的是，它们究竟应该如何反映在黑格尔的概念操作当中。要想对实质内容进行生动描写，肯定会有文风上的困难，罗森茨威格对此了然于心。起初，罗森茨威格这本著作的目标读者似乎是历史学家，而非专业哲学家，因此，他在写作时必须小心谨慎，不要过分凸显黑格尔精神发展中的概念性东西，而应当经常结合经验的、外在的事件将其巧妙地传达

---

[1] Vgl. Brief von Hans Ehrenberg vom 6. August 1909, in: ders., *Briefe*, a. a. O., S. 43; Brief an Anschel Alsberg（Großvater）vom 6. November 1910, ebd., S. 62 f.

[2] Rosenzweig, *Hegel und der Staat*, a. a. O., S. 18（Nachdruck, Bd. I, S. 9 f.）.

[3] Ebd.

出来。在处理这些编排构思的挑战时，罗森茨威格达到了炉火纯青的境界，这一点非常清楚地体现在他1914年给汉斯·艾伦贝格的一封信中，他在信中解释了自己的考虑。他不仅提及了将外在的—经验的事件与概念的—系统的发展交叠在一起的持续的困难，而且令人惊讶的是，"电影"概念多次被用于介绍黑格尔体系的方法，而特殊的形式要求（besondere Formansprüche）显然应当与这个概念相联结——"我为这一部分（即《体系的变化》这一章的第七小节，作者注）深感骄傲，无论其内容，还是其形式（即借助电影）"。之后，他甚至用"电影院"一词代指这一章。[1]

乍一看，尚不完全清楚，新生电影媒介中的哪些风格元素能被罗森茨威格用来确定自己的方法。他在评论中所提到的章节涉及一项艰巨的任务：在寥寥数页间，描述黑格尔在"伦理生活之各个领域"（道德、家庭、法律、公民社会、阶级、职业等）的立场从第一批耶拿体系草稿到1820年构建完成的体系大厦的逐步转变。尽管材料庞杂，人们在读到这些描述时，仍会惊讶于它们在何种程度上保留了充满张力的生命力：这里描述的时间跨度长达十五年，其间，不同的伦理实体（Instanzen der Sittlichkeit）所扮演的角色不停变换，它们被交替推到前景或者拉向后景，时而被打上强光，时而被置入半影，而读者对持续进行的新调度却从未失去概观。因此，上述章节所用方法的巧妙之处在于：将每一次改造理论体系的原因视作舞台指示，借此，黑格尔试图不断调整各个权威角色的剪辑，直至将其置于适当的关系中。通过这

[1] Brief an Hans Ehrenberg vom Frühsommer 1914, in: Franz Rosenzweig, *Briefe*, a. a. O., S. 85 ff., hier S. 86/87.

种方式，他邀请读者——或者确切地说——观众亲眼见证最终体系的产生，就如同见证摄影棚里发生的事情那样：导演黑格尔与演员们（即各种伦理力量）就后者的角色理解取得一致意见。这种对罗森茨威格方法论思考的解释乍一听或许略为荒谬与夸张，但相关章节中许多表述似乎都证明了这一点：作者一次又一次地让这些伦理实体如演员般出场，让它们为了自身权利去起诉黑格尔，因此，罗森茨威格在描述的结尾处说道："在 1817 年和 1820 年的体系中，伦理生活的各个领域（从下往上，直至国家）可能都通过这些方式找寻自己的位置。"[1] 尽管不太可能通过与电影的比较来解释这种戏剧化的举动，然而罗森茨威格在给艾伦贝格的信中不下四次地使用了这种精心挑选的措辞，这也清楚地表明，他在面对向 20 世纪初的读者介绍黑格尔思想发展的这一方法论任务时，多么具有现代性意识。

出于类似的考虑，罗森茨威格决定给自己著作的第一卷命名为《人生阶段（1770—1806）》[*Lebensstationen（1770—1806）*]，追溯黑格尔 1806 年之前的思想发展，第二卷的标题为《世界时代（1806—1831）》[*Weltepochen（1806—1831）*]，处理从耶拿时期结束到黑格尔去世这段时间的问题。在罗森茨威格的专著出版四年后，斐迪南·滕尼斯就在一篇书评中[2]对其独到的标题提出了质疑。因为在他看来，"世界时代……也存在于 1770 年至 1806 年间"，反之亦然，正如"人生阶段"也出现在黑格尔的 1806 年至 1831 年间那样，因此，这种明显的划分不可能"根

[1] Rosenzweig, *Hegel und der Staat*, a. a. O., S. 375（Nachdruck, 2. Bd., S. 101）.
[2] Ferdinand Tönnies, »Besprechung von Franz Rosenzweig, Hegel und der Staat«, in: *Zeitschrift für Politik* 13（1924）, S. 172—176.

据逻辑的观点"而得出。[1]罗森茨威格当然知道这些要求的联系，他不想否认世界时代的事件对黑格尔第一阶段发展的意义，也不愿否认生命历程的重要节点（Einschnitte）对其第二阶段的作用——相反，他把法国大革命视作对青年黑格尔深刻的理论事件，反复强调任教于柏林大学对后期黑格尔的决定性价值。因此，罗森茨威格之所以分别赋予这两卷书对比强烈的标题，其原因必定与这些明显的批评截然不同；这些原因与对黑格尔著作史发展的一种非常具体的解释有关，而滕尼斯显然并未看到这一点。罗森茨威格认为，在 1806 年，人过中年的黑格尔才意识到自己终于能够站在世界历史的精神发展的高度进行哲思。因为对他而言，随着拿破仑的入侵，"历史精神"完全在物理意义上"传递到了德国"，从而在这里"开始新的、最高时代的工作"，即理性在大地上的最终实现。[2]正如罗森茨威格进一步论述的那样，直到耶拿时期结束，黑格尔才知道如何将自己的所作所为准确置于世界历史进程之中：正是在他自己的哲学中——就像在镜子中那样——一个从德意志大地上冉冉升起的新时代显现了。行文至此，罗森茨威格的结论呼之欲出——由于黑格尔的自我认知发生了变化，那些曾经对他而言的人生阶段，从此被他当作"世界时代"[3]：虽然听起来令人惊讶，但他现在能够重新发现世界精神在系统发育层面所必经的童年、青年和成年三个阶段，在这一历史时刻，他首次对自己的哲学结构洞若观火。因此，罗森茨威格之所以决定赋予自己两卷书以《人生阶段》和《世界时代》两个截然不同的标题，绝非滕尼斯所怀疑的那样，仅仅是个

33

---

[1] Ebd., S. 172.

[2] Rosenzweig, *Hegel und der Staat*, a. a. O., S. 263（Nachdruck, Bd. I., S. 220）.

[3] Ebd., S. 263 f.（S. 221）.

34 怪癖或逻辑上疏忽的结果；相反，这种决定尽可能准确地表达了对黑格尔著作史的洞见，揭示了黑格尔的自我理解，前所未有，见所未见。

就像对电影的方法论反思一样，对标题名称的这些潜在思考表明，罗森茨威格对黑格尔智性生涯的总体性重构在理论上的周详与风格上的审慎达到了何种程度；或许可以肯定的是，几乎没有第二本书能在语言功底和清晰程度上与之相媲美。罗森茨威格的非凡之处在于，在历史—政治经验与概念—哲学处理（Verarbeitung）的持续矛盾中，阐明了黑格尔体系的逐步成熟。假如某个历史事件引发了黑格尔关注，但却对其思想毫无影响，那它就不会在这本著作中出现；假如黑格尔的某个思想创新影响了他对历史进程的感知，但却没有同时得到解释，那它就不会呈现出来。罗森茨威格之所以能够将当代史（Zeitgeschichte）与智性发展巧妙地交织在一起，是因为他既是历史学家也是哲学家。与许多试图描绘黑格尔思想发展历程的作家相比，他拥有最为广博的历史知识和最为精确的哲学背景知识。罗森茨威格在一些段落中描绘了影响黑格尔理论发展的历史性事件，表明自己是梅尼克的忠实学生；他尽可能以历史学的方式从时代的角度来叙

35 述各种政治进程，无论是法国大革命、拿破仑的征服还是卡尔斯巴德决议（die Karlsbader Beschlüsse），这些叙述不带总体性评价，但却始终生动活泼，使人身临其境。然而这些段落并不是孤立的，因为它们会以某种按语或单独章节的形式出现，几乎总是无缝地融入对黑格尔政治理解的把握过程中。这是该书的真正主题，决定了它从头至尾的结构、风格和论证线索。尽管罗森茨威格在叙事表达方面天赋异禀，但在他身上，作为观念史学家的一面往往让位于以体系为导向的哲学家的另一面；为了发挥并讨论

那些使黑格尔转变政治立场的动机，他把历史与政治的事件编织在叙述中。

在这个贯穿全书的主题中，占主导地位的是一个在黑格尔死后不久就被抛出的问题：他的国家理想是否与普鲁士当时的趋势——无论是复辟的，抑或是先进的——相适应？人们时而强调黑格尔政治理解中倒退的，甚至是极权主义的一面，时而强调其进步的—自由主义的一面，这取决于人们如何从整体上把握他的哲学。[1] 由此可见，罗森茨威格论证的特别之处在于，试图 36
在总体上从这种对立中提取出黑格尔的国家概念。对熟知当时争论的罗森茨威格而言，褒贬黑格尔的政治理论鲜有意义，因为黑格尔的理论是自立的，甚至是在柏林时期，黑格尔都不允许自己的理论被策略性的考虑所左右。罗森茨威格认为，黑格尔在相对较早的阶段就醉心于构建精神哲学体系，以至于在设计国家模型的时候，不愿考虑它与德国政治发展的关系。在构想国家秩序的各股势力时，黑格尔并未对普鲁士的政治状况另眼相看，而是关注所熟悉国家的政府机构中那些对他而言起典范作用的、适合自己哲学体系的东西。但是，在黑格尔理性国家的概念要素与普鲁士国家的实际构成之间确有重叠之处，例如在官僚制度的中心地位方面。不过罗森茨威格把重叠的根本原因归结为“受到诸如英国情况的共同影响”[2]，而非黑格尔对普鲁士国家构成物的适

[1] 在 20 世纪，持第一种理解方式的是 Ernst Topitsch（ders., *Die Sozialphilosophie Hegels als Heilslehre und Herrschaftsideologie*, Neuwied/Berlin 1967），持第二种理解方式的是 Eric Weil（ders., *Hegel et l'état*, Paris 1950）。对整个争论的概述，参考 Michael Theunissen, *Die Verwirklichung der Vernunft. Zur Theorie-Praxis-Diskussion im Anschluß an Hegel*（Beiheft 6 der Philosophischen Rundschau），Tübingen 1970。

[2] Rosenzweig, *Hegel und der Staat*, a. a. O., S. 435（Bd. II, S. 165f.）

应。正如罗森茨威格在本书中多次强调的那样，黑格尔在他的国家构建中始终忠于自己的信念——这些信念建立在黑格尔哲学体系之上——并没有把它们出卖给褒贬普鲁士国家的政治意图。黑

37 格尔在自己的政治哲学中并不想批判时代，而是想运用具体的政治典范设计出最完美的国家体制，在现代条件下推动理性之现实化。

　　如果黑格尔的国家概念借此摆脱了他与普鲁士的政治关系之争，那么问题仍然悬而未决：为何这一概念虽然在理论上具有独立性，却带有某种适应现状的倾向？虽然，罗森茨威格在著作中并未直接讨论这个问题，但他在重构的过程中暗示了一个在黑格尔研究领域极具原创性的、近乎完美的解决方案——米夏埃尔·托伊尼森已多次指出，这本书相关段落对黑格尔政治与实践概念的诠释别具一格，但至今仍未得到相应的重视。[1] 罗森茨威格认为，黑格尔对国家的成熟理解之关键，显然必须从《法哲学原理》序言那句名言中寻找："合乎理性的东西"是"现实的"，"现实的东西"是"合乎理性的"。研究者们为了澄清黑格尔哲学的自我理解，往往强调这一表述的后半部分，即现实事物的合理性；其后果通常是仓促地去假定，《法哲学原理》的作者

38 甘愿在伦理或道德上认可现存社会结构的所有东西。与此相反，罗森茨威格则着眼于该句的前半部分，试图给合乎理性的现实性这一说法提供合理的解释。他利用"序言"里其他一些主要是宗教和神学的表述，最终得出结论——在这句声名狼藉的格言的前半部分，黑格尔提及了基督教启示事件："这（合乎理性的现实，

---

[1] Michael Theunissen, *Die Verwirklichung der Vernunft. Zur Theorie Praxis-Diskussion im Anschluß an Hegel*, a. a. O., S. 22—28; ders., *Hegels Lehre vom absoluten Geist als theologisch-politischer Traktat*, Berlin 1970, S. 439—447.

作者注）既不是完全有效的，也不是永远有效的，但自从基督教
在地上的天国思想中把它树立为伦理要求以及一切人类制度的标
准后，它便是有效的。"[1]如果将之视为"基督对天国的历史性、
事实性预期"[2]的证据，那么在这个意义上，格言的前半句——
用罗森茨威格的话来说——就几乎具有"革命性"的意涵，呼吁
人类在国家秩序中实现伦理上的理性；为了在现实中"主观地"
贯彻客观上已经存在的合理性，一切在现有条件下看起来与基督
教信仰的平等主义原则不相符的事物都必须在实践中加以克服。
然而，在罗森茨威格的诠释中，这已经与后半句的意义相矛盾
了。他试图这样理解后半句：哲学的任务仅仅在于认识先前概述
的事件；它本身不能，也不该——正如马克思后来说的那样——
积极推动政治历史变革，因为它受限于自身能力，只能在"我们
世界时代的国家"中观察天国的实现。[3]因此，如果我们接受
罗森茨威格卓越的理论重构，那么，黑格尔的国家学说就是对人
类历史进行政治与神学解释的矛盾结果：一方面，根据这一学说
最深刻的洞见，它必须向每一次正在发生的社会秩序变革张开双
臂，而另一方面它知道，只应当对现存之物表示单纯认可。

当然，这种充满争议的解释也只是罗森茨威格书中诸多开创
性见解的冰山一隅。从始至终，罗森茨威格对黑格尔逐步完善国
家模型的所有新举措进行了系统性解释，这些解释卓有成效，偶
有惊人之语。对他而言，细节与主线一样重要，他对黑格尔关于
个人财产作用或君主角色的观念变化之兴趣，不亚于黑格尔体系

39

[1] Rosenzweig, *Hegel und der Staat*, a. a. O., S. 355（Nachdruck, Bd. II, S. 79）.

[2] Michael Theunissen, *Die Verwirklichung der Vernunft. Zur Theorie Praxis-Diskussion im Anschluß an Hegel*, a. a. O., S. 26.

[3] Rosenzweig, *Hegel und der Staat*, a. a. O., S. 356（Nachdruck, Bd. II, S. 79）.

整体构建的变化。[1]对黑格尔最初意图缓慢的自我破坏进行描
绘，这是罗森茨威格将特写镜头与整体视角巧妙地交织在一起所
遵循的主线：正如我们能读到的那样，虽然黑格尔一开始为了个
人自由，想把国家视作自我合法化的强力组织，并因此试图让它
摆脱一切民族根源，但最终在构建体系时，他却必须把"人的自
我权利"献祭给"被神化的国家"[2]。直至今日，这种结构性的
矛盾仍然让黑格尔实践哲学的追随者们殚精竭虑；弗朗茨·罗森
茨威格的功绩在于，他是第一个明确突出这一矛盾、并在著作中
对其作了全面说明的人。

三、效果历史

1930 年，弗雷德里希·梅尼克在《历史学杂志》(*Historischen
Zeitschrift*) 为他曾经的学生撰写了一篇简短的讣告，在讣告的最
后他写道，"这位犹太精神的哲学家与革新者""通过那本关于黑
格尔的书籍……为德国思想史留下了不朽之作"[3]。然而，这些
话并没有得到确证，罗森茨威格的著作甚至在此期间几乎被人遗
忘。之所以如此，是因为在很长一段时间里，这本书只是通过
机器影印出来，但却缺乏与黑格尔研究状况相适合的版本。与

---

[1] 对黑格尔尚未出版的手稿和著作进行分期，这是一项极其艰难的任务，显
　　然，罗森茨威格并非总能顺利完成。关于其近况，可参考 Heinz Kimmerle,
　　»Zur Chronologie von Hegels Jenaer Schriften«, in: *Hegel-Studien* IV (1967), S.
　　125—167。

[2] Rosenzweig, *Hegel und der Staat*, a. a. O., S. 530 (Nachdruck, Bd. II, S. 243).

[3] Friedrich Meinecke, »Nachruf«, in: *Historische Zeitschrift* 142, München/Berlin
　　1930, S. 219 f.

1920 年的原版书距离越远，那些为研究而注意到它的人就越少；　　41
今天，即便是在那些与黑格尔最为相关的论文中，罗森茨威格这
个名字也几乎不再被提及。在刚出版的头几年，这本书的前景似
乎仍一片光明；正如斐迪南·滕尼斯的评论所示，该书曾被业界
认为是政治哲学的重要研究，并有理由被誉为黑格尔研究的里程
碑。这种昙花一现很有可能由两种完全独立发生的情形所导致：
一方面，罗森茨威格由学者转向了犹太精神，这使得他在公众视
野中早期黑格尔研究者的形象完全被日益清晰的宗教哲学家形象
所取代；另一方面，西方马克思主义从 20 世纪 20 年代开始关注
黑格尔，他们那逐渐盛行的解释视角与罗森茨威格的研究大相
径庭。

　　然而，这两种趋势尚未成气候，纳粹便取得政权，人们对
罗森茨威格作品的接受几乎完全停滞。1929 年，正值壮年的罗
森茨威格死于不治之症，作为一名犹太宗教哲学家，其生也荣，
其死也哀，但 1933 年之后，反犹主义盛行，他的声名与著作无
法进一步传播。当时，他忠诚的亲友们为纪念他，一致决定将　　42
他的信件与小论文出版，若非如此，罗森茨威格恐怕难逃被遗
忘的命运。在他们的努力下，这些信件与小论文由朔肯出版社
（Schocken-Verlag）于 1935 年和 1937 年发行 [1]，支撑着人们熬
过纳粹独裁统治下的艰难岁月。然而，他的黑格尔著作便没那么
幸运了。由于思想两极分化加剧，其差异性基调与方法似乎愈发
不见容于当时的知识界；无论是左翼知识分子还是右翼意识形态
拥趸，都无法将这样一部著作为己所用，因而，这部书在两条战
线上皆无功而返。因此，甚至当赫伯特·马尔库塞在"二战"前

[1] Franz Rosenzweig, *Briefe*, a. a. O.；ders., Kleinere Schriften, Berlin 1937.

夕着手撰写一本黑格尔研究专著时——在书中，他试图保护黑格尔的基本概念免受法西斯主义的不当挪用——都对罗森茨威格这本高度相关的书籍置若罔闻；唯一提及的一次也只是一笔带过，尽管他所处理的构成研究核心的诠释问题与罗森茨威格如出一辙。[1]

43   "二战"后，罗森茨威格的作品似乎只有宗教哲学部分才为人所知。1953年，纳胡姆·格拉策出版了《他的生平与思想》[2]，作为首部献给这位哲学家的专著，但不管怎么说，该书几乎完全聚焦于《救赎之星》，闭口不谈罗森茨威格的黑格尔研究著作。随着纳粹的覆灭，黑格尔的政治哲学激起了一场关于极权主义思想根源的讨论，从而再度引起公众的强烈关注，但这一事实也未改变罗森茨威格的宗教哲学优先性；尽管在这一论题上，借鉴罗森茨威格的研究是再自然不过的事，但对参与讨论的各方而言，他的研究没有起到任何值得一提的作用。

    与纳粹统治前一样，左派仍倾向于把黑格尔哲学视为马克思理论的准备工作，追溯性地解释黑格尔哲学；罗森茨威格虽触及了这一重要论题，但未将其当作自己理论重构工作的主导。这种差距在卢卡奇的首部重要专著《青年黑格尔》中体现得淋漓尽致。在"二战"结束后不久，该书就开启了一系列受马克思主义启发的关于黑格尔哲学前革命特征的研究，至今仍是研究黑格尔早期作品不可或缺的原始材料。[3]在书中，卢卡奇批驳了罗森

[1] Herbert Marcuse, *Reason and Revolution. Hegel and the Rise of Social Theory*, New York 1941 (dt.: *Vernunft und Revolution. Hegel und die Entstehung der Gesellschaftstheorie*, Neuwied/Berlin 1962).

[2] Nahum N. Glatzer, Franz Rosenzweig. *His Life and Thought*, a. a. O.

[3] Georg Lukács, *Der junge Hegel. Über die Beziehungen von Dialektik und Ökonomie* [1943], in: Georg Lukács, *Werke*, Bd. 8, Neuwied/Berlin 1967.

茨威格的诠释。他在论述过程中多次提及 28 年前 * 出版的《黑格尔与国家》，但他非常轻蔑地视之为黑格尔右派的作品，并指责其掩盖了黑格尔对国民经济的兴趣以及共和主义倾向，不过，这种指责完全有失公允[1]；尽管罗森茨威格让黑格尔运用自己的哲学方法独立考察每一个政治事件，想方设法尽可能不落俗套地描绘主人公的思想发展，但《历史与阶级意识》的作者似乎对此无动于衷。总之，卢卡奇著作中每每提及罗森茨威格，总是迫不得已、充满偏见。

如果说罗森茨威格的著作在黑格尔左派这里的命运不过如此，那么它在同时期的右派那里也好不到哪去。卡尔·波普尔在"二战"的最后几年开始了他大而化之的尝试，认为黑格尔在纳粹意识形态准备工作中发挥了决定性作用，并因此公开斥之为"开放社会"的敌人[2]，对他而言，罗森茨威格那些鞭辟入里的论证自然是看不到的。在《黑格尔与国家》问世四分之一个世纪后，对黑格尔国家概念的处理居然还能如此肤浅无知，这实在令人咋舌。但在这位批判理性主义者的追随者中，即便有谁觉得至少应当从理论上证实黑格尔的论点，也不认为这本研究著作在二十年后有什么仔细阅读的必要。因此，文本工夫略有提高的恩斯特·托皮奇可以在他 1967 年出版的关于黑格尔社会哲学的书中重复他老师的所有偏见，却不会因罗森茨威格同一主题的研究而感到丝毫不安。[3] 这位犹太宗教哲学家的早期著作似乎无法

---

* 即 1920 年。——译者注

[1] Vgl. exemplarisch: ebd., S. 68, S. 82, S. 386.

[2] Karl R. Popper, *Die offene Gesellschaft und ihre Feinde*, Bd. II: *Falsche Propheten*, Bern 1958（engl. 1945）.

[3] Ernst Topitsch, *Die Sozialphilosophie Hegels als Heilslehre und Herrschaftsideologie*, a. a. O.

安然度过纳粹统治时期；在关于黑格尔哲学政治理论作用的激烈争论中，它进退维谷，难以被理解，对一方而言，它过于字斟句酌和条分缕析，对另一方而言，则过于精妙难测。

如果情况依然如故，那么罗森茨威格的著作即便在狭窄的专业受众圈子里恐怕也早就被遗忘了；由于他的《救赎之星》如此强烈地塑造了他在教科书和词典中的形象，以至于他关于黑格尔的早期作品充其量只被视为成熟著作的前奏，因此，当代哲学的所有注意力似乎都仅仅集中在他作为宗教哲学家的身份上。从20世纪70年代初开始，为了缅怀罗森茨威格的杰出成就，越来越多的人聚集在一起，但即便是在这个圈子里，情况也好不到哪里去。他们不再把《黑格尔与国家》这本书本身视为独立的作品，而是立足于之后的宗教哲学，将其解释为哲学前理解的文本（Schrift der philosophische Vorverständigung）。[1] 罗森茨威格的著作虽历经各种片面化的解读，却最终并未被遗忘，这要归功于少数几个黑格尔学者清醒的传统意识。这里首先应该提到的是约阿希姆·里特和米夏埃尔·托伊尼森，他们两人通过关于黑格尔哲学的重要论文，为恢复罗森茨威格——这位梅尼克的学生，后来的宗教哲学家——的早期作品在20世纪哲学文献中的应有地位作出了贡献。[2]

---

[1] Vgl. exemplarisch: Wolfdietrich Schmied-Kowarzik (Hg.), *Der Philosoph Franz Rosenzweig (1886—1929)*. *Internationaler Kongreß-Kassel* 1986, 2 Bde., Freiburg/ München 1988.

[2] Joachim Ritter, *Hegel und die französische Revolution*, ursprüngl. Köln/Opladen 1957, überarb. Frankfurt am Main 1965; Michael Theunissen, *Die Verwirklichung der Vernunft. Die Theorie-Praxis Diskussion im Anschluß an Hegel*, a. a. O.

狂热的逻辑

——约翰·杜威关于德国人精神气质的考古学[1]

　　德意志联邦共和国成立仅几年后，安通·海恩西部文化出版社（Westkulturverlag Anton Hain）就翻译出版了约翰·杜威的著作《德国的哲学与政治》（*German Philosophy and Politics*）[2]，促成此事的是个不错的想法。出于"再教育"政策的考虑，为了向士气低落的民众推广美式民主精神，作为占领国的美国在战后最初几年就已经开始翻译出版一些人文科学作品。但同一时期，杜威却只有一本早在1930年就以德语出版的教育学著作被重新刊行。[3] 在被战火摧毁的德国开始重建的最初几年，几乎很少有人知道，杜威还直接论述了德国在两次世界大战中执行侵略政策的思想根源；不仅美国实用主义从一开始就难以在此获得共 48

---

[1] 在此我要感谢汉斯·约阿斯（Hans Joas）为本文提供的意见和建议。

[2] John Dewey, *Deutsche Philosophie und deutsche Politik*, Meisenheim 1954; Neuausgabe: Berlin 2000.

[3] John Dewey, *Demokratie und Erziehung*, Breslau 1930（1. Auflage），1949（2. Auflage）. 杜威在德语世界的出版历史概览可参阅 Jean-Claude Wolf, »Dewey in deutscher Sprache«, in: *Freiburger Zeitschrift für Philosophie und Theologie* 46（1999），H. 1/2, S. 287—294。然而该书并未提及《德国的哲学与政治》（*Deutsche Philosophie und deutsche Politik*）这本著作与1956年出版的《文化的自由》（*Freedom of Culture*）的译文（John Dewey, *Mensch oder Masse*, Wien/München 1956）。

鸣[1]，而且更为关键的是，论及德国侵略性特色的盎格鲁—萨克逊著作也总是被斥为宣传品，因而未能产生任何有成效的影响。在这种情况下，通过翻译杜威的小册子，让 20 世纪 50 年代的德语读者直面这位美国哲学主要代表人物对 1914 年和 1933 年观念（Ideen von 1914 und 1933）的解释，这似乎是极其明智的；或许——正如时人所希冀的那样——这些解释确实有助于推动一场在建国初期势在必行的、关乎未来联邦共和国思想遗产的讨论。半个多世纪之后蓦然回首，结果却令人大失所望，约翰·杜威那本不足百页的小册子对当时的论争没有起到任何作用。

一

直至"一战"开始，已在本国哲学界享有盛誉的约翰·杜威在美国公众面前几乎没有以政治知识分子的身份而著称。尽管他的权威著作——包括《心理学》（*Psychology*）与《伦理学》（*Ethics*）第一版——已经带有大量民主理论的内涵，但时年 55 岁的作者几乎不对政治事件本身采取任何立场。[2]当杜威在"一战"初期顺应伦道夫·伯恩的敦促时，情况才发生了决定性的变化。伯恩曾公开建议他将自己的民主理论应用于日常政治问题，紧接着，杜威就发表了一系列以民主理论为基础、公开支持美国参战的文章，让伯恩大失所望。在成为政治知识分子的初期，杜

[1] Vgl. dazu: Hans Joas, »Amerikanischer Pragmatismus und deutsches Denken. Zur Geschichte eines Mißverständnisses«, in: ders., *Pragmatismus und Gesellschaftstheorie*, Frankfurt am Main 1992, S. 114—115.

[2] Vgl. Robert B. Westbrook, *John Dewey and American Democracy*, Ithaca/London, 1991, Kapitel 7.

威还撰写了研究德国哲学与政治的著作——这部著作于 1954 年向民主化的联邦德国民众刊行。起初，该著作被构想为系列讲座，旨在阐述一些哲学观念，以解释一种集体精神气质——对这种精神气质而言，国家征服战争是一项道德合法的事业——产生的原因。这一尝试令人印象深刻。当然，杜威在此对德国进行的一些笼统概括，很容易让人觉得他对统一国家意识的构建存在疏漏；而且他也被质疑对德国人心理形象的塑造乃是出于宣传的目的，因为这种塑造首先需要证明美国精神的道德优越性。而在另一方面，杜威非常清楚所面临的风险，故而不得不至少尝试勾勒出一幅理论轮廓，使得关于民族精神、"德国气质"或德国人"心灵禀赋"的谈论显得有理有据。在他看来，哲学理念应当被理解为面对现实社会挑战的理想化回答——这些挑战可以浓缩为对风格化行为方式的构思，以至于行为方式进一步影响某些大众生活习惯的形成。相应地，一个民族文化的特定气质、特殊心态可被理解为一种习惯化反应模式的总和，这种模式是社会问题与被理论概括的理念长期互动的结果。

　　正是这样一种民族文化的概念，让杜威在其研究著作中得以将观念史作为德国人精神气质的考古学工具。在这一点上，他的受众自然不是那些可能与德国人为伍的知识分子，而是那些己方阵营中的战友——他们解释德国的侵略性时，在观念史方面建立了错误的联系。与"一战"期间的其他短篇文章一样 [1]，杜威

---

[1] Vgl. etwa: John Dewey, »On understanding the mind of Germany«, in: John Dewey, *The Middle Works*, Bd. 10（1916—1917），S. 216—233; ders., »The tragedy of the German soul. Review of George Santayana's ›Egotism in German philosophy«, ebd., S. 305—310. 下文根据出版于卡本代尔（Carbondale）与爱德华兹维尔（Edwardsville）《杜威著作全集》（*Gesamtausgabe*）进行引用，我将采取以下缩写：*EW*: *The Early Works*，1882—1898；*MW*: *The Middle Works*，1899—1924；*LW*: *The Later Works*，1925—1953。

51 在此主要反对盎格鲁—萨克逊式敌情分析中的一种倾向，即把尼采的权力形而上学视为德国人战争狂热的主要思想根源。杜威在自己著作的每一页上似乎都想说，任何试图作出此等解释的人都缺乏对观念史的充分理解，因为他不知道如何在一个源自康德的、几乎充满妄想的唯心主义历史中把握尼采非原创性的地位。杜威分析的独特之处和真正挑衅性在于，他试图将德国人的好战气质追溯到康德，追溯到其两个世界学说为德国哲学所开辟的道路上来。甚至在这里，他的文本与《启蒙辩证法》萨德篇（Sade-Kapitel）中关于康德道德理论的著名段落不谋而合。[1]

通过与霍克海默和阿多诺这本书相比较，也可以解释杜威向原书新版序章的过渡；在这里，可以读到他于1942年所进行的尝试，即把“一战”期间对德国人精神气质的解释扩展到纳粹世界观出现的阶段。杜威在关于美国“一战”政策的激烈争论中找到了自己作为公共知识分子的角色，此后，他便竭尽全力地投入到与之相关的工作中。几乎所有具有世界政治意义的事件与影响52 美国道德自我形象的事件，都为杜威提供了政治分析的契机。在分析中，他通过对民主理论的洞见为时代提供诊断，包括中国革命前的历程、建立国际联盟的努力、俄国革命后的斯大林式集权以及美国在墨西哥的帝国主义。不久之后，杜威便怀着极度紧张的心情关注德国纳粹统治体系的产生，这不足为奇，因为他担心这是典型的德意志精神气质在民众的广泛支持下复苏的最初迹象。就在德国侵略战争开始后不久，杜威又以关于美国参战的辩论为契机，对纳粹的世界观谱系进行观念史梳理。他再次把驳斥

---

[1] Max Horkheimer/Theodor W. Adorno, *Dialektik der Aufklärung* [1947], Frankfurt am Main 1969, Exkurs II, S. 88—127.

盎格鲁—萨克逊式的肤浅解释当作重要任务——这种解释怀疑德
国人的战争准备只是受非理性主义影响的结果，而这种非理性主
义可追溯至尼采。然而与"一战"相比，当时的世界政治格局已
经发生巨大变化，除纳粹统治体系外，斯大林主义作为一个政治
权力结构业已牢固建立起来；因此，不仅要更新对德国人精神气
质的考察，还应当拓宽视野，把导致当下政治灾难加剧的文化历
史发展纳入其中。杜威围绕这一主题撰写了各种文章，勾勒出时
代诊断的轮廓。这一诊断尽管与任何形式的历史哲学相去甚远，
但它与《启蒙辩证法》一道，都将人类文明的危机理解为传教士
式的唯心主义与遗忘道德的实证主义相结合的结果。[1] 在《人类
历史的危机》(*The crisis in human history*) 的理论背景下，杜威对
纳粹世界观进行了谱系分析，处理受康德启发的唯心主义所造成
的灾难性后果。

53

二

在 1942 年出版的两本观念史研究中，杜威都把 20 世纪
德国侵略政策的开端追溯到康德的唯心主义，这对于那些熟知
杜威哲学的人来说，并不足为奇。就思想发展而言，杜威深受
F. H. 布拉德雷与 T. H. 格林的英国新唯心主义影响，他起初致力
于将黑格尔主义自然化，作为经验论与康德先验主义的理论替代
品；在康德作品中出现的那些典型的对立，最终都同本体世界与

---

[1] John Dewey, »The crisis in human history«, in: *LW*, Bd. 15, S. 210—223；
关于该文的思想背景，可参考 Robert B. Westbrook, *John Dewey and American Democracy*, a. a. O., S. 510—523。

54　经验世界的区别相关，所有这些对立——无论是"物自身"与显象的、还是先验自我与经验自我的、抑或是义务与偏好的二元论——都应当借助有机体在其自然环境中积极行动的这种观念来克服，并应当视为自觉的生命实现中的单纯要素。因此，在杜威早期著作中发现的种种迹象就已清楚表明，他在何种程度上从康德身上看到了自己哲学工作的真正反面案例。1899 年出版的《批判的伦理学理论纲要》(Outline of a Critical Theory of Ethics) 论及了康德的道德哲学：与其他著作不同，康德的理论由于"理性与偏好的绝对对立"，阻断了人们在社会生活中去追寻道德正确的行为起点的道路。[1] 在这本书中，人们还可以反复读到关于康德内隐心理学（implizite Psychologie）的论述：它比许多其他方法要原始得多，因为它最终将增加愉悦与幸福视作人类所有偏好和冲动的目标。[2] 即便当杜威作品中的黑格尔影响开始消退、实用主义的主题获得更大的独立性时，这种与康德的根本性界限依旧重要。与此同时，除了最初的否定之外，杜威还新增了文化诊断的论点：康德的典型对立早已在生活世界留下痕迹，并以紊乱或病态的形式在此成为现实。诚然，杜威仍缺乏一个合适的观

55　念模型，能够从政治与社会的角度把他眼中康德哲学真正致命的各种含义统一起来；尽管这些公式已经带有理性独立性与义务绝对化的特点，但在某种程度上仍缺乏能够生动确定其消极后果的直观材料。最终，没过多久，历史发展本身就向杜威提出了政治挑战，让他在具体的案例分析中证明自己迄今为止只是模糊的假设。当 1914 年的德国民众以极大热情支持政府参战时，杜威就

---

[1] Vgl. John Dewey, »Outlines of a critical theory of ethics«, in: EW, Bd. 3, S. 239—388, hier bes. S. 333—336.

[2] Ebd.

从中发现了康德唯心主义对整个民族的集体精神气质造成毁灭性
影响的证据。这有别于同时代的大多数人。因此，杜威的观念史
研究应当为以下社会哲学论点提供不亚于个案史的证明：如果让
经验现实从属于先天的理性，那么只要相关侵略性学说的内容填
补了这种理性指导原则的空白，民族优越感的倾向就势必出现。

　　因此，杜威在其康德研究中所勾勒的形象完全被康德的两
个世界学说所主导。虽然他正面论及了国家联邦的世界主义思
想[1]，称赞了阐述理性自由概念的道德哲学意图[2]，但总体而言，
他认为康德的三大批判无非就是理性先天性质的原教旨主义理
论。在杜威看来，这一学说的核心基于如下信念：物理世界是立
法理性的对象，而立法理性又应当立足于先验主体性这个完全
不同的世界。因此，根据该模式，人——只要他属于本体界——
就"像统治他的臣民那样"，统治着感官与自然。[3]把内在理性
活动如此凌驾于经验现实之上，就会导致对内在性的崇拜。在杜
威看来，路德的新教已经为德国奠定了这种崇拜的基础：在德
意志传统中，路德那蔑视世界、向内求索的态度几乎如神话般被
推崇，而康德只是哲学地将其表达出来，挑选出理性概念中的内
在性空间，作为一切合理的世界关系（Weltbezug）的决定因素。
但另一方面，随着对内在理想的价值拔高（Aufwertung），出现
了一种相当世俗的意义，即技术的适当性。这是对单纯自然被
给予性的低级世界的习惯性等同：处理外部事物时，一种无精神
的常规形式（eine Form der geistlosen Routine）——实际上就是

56

[1] John Dewey, *Deutsche Philosophie und deutsche Politik* (Neuausgabe), a. a. O.,
　　S. 64 f.
[2] Ebd., S. 56.
[3] Ebd., S. 42.

官僚主义的控制——必须占据上风，只有这样，才能成功应付物理世界的决定论。杜威认为，随着哲学理念对日常行为习惯的影响，逐渐在德国形成了一种集体心理，在其中，崇高的理想主义与"对机械性、组织性的服从"和谐地结合在一起：在前者那里，内在价值至上与精神理想至上的信念盛行；而在后者这里，技术可行性被清醒认识。

如果说德国人精神气质的初始状态可以通过这种领域的区分勾勒出来，那么对杜威而言，其进一步发展则取决于以下事实——康德故意以一种纯形式主义的方式阐明他实在性彼岸的理性（Vernunft）概念，从而使其远离所有内容性规定。因为现在，任何在实质规定上被流行教条视为合理性（Rationalität）的化身之物都可以用来填补由此产生的空白。杜威首先用康德的"义务"概念来阐述这种将形式性的理性原则逐步物质化的过程，他追随黑格尔，从一开始就对这个概念抱有极大怀疑。然而在这里，在杜威以政治为导向的考古学文本中，对理性的、无条件的义务这种整体观念的批判不仅承担了道德哲学的任务，更为重要的是，这种批判也应当对德国人的精神气质进行更为精确的分析。杜威所使用的论证源于他之前的伦理学思考，因而绝不是新的。但具体到德国智性发展这一特殊情况而言，仍颇有创见。与黑格尔一样，这篇文章首先指出了康德义务论的形式主义——在其义务论中，单是履行道德义务的观念似乎就可以成为衡量一个人善行的指标。虽然康德在绝对命令的不同表述中，试图通过对普遍化原则的解释来防止最为严重的误读，但杜威并没有进一步考虑这些表述，就由此推论：道德义务的内容在各种情况下都可以由"社会权威"所确定。他最终认为，康德式的义务伦理能够为以下社会信念提供合适的温床：履行国家所规定的义务可以被视作道德的最高原则。他还不无得意地引用了普鲁士军事作家弗里德里希·冯·伯恩哈迪的一段话，把普遍义务兵役制誉为康德道德哲学的政治遗产。对应其分析，杜威总结道："我坚信，如果现实的政治立场要求普遍义务兵役制，以襄助及扩张现有国家，那么，完全缺乏内容的义务福音就在于认可这种特殊义务，并将之理想化——正如现有的国家秩序想要规定的那样。"[1]

　　当然，这个结论非常模糊，因为并不完全清楚它究竟是主张一种观念史的连续性，还是主张一种不正常的效果历史。若是前一种情况，我们会指责杜威忽视了康德关于相互尊重的观念，而这种观念恰恰是道德义务的体现。若是后一种情况，我们则会碰到一个有趣的问题：义务伦理学是否能够依据其结构促成一种趋炎附势的态度？文本本身当然允许两种不同的解释，即使论证的语气和粗暴的风格似乎更倾向于第一个版本。但如果把同一时期写成的《论德国心灵》一文也纳入考量，那么杜威的思路则很可能介于两种可能性解释之间：正如论证所言，虽然康德本人受到"崇高愿望"的过度激励，无法不将履行道德义务视为全人类道德共同体理想之实现，但最终在德国，道德义务还是被完全等同于对国家权威的服从，这多少要归功于他把道德理解为一种义务伦理。[2]因此，一条始于康德的线索在无意间贯穿了义务概念的设定，一直延伸到当今的"一战"，在这条线索中，德国人服从国家命令的意愿要高于所有其他民族。

　　然而，在关于德国人精神气质的考古学中，杜威并不局限于义务伦理的逐步实质化，而是愈发重视另一个可追溯至康德的

[1] Ebd., S. 57.

[2] John Dewey, »On understanding the mind of Germany«, in: MW, Bd. 10, S. 216—233, hier bes. S. 227.

意识形态发展过程。正如我们所看到的，理性唯心主义在德国的普及应该与一种心理倾向的发展相关，这种倾向的一个方面就
60 在于相信脱离经验的理念力量；虽然上述的服从伦理据说是从道德理论产生的，但现在杜威也在同一个初始状态中看到了把实现先天理性视为国家共同体目标的政治哲学根源。今天，借助对国家任务的"伦理化"表述，或许可以准确理解杜威所赋予这一特定目标的含义。在杜威看来，"文化"（Kultur）与"文明"（Zivilisation）的对比早已出现在康德的历史哲学著作中，在民族主义的推波助澜下，这一对比很快发展成以下观点：没有任何国家像德国一样，需要为捍卫伦理价值而服务，以对抗纯技术的功利主义文明。在对这种发展过程的描述中，杜威只得离开康德诠释的狭隘框架，转向德国唯心主义的进一步发展。他先是把费希特的国家哲学，继而将黑格尔的历史哲学当作继续阐述的指导原则。但与传统的解释相比，他对费希特政治哲学的描绘与对黑格尔历史哲学的概述都缺乏新意：费希特的政治著作在德国观念史上产生了决定性的转折，与康德的世界主义理想相比，国家的道德任务在此被明显赋予了民族主义特征；从根本上而言，这导致了一个灾难性的想法——德意志民族注定要在文化衰颓的时代代表普遍主义的理性观念。最后，通过黑格尔的历史哲学，杜
61 威只看到了唯心主义和民族主义的混合体被赋予了进一步的合法性，而这种合法性就在于将德意志的使命等同于绝对精神的贯彻。当然，这段文字并没有掩盖这样一个事实：正是黑格尔把战争理解为实现该使命的合理的、净化的手段。[1]

---

[1] 关于另一种对黑格尔历史哲学的较少以民族主义为导向的解释，参见上一章《黑格尔矛盾的遗产：弗朗茨·罗森茨威格在世纪之初》。

无论这些最后的、更偏重于哲学史的论述有多么冗长甚至漫无边际——因为它们总是想告诉美国读者相关哲学家的基本思想——它们仍然与整个研究的核心观念保持着密切且一致的联系。对促成这种民族主义国家—历史哲学思想结构的关注，在杜威的作品中几乎无处不在：如果康德没有在自己的哲学学说中撕裂现实与理性，使得物理世界与本体、精神世界泾渭分明，那么，无论费希特的德意志文化国族（Kulturnation）观念，还是黑格尔历史哲学对它的超越，都将是无稽之谈，因为这两个方案都只能被理解为对这一不确定的理性原则进行历史补充的尝试。在这个意义上，接近结尾的一段话——可以把这段话当作对该著作哲学史章节的总结——提到：费希特与黑格尔只不过是"用国家及其历史发展和历史使命的坚实本质性来填补康德的超感性之物的空白"[1]。对杜威而言，康德仍然是"德国的哲学家"[2]，他对理性先天主义的哲学论证是如此具有颠覆性和深远意义，以至于之后所有德国思想的发展都只是这同一主题的变种：浪漫派用"诗意的幻象"[3]来填补形式规定的理性之理想领域，德国唯心主义者将本体界的空位去先验化，并赋予其历史呈现的理性意义，最终，新康德主义把自己局限在"对科学方法论的批判"[4]上，当然，其原则仍在于这种观念：现实由理性活动所构建。

在这篇观念史著作中，杜威本人一再把一些作者称为德国"一战"前思想动员的代表，并视之为康德理性唯心主义的精神传人。就该著作而言，这不足为奇。然而，或许由于知识的匮

62

---

[1] John Dewey, *Deutsche Philosophie und deutsche Politik*, a. a. O., S. 91.

[2] Ebd.

[3] Ebd., S. 92.

[4] Ebd.

乏，杜威在此并未论及那些重要的哲学家和社会学家，如舍勒、
齐美尔、特勒尔奇——他们对德国侵略战争的企图毫不掩饰的支
持至今仍然令人出离愤怒。[1] 他更多提及的是一些次要的、更
为大众化的学者——他们的著作传播广泛，早早地就为战争情绪
推波助澜。除了前文引述的弗里德里希·冯·伯恩哈迪之外，文
中主要提到了鲁道夫·奥伊肯，一位因 1908 年获得诺贝尔文学
奖而在当时享誉国际的哲学家。在上述案例中，杜威不仅轻而易
举地找到了直接诉诸康德的证据，而且毫不费劲地证明了理性唯
心主义主题的持续影响：无论是鲁道夫·奥伊肯，还是弗里德里
希·冯·伯恩哈迪，都以德国在国际社会中肩负贯彻理性与道德
的普遍理想之特殊使命为由，为战争目标辩护。在杜威看来，这
种在思想上将侵略战争合法化的范式就其形式而言，仍然与康德
最初引入哲学理念世界的范式如出一辙。虽经历百年发展，最初
的二元论在历史上已经被实质化了，但一个纯物理的、无精神的
现实性领域仍然被预设出来，无现实性的理性诸原则必须凭借意
志的努力强加于这个领域。这种"狂热的逻辑"——正如杜威提
到一位当代作家时所言——乃康德关于先天理性之原始理念所固
有：只要一个足够庞大的群体确信，那些被认为是无可辩驳的理
性原则愈发举步维艰，他们就会在不得已之时采取更为暴虐的手
段，凭借暴力把理性的理想强加于被视为无精神或无文化的现实
性之上。

---

[1] Vgl. Hans Joas, »Kriegsideologien. Der Erste Weltkrieg im Spiegel der zeitgenössischen Sozialwissenschaften«, in: ders., *Kriege und Werte. Studien zur Gewaltgeschichte des 20. Jahrhunderts*, Weilerswist 2000, S. 87—125; Kurt Flasch, *Die geistige Mobilmachung. Die deutschen Intellektuellen und der Erste Weltkrieg*, Berlin 2000.

　　总而言之，这一结论表明，与通常情况下对德国"一战"前精神发展的观念史阐释相比，杜威所采用的对立词组（Gegensatzpaar）迥然不同。杜威认为，19世纪反启蒙理性传统的巨大逆流所产生的影响无法用来解释"德国的精神气质"，即发动战争的思想准备；相反，如前文所示，杜威承认尼采的著作与生命哲学对20世纪初德国称雄世界野心的形成几乎毫无作用。毋宁说，杜威所理解的德国灾难性发展的思想根源，恰恰在于康德关于理性先天有效性的观念，尽管许多作者重新把康德奉为对抗19世纪非理性主义倾向的核心堡垒：无论是卢卡奇还是哈贝马斯，德语世界总是存在一种倾向，即认为理性唯心主义是一种精神遗产，倘若没有非理性主义对它的"破坏"，德国思想或许会走向另一条政治上更有前途的发展道路。[1]由于初诊的巨大差异，杜威所间接推荐的疗法自然与上述作家大相径庭：在他看　　　65来，要想使德国人的心灵摆脱这种臆想本民族特殊文化使命的倾向，就不能依靠对理性唯心主义传统的传承与创新，而只能借助一种截然不同的理性主义来彻底超越这一传统。因此，在他的考古学中，杜威在观念史方面所采用的对立概念词组并不是理性主义与非理性主义，而是一个有问题的先天理性主义与一个简化版的，即"实验的"理性主义。杜威在文章结尾处用了几页篇幅概述了后一种理性主义。很明显，如果在解决具体行动问题方面，一些信念被实验测试证明是可取的，那么这些信念的称谓就应当是"理性的"。

---

[1] Vgl. Georg Lukács, *Die Zerstörung der Vernunft*, in: ders., *Werke*, Bd. 9, Neuwied/Berlin 1962；Jürgen Habermas, *Der philosophische Diskurs der Moderne*, Frankfurt am Main 1985, Kapitel III und IV.

三

前文提到，对德国人精神气质的诊断存在差异，与之相关的诸多问题在此不宜讨论；杜威对义务概念的处理已清楚表明，他的许多论点取决于是否能够真正谈论康德最初理念的延续，或者毋宁说是曲解。杜威无疑意识到，康德在自己的学说中通过把实践理性的实现与作为"目的王国"的人这一理念相联系，坚决防范政治滥用的可能性；杜威的著作既没有隐藏这个伟大思想，也没有隐藏许多理论的中间步骤，而这些步骤恰好是从先验唯心主义的原始方案推导出称雄世界之野心所必需的。尽管如此，他仍然坚定不移地认为，将理性与现实相对立的思维范式客观上对导致德国 1914 年观念（Ideen von 1914）的精神发展负有责任：康德或许把道德意图与自己学说相关联，但与此道德动机完全不同，理性的先天有效性观念允许个人、群体或整个民族去相信自己占有一个颠扑不破的真理，尽管这个真理不可能被主体间性所验证。将这一思路理解为杜威考古学的论证中心是很重要的，因为它今天仍然反复出现在美国众多政治哲学的思考中：无论是迈克尔·沃尔泽在超越语境的知识分子形象中所唤起的政治精英主义的风险，还是理查德·罗蒂在客观理性的观念中所强调的专制奴役的可能[1]，人们总是能看到杜威那带有政治色彩的信念——单是预设一种彼岸的、独立于经验的合理性就能导致"一战"中德国民众所表现出来的那种集体心理。

随着希特勒夺取政权，一种似乎完全不同、极端残酷的世

---

[1] Michael Walzer, *Zweifel und Einmischung. Gesellschaftskritik im 20. Jahrhundert*, Frankfurt am Main 1991; Richard Rorty, *Hoffnung statt Erkenntnis. Eine Einführung in die pragmatische Philosophie*, Wien 1994.

界观开始在德国甚嚣尘上。即使是在这个时候，杜威仍然坚持自己的中心论点，因此，他的论点自然更具分量：希特勒在其凌乱不堪的书里所展现出来的心态，基本上可以追溯到康德所提出的理性先天主义范式。[1] 杜威不遗余力地从希特勒的书卷中搜集材料，作为解释的证据，于 1942 年发表了一篇文章。他不加挑选地引用希特勒的演讲、文章和《我的奋斗》，以便在大量陈述的基础上再次支撑这样的谱系论：从 1800 年到 1914 年，再到 1933 年，一个单一的思想混合物在德国范围内持续发展，其最突出的特征便是精神世界与纯现实性的对立。然而，杜威现在只能以一系列强力且大胆的重新解释（Umdeutung）为代价来谈论这种持续性。这些解释所涉及的问题是：它们是否真的还与同一个原始主题有关？在短文中，杜威通过三个步骤证明了以下论点：即便是希特勒的世界观也只能被理解为"狂热的逻辑"的进一步展开，而这个致命的逻辑就始于康德的唯心主义。第一步，他放缓了语气，故意不去谈论德国人精神气质在希特勒字面信念中的直接反映，而只是言及希特勒混乱的想法与德国民众的心态之间存在某种契合。根据这一假设，希特勒的讯息与"呼吁"[2]之所以能引起大多数德国人的共鸣，仅仅是因为他所传达的内容与德国人集体精神气质的智性架构之间有一种"预先存在的一致

68

---

[1] 在这里，需要再次强调，杜威其实并不涉及这样的论断：康德著作本身对"一战"前夕中央集权的意识形态发展至关重要。至于康德的学说在纳粹时期究竟是具有免疫效应，还是说仍可为统治思想所用，至今莫衷一是：Gereon Wolters，»Der ›Führer‹ und seine Denker. Zur Philosophie des ›Dritten Reiches‹«，in: *Deutsche Zeitschrift für Philosophie* 47（1999），H. 2, S. 223251；dagegen Volker Böhnigk，*Kant und der Nationalsozialismus. Bonner Philosophische Vorträge und Studien*，Bd. 9，Bonn 2000。

[2] John Dewey，*Deutsche Philosophie und deutsche Politik*，a. a. O.，S. 7.

性"[1]。至于这种亲缘性的核心——这是第二步所探讨的——就在于,它必须再次被视为对超越了所有庸常的、物理上被决定的现实性的理想精神领域的颂扬:希特勒的信念及其意图适应了德国民众"潜藏的理想主义"[2],因为希特勒主要想通过激发"理想"来洗刷"一战"后的集体耻辱,而正是从与可耻现实的对抗中,这些"理想"汲取了焕然一新、团结一致的力量。杜威确信,就形式而言,康德两个世界学说的本体论轮廓,就体现在这个从"理想"中获得民族重生的想法中。

　　诚然,到目前为止的推导还未提及反映在希特勒演讲与著作中的世界观的特殊成分。这便是杜威论证的第三步。在这一步中,论点得到发展,得以充分支持直至纳粹时期心灵历史的连续性主张:在希特勒和他的意识形态党徒那里,康德那个故意只在形式上概述的本体界充满了对人类本性的规定,正如"血液""生命力""种族"等活力论概念所表达的那样;因此,对理性的呼吁——这对国家社会主义而言也仍然是根本性的——可以具有召唤自然力量的内涵,而在经典的范例中,这种力量的承担者就是"德意志人民"。作为对纳粹世界观最不寻常的注脚,经仔细研究,这个论点似乎在总体上包含了两个可以分开的不同要素。一方面,杜威认为,纳粹将理性与自然混为一谈,在保持康德唯心主义二元图式完整性的同时,并无需放弃对"最原始的"生命进程的褒奖。[3]确切地说,人类的本能只有佩戴上理性的徽章,才能获得所有使其成为理想的根本属性,而在规范性层面上,这个理想与纯经验的现实性是对立的。也许杜威的这一思想

---

[1] Ebd., S. 7.

[2] Ebd., S. 16.

[3] Ebd., S. 25.

可以通过最简洁的形式再现：纳粹并没有把自然当作理性的"他者"，而是理性的体现。唯其如此，对于一个需要理想主义声调召唤的领域而言，自然才能成为它的理想概念。之所以需要这种召唤，是因为这个领域从属于更高的存在秩序，而非因果决定的现实。然而，杜威现在必须为上述解释添加第二个要素，以便深入把握纳粹世界观的特征：作为自然集体，作为"民族共同体"（Volksgemeinschaft），德意志民族肩负神圣的使命，有特权进入与理性融为一体的自然之领域。因此，在杜威看来，即便是纳粹时期的德国也依然存在唯心主义与民族主义的合流，只不过，此时人性的原始本能取代了之前的理性价值：在希特勒看来，德意志民族肩负实现先天理想的使命，必要时可诉诸武力，因为它体现了那些构成更高存在秩序典范的自然力量，而这正是其他种族所无法比拟的。在这一思路引导下，难怪杜威会在书中不同地方提到，种族概念的真正意义在于一种认识功能，以确保德国人在对自然本能力量的表述中获得垄断地位。

在其他版本的纳粹思想谱系中，一些人物举足轻重，而杜威只有在以上思考的背景下，才首次提到他们：通过引用海因里希·海涅的一句话，他间接指出了谢林自然哲学的意义[1]，而仅仅几行之后，他又提及理查德·瓦格纳的作品，并将之视为希特勒回归日耳曼主义（Germanentum）愿景的思想来源。在这个稀疏的名单中，最重要之处在于杜威对弗里德里希·尼采的著作敬而远之；虽然他本人多次用"生命主义"概念来指称希特勒世界观的思想核心，但他显然要避免与所有形式的生命哲学鼻祖产生任何联系，以免把谱系研究引入歧途。在1942年重构德国人

---

[1] Ebd., S. 23 f.

的精神气质时，杜威甚至对尼采只字不提，其背后动机为何，人们也只能揣测。或许是由于他不愿通过提及尼采而把人们的注意力错误地引向非理性主义，混淆效果历史的责任认定：在杜威看来——他在 1942 年的信念与 1915 年比起来没什么不同——德国精神的命运不是理性批判的展开，而是一种病入膏肓的理性唯心主义的变种。杜威认为，这个思想主题——先天理性观念对启蒙主义的超越——乃是导致德意志心灵灾难性发展的始作俑者，并应当为此承担所有客观责任。康德严格地把作为原则的理性与经验的现实性相对立，倘若没有他的思想，就不会发展出灾难性的信念。这种信念就是：只有德意志民族才拥有普遍合理的理想，为了实现这种理性，德意志民族在紧要关头甚至必须诉诸残酷的暴力手段来与全世界为敌。[1] 因此，杜威必须为希特勒的世界观提供确切的解释，他试图用几页文字作出概括：在这里，在完善唯心主义的终极行动中，对自然本能的释放可以冒充对理性理想的呼唤，借此，理性与其对立面——自然——被混为一谈。

在论述的最后，杜威似乎向德国人推荐了一种与理性唯心主义的谱系归责（Haftbarmachung）相适应的治疗形式。杜威拓展了一些散见于他 1915 年著作的思考，用一种简化版的理性主义模型来对抗先天理性的观念。杜威所推荐的理性主义的核心就是"自由而开放的交流"程序：一旦理性不再被设想为超越现存现实性的本体界之物，那么我们就需要轻松而开放的讨论形式，

---

[1] 为了对比，我们在此只引用托马斯·曼（Thomas Mann）在《德国与德国人》（*Deutschland und die Deutschen*）这篇著名演讲中所说的话："作为富有浪漫主义色彩的反革命民族，德国人反对启蒙运动的哲学主智主义（Intellektualismus）与理性主义——以音乐反抗文学，以神秘主义反抗清晰性。"（In: Thomas Mann, *An die gesittete Welt*, Frankfurter Ausgabe, Frankfurt am Main 1986, S. 717 f.）

在被给予的现实性中共同找寻什么才是"理性的"。杜威的文章以对美国民主规范性理想的承诺结尾，倘若有读者怀疑这是一种廉价的宣传品，那么他就不会把德国在 20 世纪所扮演的灾难性角色归咎于民主思想的畸形发展。"最后，我想传达的信念是，正是这种方法，即通过自由而开放的交流过程建立共同体的方法，构成了美国生活方式的核心与力量，而我们民主的弱点都是未能按该方法的要求来生活的失败表现。那些基于经济地位、种族和宗教的偏见会危及民主，因为它们限制了交流，歪曲、干扰了交流的有效性。"[1]

四

当然，这里所提到的两部作品，绝不能与那些大多由流亡者所撰写的著作相提并论——这些关于 20 世纪德国人精神气质的著作着实见多识广。[2] 由于没有德国留学的经历——这与乔治·赫伯特·米德不同——这位美国实用主义者无法亲手获得有关德国哲学状况的确切知识。不仅如此——正如杜威自己偶尔提到的那样[3]——他不得不付出特别的诠释学努力，以便理解另一种文化的规范性视域，而这种文化与他所熟知的美国生活方式似乎相去甚远。也许，正是这种深深的不解，外加宣传的意图，

74

---

[1] John Dewey, *Deutsche Philosophie und deutsche Politik*, a. a. O., S. 29.

[2] Vgl. etwa Helmuth Plessner, *Die verspätete Nation. Über die politische Verführbarkeit bürgerlichen Geistes*, Stuttgart 1959; K.R. Popper, *Die offene Gesellschaft und ihre Feinde*, 2 Bde., Bern/München 1958.

[3] Vgl. etwa: John Dewey, »On understanding the mind of Germany«, a. a. O., S. 218.

诱导他对效果历史的关联作出了问题重重的断言。譬如说，他在文中并非时时刻刻都能充分厘清康德原始学说与德意志民族主义传统对其处心积虑的利用之差别。然而另一方面，也许正是这种外部观点，这种文化自明性（Selbstverständlichkeiten）的深刻差异，让杜威能够在观念史中发现从内部难以辨识的纠葛与依赖。试图把德国人两次世界大战中的精神气质归咎于康德的两个世界学说，而非黑格尔的国家概念或尼采的生命主义，他是第一个，或许也是唯一的一个。如果谁不倾向于相信这些谱系是高度任意的、似乎就是国家争斗的手段，那么他就必须看看杜威的诊断所蕴含的重大挑战。该论点的核心可以概括为：在过去两百年间，康德在纯经验的现实性与先验有效的理性原则领域间所留下的不可逾越的界限持续影响了德国人的精神状态。杜威似乎想说，德国近代哲学中的每一个哲学创新——无论以何种方式——都只是康德两个世界学说的变体而已。所面临的挑战在于，如何以哲学的方式证明，这一指控要么缺乏事实根据，要么无法系统地放弃对两个世界的假定。

恶的现象学

——奥雷尔·科尔奈被遗忘的著作

　　在 1918 年 和 1919 年，无论是在匈牙利苏维埃共和国
（Räterepublik）时期还是在其军事覆灭后不久，匈牙利知识分子
流亡到邻近的德语国家，就观念史意义而言，只有犹太学者从纳
粹德国出走美国能望其项背。[1] 在这两种情形下，对成为被驱
逐学者们永久或临时家园的国家而言，若没有这些移民，它们的
文化简直无法想象：造就 20 年代魏玛文化的，主要是犹太裔的
匈牙利学者，而为 40 年代美国精神生活的繁荣添砖加瓦的，则
是那些来自奥地利、德国的流亡人文学者和自然科学家。在流亡
维也纳、柏林或海德堡的匈牙利知识分子中，除卡尔·曼海姆、
格奥尔格·卢卡奇、贝洛·鲍拉日、勒内·斯皮茨、迈克尔·波
拉尼、卡尔·波拉尼、贝拉·福加拉西之外，还有一个至少在
我们这里知者寥寥的人：奥雷尔·科尔奈。在 70 年代初期，他
的一本书由于引起了人们对重新发现的弗洛伊德式马克思主义
（Freudomarxismus）领域的兴趣，得以短暂重见天日 [2]，而他的

[1] Vgl. Lee Congdon, *Exile and Social Thought. Hungarian Intellectuals in Germany and Austria, 1919—1933*, Princeton/NJ 1991, bes. »Introduction« (S. 3—42).

[2] Aurel Kolnai, *Psychoanalyse und Soziologie. Zur Psychologie von Masse und Gesellschaft*, Leipzig 1920.

现象学经大卫·威金斯和伯纳德·威廉姆斯的努力发掘，在今日英国左右逢源。[1]尽管如此，在21世纪初的德国，其人其事却几乎被遗忘殆尽。对科尔奈来说，效果历史是不公正的，因为它只垂青那些一直备受瞩目的学者。

当然，就作品而言，这种遗忘也可能与他的精神气质有关。科尔奈绝不是一个闭门造车的思想家，为了某个单一主题而皓首穷经；作为一个科班出身的哲学家，他更倾向于不断接受新的环境挑战，将其当作自己工作的理论重点。他不安分的才思与某种政治焦虑，甚至政治灵活性相结合，让科尔奈一生多次转换意识形态阵营。他是犹太人，成长于布达佩斯，在流亡维也纳时迅速皈依天主教，起初混迹于左翼天主教的圈子，后来又在基督教保守主义中寻得自己的精神家园。定期获得新国籍的迫切性最终造就了科尔奈躁动不安的灵魂。1955年，他获得科研资助前往英国，在伦敦贝德福德学院（Bedford College）任客座讲师，直至1973年去世。在英国，他似乎才得到杰出同侪们的认可，以至于他认为自己能在某种程度完善哲学工作。四十年后的今天再回首，他思想中两条决定性的主线清晰可见，正是它们保证了科尔奈的著作对我们当代的意义：一方面，通过对负面情感反应的现象学探索，这位受教于布伦塔诺与胡塞尔的哲学家穷其一生都在为推动构建质料的价值伦理学（materiale Wertethik）而奋斗；另一方面，从早期一篇关于卡尔·施密特[2]的论文开始，他便

---

[1] Aurel Kolnai, *Ethics*, *Value and Reality*, herausgegeben von Francis Dunlop und Brian Klug（Einleitung von David Wiggins und Bernard Williams）, London 1977.

[2] Aurel Kolnai, »Der Inhalt der Politik«, in: *Zeitschrift für die gesamte Staatswissenschaft* XCIV/1（1933）, Tübingen, S. 1—38.

没有放下过发展出一个关于政治与政治实践概念——这一概念关
切人类价值多元化的事实——的念头。虽然在伦敦，晚年的科尔
奈迷上了语言分析哲学，再次转向元伦理学问题，发表了一系列
关于"善"和"实践错误"概念的重要文章。[1]但回过头来看，
人类的负面情感反应与政治的伦理基础才是他思想存在的两个关
键主题。然而，在他的作品中，这两个兴趣领域并没有直接并
列，而是被设想为一个单一的、雄心勃勃的事业的组成部分：通
过对负面情感态度的现象学解密，科尔奈试图把目光投向我们道
德现实中那些与符合伦理价值，因而被理解为政治正确的经验相
对立的消极面相。为了一览该哲学构想之全貌，有必要简单回顾
一下科尔奈的思想历程。

79

一

奥雷尔·科尔奈1900年生于布达佩斯，是一位自由派犹太
人之子，如前文所说，这代匈牙利知识分子在苏维埃共和国灭亡
后决心背井离乡，向西而行。当科尔奈还是个高中生时，就参与
了伽利略圈（Galilei-Kreis）的讨论——伽利略圈是布达佩斯的
著名沙龙之一，在"一战"期间，这些沙龙以全面的、跨学科的
方式对政治前景的问题进行了探讨。[2]在这里，科尔奈深受精
神分析家桑多尔·费伦齐的影响。费伦齐充满魅力，指引科尔奈

---

[1] Gesammelt jetzt in: Zoltán Balázs/Francis Dunlop（Hg.），*Exploring the World of Human Practice*，Budapest 2004.

[2] Vgl. Lee Congdon, *Exile and Social Thought*, a. a. O., v. a. »Introduction«.

走上弗洛伊德学说之路。[1] 当发端于 1917 年的苏维埃共和国革命在 1919 年被武装破坏后，这些知识界的大多数成员离开了自己的祖国，到邻近的德语国家去寻求政治或学术的前途。1920 年初，科尔奈也决定离开布达佩斯，到维也纳继续他的大学教育。在那里，他最初通过定期向匈牙利流亡杂志投稿来谋生，剩下的时间则花在了一个精神分析项目上，而该项目的基本思想可能产生于伽利略圈的讨论：科尔奈有点早熟，在智力上很有天赋，他二十岁时就想利用弗洛伊德关于"原始部落"（Urhorde）的推测来设计一种革命心理学，以证明共产主义会退化为"专制的"共同体生活（Gemeinschaftsleben）形式。这项工作雄心勃勃，其成果体现在 1920 年发表的著作《心理分析与社会学》中。[2] 这本著作因读者政治立场的不同而毁誉参半，并让这位年轻的作者一夜成名。一些人——包括狄奥多·芮克[3]——盛赞该书在方法论上的原创性，而另一些人——主要是 W. 尤里内茨[4]——指责该书对马克思主义进行了心理学式的批判。用今天的眼光来看，科尔奈在处理有关文明诞生的精神分析论辩材料时所表现出来的思维自主性，在思辨思路中尤其引人注目：他通

［1］Vgl. Paul Harmat, *Freud, Ferenczi und die ungarische Psychoanalyse*, Tübingen 1988, u. a. S. 42.

［2］Aurel Kolnai, *Psychoanalyse und Soziologie*, a. a .O.；关于该书对当时讨论所发挥的作用，参见 Helmut Dahmer, *Libido und Gesellschaft. Studien über Freud und die Freudsche Linke*, Frankfurt am Main 1973, Kapitel II, 1。

［3］Theodor Reik, »Internationale Psychoanalytische Bibliothek«, in: *Imago. Zeitschrift für Anwendung der Psychoanalyse auf die Geisteswissenschaften* VII/2（1921）, S. 155—179.

［4］W. Jurinetz u. a., *Psychoanalyse und Marxismus*（1825）, wiederabgedruckt in: Hans-Jörg Sandkühler（Hg.）, *Psychoanalyse und Marxismus. Dokumentation einer Kontroverse*, Frankfurt am Main 1970, S. 66—136.

过应用涂尔干对机械团结与有机团结的区分，给予弗洛伊德的思考一种融贯的社会学转向，同时把从共同体到社会的进步与法权分化（Ausdifferenzierung des Rechts）相联系，并强调人类对有机动力进行升华（Sublimierung）的能力是推动一切社会发展的引擎。

尽管在科尔奈的研究中已经出现了从原则上质疑精神分析解释力的倾向[1]，但因其巨大成功，他获得了国际期刊《意象》（*Imago*）的投稿邀约。从 1921 年到 1925 年，科尔奈为这个弗洛伊德亲任编辑的刊物撰写了一系列文章和小论文，这些作品至今仍不失其原创性和新鲜感。所涉及的主题除狭义的精神分析外，还有神秘主义、冈察洛夫的《奥布洛莫夫》（*Gontscharows Oblomow*）以及舍勒的社会哲学[2]，这充分展示了当时科尔奈惊人的创作能力。不过，如果按时间顺序观察，可以发现这些文章的意义在逐渐转变。对这位年轻知识分子接下来的工作而言，这至关重要。当现象学在后布伦塔诺时代的维也纳流行起来之时，现象学导向也开始取代弗洛伊德学说，逐渐占据科尔奈思想的核心位置。[3] 在关于舍勒的文章中——这是科尔奈为《意象》杂志写的最后一篇文章——这种转变表现得尤为明显。文章一开始，就赋予了现象学在"精神—心理现象"的研究中的方法论优

[1] Vgl. etwa Aurel Kolnai, *Psychoanalyse und Soziologie*, a. a. O., S. 122.

[2] Aurel Kolnai, »Über das Mystische«, in: *Imago. Zeitschrift für Anwendung der Psychoanalyse auf die Geisteswissenschaften* VII/1（1921）, S. 40—70；ders., »Gontscharows Oblomow«, in: ebd., IX/2（1923）, S. 485—494；ders., »Max Schelers Kritik und Würdigung der Freudschen Libidolehre«, in: ebd., XI/1（1925）, S. 135—146.

[3] 关于布伦塔诺现象学派的概述，可参阅 Dermot Moran, *Introduction to Phenomenology*, London 2000, Kapitel 1；vgl. im ganzen: Barry Smith, *Austrian Philosophy. The Legacy of Franz Brentano*, Chicago 1994。

先性，因此，两种理论的条件关系在一定程度上就被颠倒了：

> 它（现象学，作者注）想要建立一种——或许可以用我
> 们自己创造的术语来说——前心理学（Präpsychologie），而
> 非元心理学（Metapsychologie）。它所要做的，并不是解释、
> 破译、推导现象，把它们追溯到某个共同点，弄清它们存在
> 和产生的规律，而是努力"有洞见地"凝视现象直接的"本
> 质"，用尽可能完美的记录与描述来把握现象的全部种类，
> 以及它们观念的、静态的"意义联结"。[1]

这些文字是纲领性的，因为科尔奈此时确实着力于探究心
理过程的内部"意义联结"，而非其幼时或古老的产生条件。与
弗洛伊德一些天赋异禀的追随者——尤其是路德维希·宾斯万
格——一道[2]，科尔奈转变了阵营，投奔了胡塞尔学派。科尔奈
于 1922 年开始在维也纳学习哲学，在海因里希·贡佩尔茨和罗
伯特·莱宁格的引荐下，他遇到了现象学运动的支持者们——这
一简单事实或许深刻影响了他的哲学转向。当然，与此同时，他
也参加了莫里茨·石里克的讲座[3]，这有助于解释为何科尔奈总
是很早就关注到所分析现象的语言学意义。对他而言，现象学方

---

[1] Aurel Kolnai, »Max Schelers Kritik und Würdigung der Freudschen Libidolehre«,
a. a. O., S. 135.

[2] Sigmund Freud/Ludwig Binswanger, *Briefwechsel 1908—1938*, herausgegeben
von Gerhard Fichtner, Frankfurt am Main 1992.

[3] 这一点可以从科尔奈所写的《生平简介》(*kurzen Lebenslauf*) 中看出来。在弗
朗西斯·邓洛普（Francis Dunlop）和布莱恩·克鲁格（Brian Klug）出版的
论文集《介绍》中，大卫·威金斯和伯纳德·威廉姆斯引述了《生平简介》：
David Wiggins/Bernard Williams, »Aurel Thomas Kolnai（1900—1973）«, in:
Aurel Kolnai, *Ethics*, *Value and Reality*, a. a. O., S. IX—XXI, hier: S. XIII。

法和语言分析从来就不是相互对立的,而是——如大卫·威金斯和伯纳德·威廉姆斯所说的那样——对理性哲学同一关切的两个互补的方面。[1] 不管怎么说,科尔奈很快就在他的哲学研究中采用了现象学,借此把他之前从精神分析角度所习得的关于人类灵魂生活的全部知识重新审视一番:心理行为在无意识本能事件(Triebgeschehen)中的根源现已退居幕后,取而代之的是心理行为的意向性内容,而人类经验的结构性规律与某些情感状态的因果关系相比,具有更为重要的意义。然而,随着方法论视角的转换,科尔奈也转移了他的实质兴趣:他现在所关注的人类"本质",不再是那些不同的社会结合力,而是人类与其环境的评价性联系,即弗洛伊德在"超我"概念下所处理的一切。究竟是对舍勒著作的阅读促使他转向伦理学,还是说对道德问题日益增长的兴趣把他引向对舍勒的关注,现在当然就无法判断了;唯一可以肯定的是,25 岁的科尔奈把自己视作一个愿意追随舍勒质料的价值伦理学构想的现象学家。

84

然而,奥雷尔·科尔奈之所以选择一个全新的方向,并不仅仅是出于内在的理论考虑。他在 20 年代初开始对天主教信仰产生兴趣,这一事实同样可能导致了他的伦理学转向。在吉尔伯特·K. 切斯特顿——他不仅是个著名的侦探小说家,还出版了天主教社会学说的著作[2]——的影响下,科尔奈最后一丝犹太思想的痕迹荡然无存,取而代之的是社会批判的天主教要素。1926 年,科尔奈在维也纳受洗,彻底完成皈依。虽然未来几十年,科尔奈将在不同政治阵营间不断闪转腾挪,但从现在起直至

---

[1] Ebd., S. XIX.

[2] Aurel Kolnai, »Der Abbau des Kapitalismus: Die Soziallehren G.K. Chestertons«, in: *Der Deutsche Volkswirt* 1/47(1927), S. 1382—1386.

生命的尽头，他都保持着对天主教会的忠诚。诚然，在科尔奈的哲学著作中，这种新的身份认同并没有以诸如宗教信条的形式或主张更高知识的形式而流于表面，相反，任何模糊哲学论证与宗教界限的倾向都让他深感疑虑。但皈依天主教使得他在此期间愈发浓烈的伦理学兴趣具有特殊意义，因为这种皈依就体现在他对人类生存的不完美与脆弱的进一步关注上：对科尔奈而言，人的世俗性主要意味着人无法实现更高的价值，无法彻底为"善"。在后来的岁月里，科尔奈将这种"基督教的不完美主义"——正如威金斯和威廉姆斯所言[1]——汇入对所有乌托邦思想的批判中。[2]

　　然而，在科尔奈二十多岁学习哲学的时候，这种不完美主义的要素就已经显现在他的思想中。在上述关于舍勒的文章中，有一段话清楚地表明，科尔奈也想在质料的价值伦理学中思索人类生存的脆弱与缺陷：

　　　　舍勒担心，人太容易混淆善与恶——有价值的与无价值的；但我们担心，如果只为了保持对善（有价值之物）的纯净隔离，就在善恶之间作出过于"本质的"形而上学切割，那么就会放弃对善的促进（对有价值之物的扩增）。他或许不得不承认，对接触恶的这种神经质恐惧，并非他所理解的基督徒特质，而是他所反对的清教徒式傲慢及猜忌的

---

[1] David Wiggins/Bernard Williams，»Aurel Thomas Kolnai（1900—1973）«，a. a. O.，S. XIV ff.

[2] Vgl. Aurel Kolnai, *The Utopian Mind and Other Papers*: *A Critical Study in Moral and Political Philosophy*, herausgegeben von Francis Dunlop, London 1995; David Wiggins, »Aurel Kolnai and Utopia«, in: Zoltán Balázs/Francis Dunlop（Hg.）, *Exploring the World of Human Practice*, a. a. O., S. 219—230.

道德观。[1]

　　鉴于以上批评，科尔奈认为有必要为舍勒的现象学伦理学扩充一个完整的层次，将拒绝"善"或"正确"之物的内在倾向纳入考虑；在他看来，被"无价值之物"、被道德"恶"所吸引的消极对立物，也必须在几乎所有被舍勒称为"价值体验"的行为中体现出来。当然，这种视角仍然带有弗洛伊德观念的残余——我们所有的情感都具有双重朝向的矛盾特性：爱伴随着对所选对象的恨，对结合的渴望伴随着对独立自主的需求。科尔奈似乎愿意接受弗洛伊德的这一想法，但将它与道德经验联系起来，同时在其中发现人类容易犯错的迹象：在每一次价值体验中，我们之所以同时感到被相反的东西所吸引，并不是因为我们必须对我们的本能施加暴力，而是因为我们作为世俗的存在，并不拥有上帝的能力，故而容易犯错。虽然听起来很奇怪，但正是由于皈依了天主教，科尔奈才得以将弗洛伊德学说的一个要素保留在价值伦理学之中。

　　从精神分析到现象学伦理学的道路上，科尔奈所获得的各种思想复合体差距甚大，很难想象如何用一种单一的方法把它们统筹起来。然而，这位年轻的博士生踌躇满志，甚至大胆地在其博士论文中尝试这种综合。在 1926 年，他向维也纳大学哲学系提交了这篇题为《伦理价值与现实性》(Der ethische Wert und die Wirklichkeit) 的博士论文，很快就以最高分被认定通过。这篇论文于 1927 年出版，其目录已清楚表明[2]，科尔奈并没有屈服

87

---

[1] Aurel Kolnai, »Max Schelers Kritik und Würdigung der Freudschen Libidolehre«, a. a. O., S. 144 f.

[2] Aurel Kolnai, *Der ethische Wert und die Wirklichkeit*, Freiburg 1927.

于诱惑而反过头来否定自己曲折教育之路的个别阶段；相反，所有到目前为止以某种方式对他产生重大影响的作者——无论是费伦齐、弗洛伊德、胡塞尔还是切斯特顿——都在此列出，因为他们的作品体现了科尔奈论证的重要参考点。然而在诸多思想来源中，舍勒的《伦理学中的形式主义与质料的价值伦理学》[1]一书最为重要，因为它给科尔奈的研究提供了理论前提。与舍勒一样，科尔奈相信把现象学方法拓展到伦理学领域的尝试势在必行：因为在"道德行为"与道德情感中，我们像在认识中那样来意图"观念的对象"，只不过，一个与认识对象相关，另一个与伦理"价值"相关。我们诸多道德情感有其各自的驱动方向，如果借助现象学来分析，那么就会在这条道路上开辟一个伦理价值的世界，而这个世界的客观性对我们来说是毋庸置疑的。科尔奈致力于在价值体验的诸情感行为中分别发现"趋恶的钟摆"（Pendelschlag zum Bösen）[2]，试图以此超越舍勒——即使舍勒已经在自己开创性的著作中阐述了这一切。[3]在这里，弗洛伊德的上述想法在他的论点中结成果实，根据这一想法，在每一个善的情感意向中，都同时埋藏了趋"恶"的萌芽——只不过，我们对"所爱对象之敌"（Feinde des Liebesobjekts）感到憎恶。[4]目前，尚不清楚科尔奈是否打算在其博士论文中宣称，这种带有负面色彩的感觉开辟了一个完全独立的理想对象类别；如果是这样的话，那么他就必须假定一个"无价值"或"恶"的整体领域，

---

[1] Max Scheler, *Der Formalismus in der Ethik und die materiale Wertethik. Neuer Versuch der Grundlegung eines ethischen Personalismus*, in: *Werke*, Bd. 2, Bern 1954.

[2] Aurel Kolnai, *Der ethische Wert und die Wirklichkeit*, a. a. O., S. 71.

[3] 参考汉斯·约阿斯（Hans Joas）的概述：*Die Entstehung der Werte*, Frankfurt am Main 1997, Kapitel 6。

[4] Aurel Kolnai, *Der ethische Wert und die Wirklichkeit*, a. a. O., S. 71.

这个领域要具备与伦理价值的总和相同的客观实在性。然而，似乎更有可能的是，对科尔奈而言，朝向道德恶的驱动并不构成独立的意向类型，而只是一种朝向更为原始的价值生发行为（Akt der Werterschließung）的反向运动[1]；我们在这种情感反应构成中所经验到的东西，或许可以证明我们的价值有发生负面转变的可能，但不能证明存在一个独立的无价值领域。总而言之，在科尔奈这篇文章中，能够支持关于"恶"的第一种，即本体论解释的段落屈指可数；倘若有人想在舍勒关于客观存在的价值领域中添加一个类似的道德消极对象之领域，那将多少有些离谱。不过，或许正是这种荒谬结构的出现，让科尔奈在其思想的进一步发展中完全放弃了价值实在论的观念；不管怎么说，他的论文刚发表，舍勒客观主义的影响就在他的思想中变得模糊，这为一种解除本体论负担的道德现象学铺平了道路。在科尔奈那里，价值实在论所剩下来的是一种认知主义观点：在所有的道德情感中——无论积极的还是消极的——我们都直接地、无中介地把握到某些对象的定性特征。[2]

　　然而，随着博士学位的获得，科尔奈的理论方向又出现了一个小转折；不仅如此，在皈依天主教后，他的受众群体与个人境遇都发生了很大变化。虽然他与卡尔·波拉尼过从甚密，甚至还一起合租过一段时间，但他继续定期撰写的大量文章不再出现在《意象》杂志上，而是出现在奥地利和德国左翼天主教运动的喉舌刊物中。从政论文稿到道德哲学论文，再到涉及当代社会哲

[1] Ebd., S. 165.
[2] Vgl. dazu den wrzüglichen Beitrag von Carolyn Korsmeyer und Barry Smith, »Visceral values：Aurel Kolnai on disgust«, in：Aurel Kolnai, *On Disgust*, Chicago/La Salle, Illinois 2004, S. 1—28.

学的长篇文章，其主题范围之广，令人瞠目结舌，这些发表足以
让科尔奈衣食无忧。[1] 尽管他对天主教的拥护毫不掩饰，尽管
他的辞藻如今已经过时，但他当时的闲来之笔却充满争议，时
至今日，仍与一些讨论息息相关。这些文章颇为草率，不胜枚
举，清楚地表明科尔奈已然放弃学术生涯的意图，并开始以政治
知识分子自居。尽管如此，他与哲学学术圈仍保持着密切联系。
在 1928 年——正如他在《生平简介》中所说的那样[2]——他甚
至短赴弗莱堡继续哲学学业，参加胡塞尔与海德格尔的讲座，同
时，他寻求与迪特里希·冯·希尔德布兰取得联系。作为胡塞尔
的学生、慕尼黑现象学派的代表[3]，冯·希尔德布兰从此替代了
舍勒，成为科尔奈的哲学权威。

科尔奈锲而不舍地投身于现象学事业，作为研究成果，他
发表了三篇关于厌恶（Ekel）、傲慢（Hochmut）与仇恨（Haß）
的论文。这些文章是在大约七年的时间里写成的，篇幅与质量各
异，但由于它们都致力于对消极、负面情感的现象学分析，因而
构成了一个整体。科尔奈在此以惊人的精力所继续探讨的主题，
曾在他博士论文那些最有趣的、超越舍勒的段落中占据一席之

90

91

---

[1] 为了说明其范围之广，我仅试举几例：Aurel Kolnai，»Die Ideologie des
sozialen Fortschritts«，in：*Der Deutsche Volkswirt* 1（1927），Nr. 30，S. 933—
936；ders.，»Max Scheler als Sozialphilosoph«，in：*Der Deutsche Volkswirt* 2
（1928），Nr. 38，S. 1300—1333；ders.，»Die christlichen Gewerkschaften im
Kampf gegen den Kapitalismus«，in：*Volkswohl 20*（1929），Nr. 9，S. 321—
327；ders.，»Katholizismus und Demokratie«，in：*Der Österreichische Volkswirt* 26
（1933/34），Nr. 1，S. 318—321。

[2] David Wiggins/Bernard Williams，»Aurel Thomas Kolnai（1900—1973）«，a. a.
O.，S. XIII.

[3] 参见赫尔伯特·施比格贝尔（Herbert Spiegelberg）：*The Phenomenological Movement*，
Den Haag/Boston/London 1982，S. 235 ff.

地。我们通常被一些情感所支配，这些情感并没有使对象看起来是可取的、是"善的"，相反，是可鄙的、是消极的或恶的。如何理解它们对于我们生存的意义呢？对该问题的处理成为贯穿三篇文章的主线，而这三篇文章无疑构成他毕生事业的实质。文中探索了我们消极情感的认知内容，从而对人类生存作出扩展性的、基于形而上学的规定。这一点是空前的，也几乎是绝后的。

二

从 1969 年至 1970 年，科尔奈为贝德福德学院哲学系每周的研讨课撰写了一篇文章，对上述三篇论文的关注点作了回顾性总结。[1]研讨课的参与者们（其中包括大卫·威金斯和伯纳德·威廉姆斯）恳请这位老前辈向他们介绍那篇关于厌恶的论文——这篇文章当时已被译为英文——的中心思想。[2]科尔奈头顶战前有文化教养的维也纳流亡者的光环，借此机会简明扼要地概述了他早期对负面情感分析的意义。当然，历经四十年岁月洗礼，这位哲学家的表达风格、语言与关注领域都发生了根本性变化：无论是舍勒的质料价值伦理学、时代诊断的主题，还是基督教传统，这里都鲜有提及；总的来说，科尔奈能够迅速采用

92

---

[1] Aurel Kolnai, »The standard modes of aversion«, in: Aurel Kolnai, *On Disgust*, a. a. O., S. 93—109.

[2] 该文的第一个译本出自艺术史学家恩斯特·贡布里希（Ernst Gombrich）的妹妹伊丽莎白·贡布里希（Elisabeth Gombrich）之手，但从未出版；后来出版的译本由巴瑞·史密斯（Barry Smith）与科尔奈的遗孀伊丽莎白·科尔奈（Elizabeth Kolnai）合作完成：Aurel Kolnai, »Disgust«, in: ders., *On Disgust*, a. a. O., S. 29—90。

分析传统的思维方式，力求论证清晰、区分简洁。与早期文章相
比——这位刚刚皈依天主教的社会主义者所有的狂热在此有目共
睹——科尔奈现象学努力的理论精微之处在当下愈发清晰。但几
十年来，这些分析的主旨或意图——无论是人类学的意图，还是
我们今天所说的社会本体论的意图——大致保持不变：为了确定
我们消极、敌对的情感反应的共同特征，科尔奈试图研究它们如
何面对我们道德生活世界的脆弱与不完美。所有这些情感都是人
类互动结构中不可避免且不可根除的部分，人类个体无法完全摆

93　脱这些情感。尽管它们可以在必要时通过洞察力和治疗性的对
话来加以约束，甚至可能转化为积极的态度，但我们总是会在
某时某刻再次被它们所控制。因此，科尔奈把他对负面情绪的
分析视作一项有助于阐明我们社会实践的"奥秘"或"逻辑"的
贡献。[1]

　　科尔奈试图在这篇为贝德福德学院研讨课而写的文章中
概述他的三篇论文，其中第一篇就是关于厌恶的。[2] 该文写
于 1927—1928 年，发表在 1929 年《哲学与现象学研究年鉴》
（ *Jahrbuch für Philosophie und phänomenologische Forschung* ）的第十
期上。或许是由于其研究的质量，或许是由于其生僻且难以把握
的主题，不管怎么说，三篇论文中只有这一篇迅速引发了广泛
兴趣，并在之后被迻译成多门语言。在回顾中，科尔奈确信，这
篇文章所研究的对象不仅是厌恶，还有同样消极且防御性的情
感——畏（Angst）或怕（Furcht）。由于在这里，关于厌恶的认
知内容是在与关于畏或怕的认知内容的对比中，一步一步推导

---

[1] Aurel Kolnai, »The standard modes *of aversion*«, a. a. O., S. 95.

[2] *Aurel Kolnai, »Der Ekel«, in: ders., Ekel. Hochmut. Haß. Zur Phänomenologie feindlicher Gefühle*, Frankfurt am Main 2007, S. 7—65.

出来的，因此，畏或怕也具有其独立的定性特征。在方法与术语中，科尔奈紧随弗朗茨·布伦塔诺和亚历克修斯·迈农的脚步，不仅借用了"意向性"这个基本概念，还借用了"存在联系"（Daseinsbeziehung）与"本质联系"（Soseinsbeziehung）的区分[1]。据此，我们所有的情感都具有意向性特征，因为它们在心理上与真实的或虚构的对象相关联；但它们又相互区别，因为意向对象时而主要关涉自身的存在，时而主要关涉自身的"本质"，即其定性特征。然而，科尔奈的分析之所以远远超出了这些范式性划分，就在于他引入了一些独特的额外区别与细微差别。对他而言，首先要了解不同感官在某种情感的意向内容（Intentionalitätsgehalt eines Gefühls）中所占的比重，其次要确定不同防御性反应的具体过程特征，最后要观察与之相伴随的矛盾程度。借助这些差异性特征，科尔奈开始勾勒畏与厌恶的经验内容之本质区别。就畏而言，重要的是，科尔奈并不认同海德格尔将"畏"与"怕"根本对立起来，作为对此在分析的根据：在科尔奈看来，这两种情感反应都具有意向性特征，事实上，它们甚至具有"双重意向方式"的特征，因为它们一方面指向一个令人畏或令人怕的对象，而另一方面又总是包含一种对威胁自身生存之物的意识。然而，对于怕或畏而言，具有决定性意义的是：它们比其他情感反应更强烈地受到"事态经验"（Sachverhaltserfahrung）的调节，也就是说，它们基于一种与意向对象的实际危险性相关的认知知识。相对而言，这两种防御性反应也更容易控制，因为一旦我们没有意识到任何威胁，它们通

94

95

---

[1] Vgl. dazu Carolyn Korsmeyer/Barry Smith，»Visceral values：Aurel Kolnai on disgust«，a. a. O.，S. 5—9.

常就会消失。而在科尔奈看来,这两种怕或畏的决定性特征,厌恶都完全不具备:一方面,厌恶这种情感在其意向取向中并不包括独特的自我,因而是由对象所确定的(objektfixiert);另一方面,它也并不以任何方式包含任何关于客观危险的知识,因而在很大程度上是无中介的。正如科尔奈所言:在厌恶中,我们通过感官兴致抓住某个对象,以便在剧烈的身体反应中逃避它。

人们必须完整阅读科尔奈对厌恶的描述,才能体会到,一种精确的现象学对理解我们的情感世界而言,是弥足珍贵的。尽管他对日常语言的使用加以观察,也偶尔运用哲学史的论据,但他的核心任务在于,对单一感觉的延伸弧(Erstreckungsbogen)进行尽可能精确、细致的描述——我们会厌恶什么对象,哪些感官经常参与其中,对呕吐的伴随联想又是如何向我们透露以下信息:我们一定是以某种方式事先就把厌恶的对象内化了,而当我们试图转变态度或获取新的信息时,这种痛苦的情感并不会消失。所有这一切,似乎都逃不过科尔奈的法眼。在哲学文献里,对厌恶的定性经验内容的最为精确的刻画,就以这种方式产生了。然而,科尔奈并不满足于这种描述,因为他的目标在于探索这些消极的防御性反应对我们社会生活的意义。因此,在论文最后部分,他给自己设定了一个任务,即在上述各种现象中认识一个重要动机:在他看来,倘若对一种令人神往的"生机勃勃"、一种无拘无束的生命洋溢望而却步,那么对腐烂的纯粹厌恶与对道德恶的微妙厌恶就会被联系起来,而所有形式的厌恶——尽管触发对象与身体反应结构千差万别——也会由此得以统一。从这里开始,到最终科尔奈完成现象学论证的思想,仍有一步之遥。他想说的是,当我们在厌恶之中猝不及防地遭遇无形而充盈的生命时，我们就有可能在其中短暂意识到精神生命本身"死亡的意义"（Todessinn）；在厌恶中，我们经验到了身体的反作用力，或许，我们只是本能地想拒绝这个事实——我们的精神也只是由"濒死的""待分解的物质"所构成。[1]

单是这个糟糕的结论，就足以让我们了解科尔奈分析防御性的最终目标究竟是什么。对他而言，畏与厌恶——暂且就说这两个吧——并不仅仅是对我们道德行为的精神努力所设下的情感界限。相反，科尔奈将它们视为极端经验，通过这种经验，我们在日常生活的世俗性中才能意识到我们生存的不可支配性（Unverfügbarkeit unserer Existenz）：在畏中，我们面临着对自身生命的持续威胁；而厌恶则让我们在日常活动中预见到自己终为土灰的命运。并不仅仅出于对我们生活世界的形而上学基础的兴趣，科尔奈与瓦尔特·本雅明不谋而合，尽管他对后者不甚了解。虽然分属不同政治阵营，但两位思想家拥有相同的人生经历，都在学术与生计间奔波劳走。他们也都不约而同地保持了思想方向与私人关系的自主性，这在当时可能是无与伦比的。然而，科尔奈与本雅明之间思想亲缘性的实质在于，他们都把自己最深刻的洞见归功于对形而上学经验，甚至宗教经验之不可磨灭性的坚持。在本雅明毕生所坚持的马克思主义的现实主义中，在科尔奈所展示的所有社会学启蒙里，都能看到他们的信念：即使在现代社会的世俗生活中，人们仍能意识到自身存在的深渊性（Abgründigkeit）。从科学的主流趋势中拯救这种深渊性与超越性，尽可能精确地确定它们的日常形式——这就是科尔奈与本

[1] 在这个结论中，科尔奈的分析与萨特不谋而合，后者也认为厌恶是对自身自在存在（An-sich-Seins）经验以及对自身物性（Dinghaftigkeit）的反应：Jean-Paul Sartre, *Der Ekel*, Reinbek bei Hamburg 1963。

雅明的共同兴趣所在，尽管他们之间差异甚大。当然，在这篇关
98 于厌恶的文章中，科尔奈现象学的这种形而上学意图仍相当隐
晦。但是，在另一篇关于傲慢[1]的小论文中，这种意图就昭然
若揭了。

在贝德福德学院，科尔奈在向具有分析哲学背景的听众回
顾其早期作品时，令人费解地省略了"傲慢"的主题，就仿佛
他已不太清楚如何把这种情感置于畏、厌恶与仇恨这三者范围
内。这篇论文在关于厌恶的文章后几年里写成，于 1931 年发表
在戈尔协会（Görres-Gesellschaft）的《哲学年鉴》上，从表面
上看，就已经表明了他更强烈的天主教转向。同样，科尔奈一
开始就从现象学上把正在讨论的情感与类似的反应形式——即
排斥（Distanzierung）或反感（Aversion）——区分开来。如果
他拿畏同厌恶进行对比，那么他显然就会拿骄傲（Stolz）、虚荣
（Eitelkeit）同傲慢进行对比。有别于骄傲，傲慢不需要与任何所
谓的成就或品质发生合理的关联：人并不是因为某物而傲慢，而
是因为他相信自己能够完全独立于所有适用的价值标准。这种
对环境的彻底贬低也是傲慢与虚荣的区别，在科尔奈看来，虚
荣虽然是某种自我夸大（Selbstüberhöhung），但却始终寻求他
人的认可：虚荣之人臆想自己在另一个自我的眼中是高人一等
的，而傲慢之人则根本无视他人评判的目光。因此，对科尔奈
99 而言，傲慢的认知内容——它的心理意图——首先在于与环境的
完全隔绝：外在自我（Außen-Ich）的"价值内容"与"价值权
重"被完全否定，因为真实的自我（das eigene Ich）先天确定地

[1] Aurel Kolnai, »Der Hochmut«, in: ders., *Ekel, Hochmut, Haß. Zur
Phänomenologie feindlicher Gefühle*, a. a. O., S. 66—99.

知道自己位于外在自我之上。虽然，这种绝对的夸大偶尔会容忍某种"外在化"（Veräußerlichung），如有必要，可以诉诸特殊的能力或品质，但这些特征必须足够抽象、足够笼统，以至于没有任何实际的可比性。即便是在这种有经验外部支持的情形下，傲慢的特点仍是一种笃信自己优于任何有效价值秩序的先天主义。

虽然傲慢并不像厌恶那样有着丰富的身体反应关联，但科尔奈也在其中发现了一些身体现象。他认为，这种情感的意向内容只能通过身体的表达行为呈现出来，而这种表达行为必须表明整个环境受到蔑视或无视的程度：每个傲慢之人的脸上都带着对时人意见根本不屑一顾的表情，不会放过任何一个表达他绝俗离世的姿态。傲慢之人总有一种拒绝整个生活世界的身体冲动，因为他自以为在各方面都比生活世界更为优越。然而，傲慢之有别于厌恶，不仅在于身体平行过程（Parallelvorgängen）的相对缺乏，更在于它对历史中的可变化态度具有更大的依赖性。科尔奈似乎确信，傲慢并不是人类固定的反应模式，也就是说，它不像畏或厌恶那样是其人类学结构的一部分；在他看来，要想变得傲慢，总是需要一种热衷把主体孤立于中心的文化历史背景。作为消极的情感反应，畏与厌恶无法根除，相反，个体的傲慢只有在提倡人类自我夸大的文化中才会产生。与上一篇文章相比，科尔奈在这里更多地致力于时代诊断的思辨。他之所以认为"傲慢"的态度与当时的某些思潮之间存在密切联系，是因为在后者中伪装成集体的、具有大众效应的东西，在前者那里只表现为个体的。在这种情况下，自由主义对他而言尤为重要。与今天的社群主义完全一致，科尔奈把自由主义描绘为这样一种政治的世界观：它对个人权利的执着只会破坏群体的团结，使个人陷入"自由骄横"

的虚妄中。[1] 如果这种思想复合体（Vorstellungskomplexe）变得有效，并有助于个体的自我解释，那么，根据科尔奈的说法，沉迷于傲慢情感的意愿就会广泛出现。当然，同样的效果也来自现代认识论的"主观主义"，正是这种"主观主义"，最终导致了"科技精神征服世界的理想"：这种思想系统也倾向于让个人感觉到自己优于所有给定的价值体系，从而陷入个人独特性的幻想之中。科尔奈认为，现代资本主义精神主要特征的情感态度，既不是虚荣，也不是利己主义，而是傲慢。

这篇关于傲慢的文章之所以有别于关于厌恶的文章，不仅因为它包含了对当代情感文化的诊断，还因为它自然而然地转而对所描述的情况进行治疗。作为一种情感反应，傲慢的发生受历史变化的影响，这与畏或厌恶不同。正因为如此，科尔奈认为人们能够在文化上抵制其蔓延。在思考如何找出探明这种可能的反作用力时，他运用了一个语言学事实，即，傲慢通常与谦逊（Demut）相对：如果某种情感在于对自我无限度的夸大，那么它的目的恰恰就是让自我从属于某种特定的价值结构。因此，在科尔奈看来，要想与个人傲慢的猖獗倾向相对抗，没有什么比宣传一种谦逊的态度更为合适的了：只有培养一种洞见，意识到自己生命是残缺、脆弱且最终不可支配的，才能遏制这种蔓延的过度自信。然而，此时的科尔奈已经成为一个过于虔诚的天主教徒，并不满足于仅仅推荐一种纯世俗的谦逊；因此，他在文章结尾处合乎逻辑地指出，只有对上帝虔诚的信赖才能彻底抵御傲慢的诱惑。

---

[1] 这一表述见于科尔奈 1928 年发表的一篇论文，在文中，他论述世界历史上那些举足轻重的"权力观念"；其中，"自由主义"在现代扮演了决定性的角色：Aurel Kolnai, »Versuch einer Klassifizierung der allgemein-sozialen Machtideen«, in: *Archiv für systematische Philosophie und Soziologie* Bd. XXXI, 1928, S. 125—141, hier: S. 130。

大概正是这些带有强烈世界观的腔调，使得科尔奈不愿在贝德福德学院的分析哲学圈里回顾他早期关于傲慢的文章。除此之外，当然还有一个系统性困难，就是早期的分析旨在强调傲慢与其他负面情感反应之间的区别：与厌恶或畏不同，傲慢缺乏任何人类学根源，严格地说，傲慢甚至不是一种反应性的情感，因为它不需要任何外部刺激就能控制一个人。根据科尔奈的现象学分析，傲慢被证明是一种相对持续的态度或品质，同其他此类态度一样，它与身体过程只有微弱的关联。因此，科尔奈在他的系统回顾中避免提及傲慢的理由不止一个。在一个专门分析反感性（aversiv）情感反应之潜在共性的文本背景中，这篇文章之所以显得不合时宜，其原因不仅在于其对基督教的明确承诺，而且在于其稍有偏移的主题。不过，科尔奈研究负面情感的第三篇文章则更符这一框架，因为它的主题——仇恨[1]——即便从表面上看，其特点也与厌恶和畏一样，含有强烈反应性成分。

不能完全排除的是，当科尔奈着手处理纳粹在德国夺取政权的背景时，他才意识到这一主题的重要性；不管怎么说，在他几年后关于纳粹意识形态引人入胜的研究中，仇恨发挥了突出作用。[2]他对这种情感反应的现象学分析始于30年代初，完成的论文在1935年再次发表于戈尔协会的《哲学年鉴》上。在论文一开始，科尔奈再次试图把仇恨与其他防御性态度区分开来。这一点无需赘述。和以前一样，他专注于那些似乎与所分析情感特别相近的消极反应，在仇恨这里，他所关注的是气愤（Zorn）、盛怒（Wut）和厌恶。在他看来，仇恨与上述几种状态最大的不同

103

---

[1] Aurel Kolnai, »Versuch über den Haß«, in: ders., *Ekel, Hochmut, Haß. Zur Phänomenologie feindlicher Gefühle*, a. a. O., S. 100—142.

[2] Aurel Kolnai, *The War Against the West*, London 1938.

点主要在于，它让当事人更强烈地卷入事件之中：气愤与盛怒一般都倏忽而逝，不在主体身上留下存在的痕迹；厌恶虽然会深入到"灵魂深处"，但并不会严重影响进一步的生活形态；而只有仇恨具有从整体上撼动个体自我关系（das individuelle Selbstverhältnis）的力量和强度。科尔奈认为，谁在仇恨，谁就会在他所有的世界关联中被这种咬牙切齿、难以驾驭的情感所控制。因此，与出生环境、疾病和性格一样，仇恨也对个体具有同样的传记性意义。

104

虽然，仇恨的完成质量只能通过这些界定被勾勒出来，但其意向内容与动机性缘由仍然完全模糊不清。科尔奈首先追问仇恨可以针对哪些类别的对象，从而进一步聚焦了他的主题。在这里，之前作出的规定已经提供了解题关键，因为它间接表明，只有对自己生命具有生存意义之物，才会被憎恨。因此，仇恨对象必须限定在那些基于其"精神的—人格的力量"而能够吸引、影响我们的东西上。因此，对科尔奈来说，只有当对象是他人或人造的观念构成物时，仇恨才会产生；而在极少数情况下，我们之所以会对动物或无生命之物产生仇恨，是因为人际交往中的联想关系被象征性地承载了。鉴于这个临时结论，现在必须进一步澄清，究竟是什么使得他人或观念构成物变成了仇恨——它体现了一种激烈而深刻的反应——的缘由。仅仅提及罪行或竞争，并不能切中要害，因为我们通常对此的反应是憎恶（Abscheu）、蔑视（Verachtung）或嫉妒（Neid），而这些情感的能量与强度要远低于仇恨。[1] 正是在文章的这个地方，科尔奈再次展示了他

105

---

[1] 在一篇出色的论文中，英格丽特·本德雷利·费兰（Íngrid Vendrell Ferran）沿着科尔奈开辟的道路对嫉妒进行了分析：»Über den Neid. Eine phänomenologische Untersuchung«, in: *Deutsche Zeitschrift für Philosophie* 54（2006），H.1，S. 43—68.

在描述我们内心世界方面所具备的独特天赋。科尔奈似乎永远不会满足于自己的成就，他推动着现象学分析，细致入微地向我们揭示某种情感的结构。他认为，要想激发仇恨，就要把触发对象中的两种假设性特征结合起来：就他人或另一种观念构成物而言，如果它被视作在具有生存威胁性的同时，并不合法，在具有潜在破坏性的同时，应受道德谴责，那么才会产生仇恨的情感反应。根据科尔奈的说法，在精神对象中，仅仅假设这两种成分中的一种是不够的：面对单纯的威胁，我们的反应是害怕或惊慌；面对道德上的暴行，我们的反应是蔑视或愤慨。只有当两者似乎在某个人或某种权力结构中结合起来时，我们才有仇恨的情感反应。用今天的话来说，科尔奈认为，仇恨以两种信念的结合为前提：一种显得可恨的意向性本质（das intentionale Wesen），必须首先令人愤慨地违反了被视为有效的规范，其次，这种违反会带来危险，破坏一种被认为有价值的存在。不用说，将这种对仇恨的分析应用于当今的恐怖主义会多么富有成效。

通过提及恐怖主义，我们过渡到了最后一个主题，在对仇恨的现象学分析中，科尔奈对此作了更为全面的处理。对他而言，在澄清这种情感反应的动机性缘由后，还有一个亟需解答的问题：究竟是什么样的意向会与这种情感反应产生内在联系？即使仇恨感具有多种冲击方向——时而谋求对方的肉体死亡，时而谋求对方的心理煎熬——但它在众多方向中总是聚焦于某个唯一的、核心的意图：仇恨的对象——无论是他人还是敌对的“权力观念”——都必须被摧毁，只有这样，才能彻底清除它所带来的威胁。如果没有毁灭性意志（Vernichtungswille）的成分，就无法恰当地理解仇恨。对此，科尔奈毫不怀疑。同样，如果我们忽视了每个被憎恨的对象最终都应当被摧毁的这样一种事实，那么我们所面对的就只是一种更为微弱、其存在意义并不那么深刻的情感反应。对这个意向——科尔奈所说的"毁灭性意志"——最有趣的观察在于，它超越了单纯的杀戮意图（Tötungsabsicht）。因为在许多情况下，即便是仇人已死，或者敌对的权力观念已经消亡，仇恨依旧存在。也许，在科尔奈的意义上，所有仇恨都被这种愿望所笼罩：仇恨的对象最好从来都没存在过。

然而，在他的文章中，科尔奈对这个分析还远不满意。更确切地说，他基于所得结论，在几篇论文的框架内首次对消极情感反应的人类学特殊地位进行了思考。在某种程度上，他又回到了博士论文中已经讨论的主题，与舍勒相反，当时的他想让人们关注一些情感中——这些情感指向"无价值"或"恶"——被忽视的意义。当然，接下来的分析不再涉及任何价值本体论的前提，因而不再讨论消极对象的可能性领域。相反，科尔奈只关注这个问题：从我们负面、反感性情感的结构特性中，可以得出什么与其人类学角色相关的结论？作为他思考的出发点，科尔奈观察到，与相对积极的情感相比，仇恨的等级与差异要少得多：如果说爱能够细致入微地适应其对象，让对象支配其形式，那么恨则与其他消极情感一样，总是只有一种单一的、本质上死板的表达方式。无论引发抗拒性感觉冲动的契机多么丰富，在科尔奈看来，我们的情感反应的色调都相对单一，而非五彩斑斓。爱的形式多于恨的形式，接受的形式多于拒绝的形式——科尔奈在第二步中将此与人类生活的结构规律联系起来：在他眼中，通常而言，我们的生命存在都是以人格的丰富与分化为方向，因此，积极情感在一定程度上与我们的发展道路紧密贴合，推动发展，而消极情感于我们的发展而言，只是一种功能性失调（Dysfunktionalität）。仇恨、厌恶与畏阻断了我们生命运动之流，因为它们让我们面对那些无益于丰富我们人格性的对象；因此在这种情况下，我们会不由自主地从相关对象中猛然抽离，成为一个点状自我（ein punktförmiges Ich）。科尔奈认为，正是这种功能上的单调性，解释了消极情感的内在可塑性与色彩性为何如此之低：这些消极情感为抵御不受欢迎的、"违背价值的"对象而量身定制，它们不会与人格性一道继续分化，而是保持其原始而明确的表达形式。与此相反，由于积极的情感促进我们的生命运动，因而它们总有机会把握自我崭新的存在领域并相应地提高了音调。最后，我们基本情感的"肯定"（Bejahung）具有多种表达形式，正如我们与环境的"功能关系"那样。

在科尔奈看来，这一结论不仅仅具有解释性质，并不仅仅是简单地阐明了我们积极情感与消极情感之间明显的不对称性是如何从人类学角度得出的。诚然，在上述评论之后，他这篇关于仇恨的论文的思路便戛然而止，以便更有力地回到原初的主题；而晚期在贝德福德学院的演讲——在这里，积极和消极的情感反应之间的"进化"失衡甚至成为了核心 [1]——也没有比那篇 1935 年的论文有更多的思考。尽管如此，科尔奈在该文中谈到了与仇恨的封闭性相关的"悲剧"，这就表明了一个更为全面的、或许可称之为"形而上的"意图。对科尔奈而言，我们反感性情感对功能及表达的匮乏，并不能说明它们在我们生活实践中的作用程度；相反，他甚至似乎相信，这些情感的单调性、僵化性与它们的存在意义成反比。根据科尔奈的说法——正如我们已经在畏与厌恶中所看到的那样——我们在经历这些反应时，突然就意识到了自身整体存在的深渊性。在其中，我们遭受了一种坚硬的、毫

[1] Aurel Kolnai，»The standard modes of aversion«, a. a. O., S. 93 f.

无弹性的力量，正是这种力量让我们体验到，自己的生命是不可
支配的，它只是在有限的时间内被许多幸运的情况所决定。同样
地，在仇恨中，"自身显现"（Heraustreten aus sich selbst）的视
角转换突然发生，只不过这里的转换方式更为强烈：科尔奈认
为，一旦我们有仇恨，我们就会像在某个点上那样，体验到"整
个宇宙无法回避的压力"，因为在反应的稳定性中，我们会感受
到在大地上生存的重量。因此，所有这些消极情感都以其特有的
方式见证了人类生命的不完美性；在我们的存在中，这些情感把
我们从世俗的行为过程中拉出来，让我们意识到我们只不过是生
物性的存在。作为一个虔诚的天主教徒，科尔奈原本可以从他现
象学观察的总和中得出一些结论，但他在这几篇论文中，他却对
这些结论持保留态度。尽管如此，在许多地方，尤其是在关于谦
逊的评论中，他似乎从反感性情感的伴随物（Mitgift）中，看到
了上帝为大地上的人类所设下的障碍。然而，当我们今天怀着钦
佩之情回顾这些文章时，可以心安理得地发现，这就是对我们情
感生活结构最深刻、最复杂的分析之一。

110

三

　　在撰写上述两篇文章的同一时期，科尔奈还撰写了另一本
书，专门讨论一个似乎完全不同的主题。我们这位不到三十岁的
作者在所有其他写作活动的间隙，抽出时间完成了一份四百页
的性道德研究报告。[1]这项工作并不容易，其主要动机或许在

―――――――――――

[1] Aurel Kolnai, *Sexualethik. Sinn und Grundlagen der Geschlechtsmoral*, Paderborn 1930.

于，需要在当时公众非常感兴趣的领域中尽可能具体地阐明质料价值伦理学。虽然科尔奈在时人口中过于稳重，甚至有些拘谨，但他还是非常想作为政治知识分子发挥作用。此外，科尔奈似乎认为——至少在他写作的时候——这本书与上述一系列现象学论文是无缝对接的。从今天的角度看，科尔奈自我评估相当成问题，他之所以如此评估，是因为他研究中的很大一部分论证就在于对消极情感进行分析，而在他看来，这些情感恰恰是我们对性行为异常形式的反应。然而，与对厌恶或傲慢的研究相比，该书的出发点完全不同：在关于厌恶或傲慢的文章那里，科尔奈首先逐渐把所处理的情感与相近的情感区分开来，使前者进一步明朗；而在这本书开头，他根本不以现象学的方式来接近任何一种情感，而是直接对人类性行为的"本质"进行定义。[1]随着研究的推进，后来提出的所有论点在一定程度上都以这种现象学的"本质直观"为前提；而且，不计其数的情感——伴随着这些情感，我们可能对某些类型的性行为作出积极或消极的反应——并不是通过尽可能精确的观察而被发现，而是从预先的结构规定中演绎出来的。

如果猜测这种做法是产生可疑结论的条件，那现在或许为时尚早。正如当代一些同样严肃的研究所表明的那样，通过对情欲关系结构的审慎规定，通过协调与校正，可以获得一个值得认真探究的性变态概念。[2]如果只是去简单指责科尔奈的世界观野心，那就低估了这个哲学家。这本讨论性伦理的书籍绝非基督教保守派那种抨击世风日下的小册子。不过，虽然，科尔奈一开始对性生活的发人深省的规定再次展现出他深刻的洞见，但是同时

[1]Vgl. ebd., Zweiter Abschnitt, Kapitel II und III.
[2]Vgl. Thomas Nagel, »Sexuelle Perversion«, in: ders., *Letzte Fragen*, Bodenheim b. Mainz 1996, S. 65—82.

也流露出一些表明他对纯历史的、文化特殊的情况缺乏关注的倾向：据此，对后代的相互渴望自然而然地被描述为性结合的意向内容，相应地，性快感在功能上只与生育行为相关，而双方行为的实施则源于男女的"相关关系"。当科尔奈试图明确说明性偏差与性畸形时，尽管他在方法上极为谨慎，但由于一开始的这种规定，自然就会导致一种极度充满偏见的划界：自慰被谴责，因为它代表了一种"无功能的情欲"[1]，同性恋被抵制，因为它损害了两性的"相关关系"。语气总是略带恼怒，贬义的形容词层出不穷，人们终于明白，这里言说的并不是一个现象学家，而是一个虔诚的天主教徒。可以说，科尔奈屈服于自己的前科学信念，并且在这部哲学著作中越过了世界观的边界。

然而，这本关于性伦理的著作不过是科尔奈思想发展过程中的一个小插曲。尽管他后来似乎并未正式声明与之保持距离，但性偏差与相关的私人道德问题都没有再次出现在科尔奈的后续作品中。相反，当纳粹独裁的暴行在奥地利显露出来之时，科尔奈便开始用他的哲学手段转向新世界观的现象。在撰写关于仇恨的论文时，他就为研究纳粹的意识形态纲领而搜集材料。科尔奈似乎不遗余力地获取所有关于纳粹领导层道德自我形象与政治目标的通俗文献；据说，他整晚都坐在维也纳的咖啡馆里做摘录，开创性地进行概括性阐释。令人惊讶的是，科尔奈在写这些草稿时用的是英语，仿佛已预知到他很快要离开自己的第二故乡，到一个盎格鲁—萨克逊国家那里寻求庇护。

1937年——即希特勒进军奥地利的前一年——科尔奈逃离了维也纳，经瑞士到达伦敦。1938年，他在伦敦出版了前文提

[1] Aurel Kolnai, Sexualethik, a. a. O., S. 253.

到过的一本书——《反西方之战》(*The War Against the West*)。该书的标题就已清楚表明，在科尔奈眼中，纳粹运动的思想实质就是对西方文明成果的反抗。这部著作是一项极佳的观念史研究，它不考察纳粹独裁的政治经济结构，而是关注其在某些价值观和社会乌托邦中的合法性。为了概述纳粹世界观的各个方面，作者埋首于大量时而令人作呕、时而乏味且思想贫瘠的文献中。时至今日，其精力与自制力仍令人惊讶。从"民族共同体"   114
(Volksgemeinschaft)这一民族主义概念开始，到关于英雄事迹和新异教的反智主义教条，再到种族纯洁性的想象——所有这些为纳粹极权统治提供意识形态辩护的思想结构，科尔奈均无遗漏。[1]或许，该研究不仅是对纳粹观念最早的描述，而且是迄今为止最全面和最完整的描述。这本书之所以尚未被译成德语，只是因为科尔奈的作品在我们这里几乎被完全遗忘。

　　显然，这种新极权主义对科尔奈的挑战是如此巨大，以至于他在逃离纳粹的漫长旅途中——首先是从伦敦到巴黎——逐渐中断了自己作品中的现象学线索。与此相反，他现在愈发强烈地转向此前只处于他广泛兴趣边缘的政治哲学。他在1933年的《总体国家科学杂志》(*Zeitschrift für die gesamte Staatswissenschaft*)上发表了批判卡尔·施密特的文章[2]，这是他此前在相关领域的唯一作品。然而，作为政治难民，此时的科尔奈饱尝生存的压力，因而，他只能短暂抽空撰写报刊文章和短文。1939年在法国，   115
科尔奈与瓦尔特·本雅明一样，被宣布为"敌对的外国人"，被

---

[1] 科尔奈的此类研究不胜枚举，他在个别章节还专门讨论了法制的破坏与政治经济计划，如"无法之法"(The lawless law)与"国家权力的经济"(The economis of state-power)。

[2] Aurel Kolnai, »Der Inhalt der Politik«, a. a. O.

关押在一个营地里。一年后，他与一位同样皈依天主教的犹太女子伊丽莎白·盖姆斯结婚。在接下来的一段时间里，或许正是伊丽莎白的决心与经济能力挽救了科尔奈的性命。两人都成功获得了移居美国的必要文件，在 1940 年 11 月踏上了从里斯本到纽约的航程。直到"二战"结束，这对夫妇一直生活在纽约，偶尔去一下波士顿，因为在那里，科尔奈受一项科研基金资助，从事"自由与欧洲之心"（Liberty and the Heart of Europe）项目的研究。然而，在胜利前夕，盟军商定在被解放的德国划分自己的势力范围，这让科尔奈非常失望地放弃了这本半成品著作，因为他并不指望苏联会对自由主义改革作出任何贡献。直到他受邀申请加拿大魁北克省拉瓦尔（Laval）天主教大学的职位时，他才有动力继续从事哲学工作。获得这个职位后，科尔奈很快晋升为正式教授，开启了他创作生涯的第二春。从维也纳的逃离，到魁北克的新开端，八年时间里，科尔奈不仅把自己的兴趣从伦理学转到政治哲学，而且还脱离了残存的社会主义信念。在美国大众民主影响下，这位曾主张经济生活民主化的激进左翼知识分子变成了一个保守派作家。他更接近托克维尔，而非马克思，更接近伯克，而非卢梭。科尔奈首先对平等主义的承诺——不仅赋予每个公民同样的自由权利，而且赋予其同样的政治权利——产生了怀疑。和托克维尔一样，他相信政治决策权的平等会对政治理性的实质内容产生威胁。不同之处在于，托克维尔对社会学过于好奇，无法仓促给出应对之策，而科尔奈则迅速地从忧虑中汲取经验教训。[1]魁北克让科尔奈感到宾至如归，刚一到此，他

---

[1] 关于科尔奈与托克维尔的联系，参见 Daniel J. Mahoney, »Liberty, equality and nobility: Aurel Kolnai and the moral foundations of democracy«, in: Zoltán Balázs/ Francis Dunlop（Hg.）, *Exploring the World of Human Practice*, a. a. O., S. 193—206。

就开始撰写一系列文章，旨在唤起人们对重新引入阶级特权的支持。[1] 这些文章不乏论证的严谨性与哲学的实质内容，与那些以修辞手法获取受众支持的文宣迥然有别。科尔奈清醒地采用了天主教政治学说的核心要素，以此表明：百家争鸣的自由主义要想发挥优势，就必须以阶级特权为前提。在他看来，只有这种世袭地位的优待才能保证个人认知美德与认知技能的发展，而这些美德与技能恰恰是崭新的观念、创造性的信念以及有胆魄的提议得以喷涌而出的必要基础。科尔奈著作中这些明显的反民主思想究竟有什么价值？——在继承科尔奈思想遗产方面，盎格鲁—萨克逊国家的不同阵营被上述问题所撕裂：一方面，那些主要寄希望于他现象学导向的道德哲学的人，力求对他政治哲学著作的作用加以限制；另一方面，那些主要由他以前学生所组成的日益壮大的团体则试图强化这些著作，从而推动一种充满天主教色彩的新保守主义。[2]

117

  然而，与这些挪用的倾向相反，科尔奈——据他自己所说——很快就发现这所位于魁北克的大学气氛过于狭隘和教条。虽然已经无法确定，是否当地的宗教惯性力量让渴望思想自由的科尔奈饱受折磨，但可以肯定的是，他在1955年辞去了教授职位，赴英国继续他的研究。他搬到了伦敦，获得纳菲尔德基金

---

[1] Aurel Kolnai, »The humanitarian versus the religious attitude«, in: *The Thomist* (Oktober 1944), S. 429—457; ders., »Privilege and liberty«, in: *Université Laval Théologique et Philosophique* V, 1 (1949), S. 66—110; ders., »The meaning of the common man«, in: The Thomist (Juli 1949), S. 272—335; ders., »The cult of the common man and the glory of the humble«, in: *Integrity* VI, 2 (1951), S. 3—43.

[2] 作为范例，可参见李·康登（Lee Congdon），约翰·西亭格尔（John Hittinger）和皮埃尔·马南特（Pierre Manent）的论文 in: Zoltán Balázs/Frances Dunlop (Hg.), *Exploring the World of Human Practice*, a. a. O.。

会（Nuffield Foundation）一笔数目可观的资助，得以在未来几年里维持生计，这期间，科尔奈的哲学关注焦点再次发生了变

118 化。尽管他将相当一部分精力用于完成他从加拿大带来的关于乌托邦思想的未完成手稿[1]，但是他现在开始愈发转向道德哲学的系统问题。这并不是说，该主题早已偏离了他哲学研究的主线，也不是说，该主题对他所有现象学研究没有决定性影响；然而，科尔奈在新环境中所从事的哲学工作之所以别具一格，是因为他从一个接近元伦理的视角来开始处理道德行动的结构。科尔奈刚到伦敦，便置身于分析哲学的氛围中，毫无疑问，他工作重心的再次转移要首先归功于此。在多次续签的资助到期后，他接受哈里·阿克顿的建议，获得了贝德福德学院半职的"客座讲师"。当时，学院汇聚了伯纳德·威廉姆斯、斯图尔特·汉普郡、大卫·威金斯等英国哲学界的年轻精英。正是在这里，科尔奈平生第一次对自己的现象学伦理学研究产生了如此强烈而完全开放的兴趣；但也正是在这里，他迅速接受了年轻同事们分析性的论证风格，在自己的作品中越来越多地对道德结构与道德界限进行概念性讨论。

　　然而，晚年的科尔奈已时日无多。直至 60 年代初，他才适

119 应了自己的新家，再次找回了曾经的创作力。在随后的十年里，他撰写了许多小型讲稿和论文，试图从本质上确定，从对道德狭窄界限的洞察中，可以获得哪些关于我们生活世界实际状态的见解。[2]与此同时，科尔奈在朋友和同事的敦促下，着手撰写一

---

[1] Vgl. Aurel Kolnai, *The Utopian Mind and Other Papers*, a. a. O.

[2] 这些论文大部分收录在 Aurel Kolnai, *Ethics, Value and Reality*, a. a. O., und in: Zoltán Balázs/Francis Dunlop（Hg.），*Exploring the World of Human Practice*, a. a. O.。

部政治自传，旨在透过自己的平生经历来描绘现代极权主义的危险。然而，由于健康状况极度恶化，科尔奈无法亲自操持该书的出版事宜，直至多年之后，该书才作为他的遗著出版。[1] 1973年6月28日，奥雷尔·科尔奈因心脏病发作，在伦敦去世。他的离世对英国分析哲学界的非教条主义圈子而言，损失之大，令人扼腕，但在德语世界却激不起半点波澜。自从科尔奈受纳粹所迫逃离维也纳后，他在我们这里已杳无踪迹。随着德语世界对科尔奈的现象学分析重燃兴趣，希望这位20世纪伟大知识分子获得他所应有的关注。

---

[1] Aurel Kolnai, *Political Memoirs*, herausgegeben von Francesca Murphy, Lanham/MD 1999.

破坏性的现实主义者

—— 论齐格弗里德·克拉考尔的社会哲学遗产

　　1964 年，特奥多·W. 阿多诺在他的故友和战友克拉考尔 75 岁生日之际，为他写了一篇著名的文章《奇特的现实主义者》（Der wunderliche Realist），标题优美、听上去是善意的。[1]但正如这篇文章的许多内容一样，该标题并非没有矛盾，而且与一般祝寿文相比，更多地持一种隐晦的保留态度。称克拉考尔为"现实主义者"，这自然不奇怪，因为在时人眼中，这位旅居纽约的作家就是个执着于探索社会外部现象世界的知识分子；他试图从社会生活中的视觉感知物中，从电影、娱乐场所、建筑物和街道的感性呈现物中探索发达资本主义的本质秘密。但在标题中添加"奇特的"一词则着实让人疑惑，因为乍看之下，很难猜测这个谓词究竟意味着对克拉考尔现实能力的限制还是增强。然而，如果更仔细地阅读文本，就不难发现其意显然是前者，即现实观点的减弱。抛开所有溢美之词，阿多诺在祝寿文中向他的思想伙伴证明的是：后者对"事物纯良"（Gutartigkeit der Dinge）[2]

---

[1] Theodor W. Adorno, »Der wunderliche Realist. Über Siegfried Kracauer«, in: ders., *Noten zur Literatur. Gesammelte Schriften*, Bd. 11, Frankfurt am Main 1974, S. 308—408.

[2] Ebd., S. 408.

的信念根植于童年时期，并由恐惧所驱动，正因如此，他毕生坚持一种单纯的"惊奇"[1]态度，这让他无法从概念上洞察他所感知之物，从而无法在其所有的消极性中批判地应对。在"奇特的现实主义者"这一表述中，阿多诺正是责备克拉考尔屈从于残酷的现实，对世界虚幻的多样性带着一种源于恐惧的惊奇。不可否认，这也表达了他对故友的同情、关照与担忧。我们作为后来者，无权判断阿多诺所绘制的基于精神分析的克拉考尔形象在多大程度上真正适用于他本人。但我们能够做的，甚至被要求做的，是批判地审视阿多诺的系统性指责，这些指责虽散落于字里行间，但都确定无误地指向他的前战友。这个指责是：在何种程度上——正如我们下文将要追问的那样——克拉考尔被物质现实的闪亮表象所俘获，而无法深入社会现实本身的核心？难道真的可以说，在克拉考尔那里，"寻求对物化的反抗是徒劳的"（借用阿多诺的论述）[2]，因为物体世界及其脆弱而无声的存在对他而言似乎"更好"？我想在文章的第一部分强烈反驳以这种方式所表达的论点；在我看来，指责克拉考尔对社会现实的看法被幻想所蒙蔽是没有道理的，因为恰恰相反——至少从他转向马克思主义以来——他致力于摧毁扭曲现实的神话与自然化（一）。在我思考的第二部分，我对阿多诺的反驳会进一步加强，我试图说明，克拉考尔作品中的社会哲学冲动就在于破坏自然倾向的蒙蔽，而这种冲动使他能够预见《启蒙辩证法》（*Dialektik der Aufklärung*）的主题；我当然不是说，没有了他的推动，霍克海默和阿多诺就写不成这本书，而是说，这本书要归功于他的重要

122

---

[1] Ebd., S. 399.
[2] Ebd., S. 408.

启发与开创性工作（二）。

一

1929 年，克拉考尔采用经验研究法所撰写的《雇员们》（*die Angestellten*）在《法兰克福报》（*Frankfurter Zeitung*）上连载发表，一年之后，由社会印刷出版社（Verlag der Societäts-Druckerei）集结成书发行。在该研究的第一章结尾处有一段话，极为清楚地证明了作者充分意识到被纯粹现实所蒙蔽的危险。这项研究在社会学中独树一帜，在此之前，克拉考尔不仅撰写了关于《分心崇拜》[1]与《大众装饰》[2]等著名论文，还有几十篇研究资本主义幻想构造——这些幻想在当时演变成物质暴力——的小专栏文章。[3]然而，这些不同文本的方法论成果直至《雇员们》发表一年后才被系统化。在为《新评论》（*Neue Rundschau*）撰写的《对知识分子的最低要求》[4]一文中，克拉考尔概述了他所理解的社会批判的中心任务。然而，不管怎么说，那篇 1930 年出

[1] Siegfried Kracauer, »Kult der Zerstreuung«, in: ders., *Werke*, herausgegeben von Inka Mülder-Bach und Ingrid Belke, Bd. 6.1, Frankfurt am Main 2004, S. 208—213.

[2] Siegfried Kracauer, »Das Ornament der Masse«, in: ders., *Werke*, herausgegeben von Inka Mülder-Bach und Ingrid Belke, Bd. 5.2, a. a. O., S. 612—624.

[3] Vgl. etwa die glänzende Analyse »Zur religiösen Lage in Deutschland«, in: ebd., S. 154—159.

[4] Siegfried Kracauer, »Minimalforderung an die Intellektuellen«, in: ders., *Werke*, herausgegeben von Inka Mülder-Bach und Ingrid Belke, Bd. 5.3., a. a. O., S. 601—606.

版的《雇员们》在第一章里已经包含了对至今方法论成果的总结，表明了该篇雇员研究还应满足哪些认识论主张：尽管报告文学——正如《未知的领域》（Unbekanntes Gebiet）这一标题所说的那样——在当今社会现实的"表现方式"中享有极高声誉，但总体而言，它的作用十分有限[1]；原因在于，尽管它是"对唯心主义的合理反击"，有助于——从克拉考尔视角看——在一开始克服德国思想传统中缺乏具体性与现实性的问题，但最终实现的只不过是"对被观察者的单纯复制"，在一定程度上是"具体存在的自我揭示"。因此，克拉考尔在这段著名的论述中对报告文学提出反对："来自一家工厂的上百篇报道无法合成工厂的现实性，而是永远止步于工厂百景图。" 124

在这种单纯的现实再现中，被误解的是——用克拉考尔的话说——"现实性"本身已经是"一种建构"；而与之相关联的术语"建构"则在这篇雇员研究中反复出现，事实上，它构成了方法论的关键，使人们能够理解为何在这里各种个别观察以某种方式被排列组合起来。在他的许多专栏文章和电影分析中，克拉考尔已经断言：在当时，发达资本主义的社会现实性为了使自身合法化，需要构造幻象（Illusionsbildung），在这个意义上，它依赖于补充性的"建构"。这里反复提到的社会胁迫说的就是一种对大众的欺瞒，即以更美好的世界为幌子，让大众对自己所处的悲惨境地视而不见，对物质的困苦与失业的威胁充耳不闻。这里的"建构"概念应当指的就是马克思主义范畴中带有意识形态的"上层建筑"，即一种似乎能够掩饰资本主义社会的经济基

---

[1] Siegfried Kracauer, »Die Angestellten. Aus dem neuesten Deutschland«, in: ders., *Werke*, herausgegeben von Inka Mülder-Bach und Ingrid Belke, Bd. 1, a. a. O., S. 211—310, hier: S. 222; 后面几句引文皆出自此页。

础、让人们忽视真实利益冲突的文化构成物。然而在《雇员们》中——上述其他几篇文章已有预兆——这一概念的含义发生了变化，让位于一个更为激进的观点：这些"建构"，这些虚幻的名称、图像和解释不再被简单地强加于资本主义现实，自上而下地将其神圣化，而是渗透到这个现实本身，把经济的现实性改造得面目全非。在书中不少地方，克拉考尔都试图清晰呈现意识形态建构在社会之中的上述地位变化。例如，在"企业中的企业"（Betrieb in Betrieb）一章中可以看到，过去那种雇员在困境中总能获得上级倾听的幻想，现在已经以"意见箱"或程序性伪活动（prozeduralen Pseudoveranstaltungen）的形式化为现实，这让企业从表面上看像是一个众人共同决策的地方[1]；"修理车间"（Reparaturwerkstatt）一章则表明，目前在所谓"社会巧妙建构的企业中"，工会利益代表们的办公室无论是大小还是外观都与总经理办公室相似，凭借空间的布局，假装这两个群体已经平起平坐[2]；最后，他在"啊，真快……"（Ach, wie bald…）一章中则巧妙揭示了先前对"年龄"的意识形态式贬低，如今在多大程度上实实在在地导致了五十岁的老员工不仅在身体上显得更加笨拙无能，而且还因违反《企业组织法》(Betriebsverfassung) 而被提前解雇。[3]曾经的意识形态上层建筑与纯粹思想建构——正如克拉考尔想借助这些不同的事例所展示的那样——现在早已成为发达资本主义中的物质暴力，也真正改变了主体性、关系模式与空间性，在一定程度上发生了由外而内的变化，并因而持续地重塑了物理上的可感之物。"建构"不能再简单地以意识

---

[1] Ebd., S. 242.

[2] Ebd., S. 257.

[3] Ebd., S. 247—255.

形态批判的形式从社会现实性中抽离出来，试图以此揭露经济现实；相反，经济现实本身同时就被这些"建构"所渗透，因此在理论上已经无法与它们相区分。这些思考说明了克拉考尔对报告文学中映像现实主义（Abbildrealismus）的批判是有理由的，而他在此所预见到的许多观念，时至今日还在"社会建构主义"（sozialer Konstruktivismus）这个相当模糊的标题下传播。在当时，尤其是在对雇员的描述中，他就已经将个体的社会"主体化"（Subjektivierung）设想付诸实践，并进一步认为，连空间可见的现实性都是由社会所制作、所"建构"的。

但对我们而言更为重要的是，克拉考尔想要从资本主义经济新的建构性现实中得出什么样的方法论结果。如果说，经济的现实性本身现在已经在其物理的自在存在（Ansichsein）中由社会所塑造——正因如此，利益冲突不再显露于外，而是被物质预防措施和以员工为导向的改变所掩盖——那么，通常那些揭露方式就不再有助于解释这种现实性。无论是新生的报告文学，还是传统的意识形态批判法，都不胜此任，因为它们要么单纯地描摹由统治技术所建构的现实，要么妄图从该现实中抽离出意识形态的建构，殊不知它们早已融为一体。在 20 年代末期，克拉考尔充分意识到了这种方法论上的挑战，正如《雇员们》以及那时候的许多其他思考所表明的那样。在阿多诺的设想中，克拉考尔最终屈服于现实性的外在表象，但实际上，为了抵御发达资本主义所建构的现实，克拉考尔在那时候上下求索，矢志不渝。在《雇员们》一书中，他试图对这个变化的、让批评愈发艰难的形势作出回应，从当代艺术的蒙太奇技术那里，他找到了答案，并将这一技术用于理论中。据前文引述过的该著作第一章所称，对变化的工作世界的各种观察会根据其各自内容组成某种特定的形态，拼合成一幅

127

"镶嵌画"（Mosaik），因此，一幅关于社会现实性的准确"图景"只有在以下情况才会产生，即当现实有效的建构——为了维系统治地位而塑造出来的世界——被看穿之时。[1] 虽然，这最后一句话是我添加上去的，它实际上并没有出现在克拉考尔被引述的文本中，但为了说明他的方法论意图——在这里，该意图与这幅由不同的个别观察所组成的"镶嵌画"有关——这个补充却是必要的。经仔细观察，克拉考尔在其著作中贯穿始终的意图是：把对特定事件的描绘与空间性交织在一起，让它们批判性地相互阐明，并在其各自的组合中揭示出比对孤立事件的报告文学式描述更多的东西。因为，把对比鲜明的详细观察拼接起来，就会产生一种洞察力：在资本主义的企业与类似机构中，物理可感的现实——包括这些企业机构的职务、空间划分及关系模式——都是由看不见的手所塑造的，其目的在于，将经济事件的统治特征从人们的视线中剔除。根据克拉考尔的方法论信条，一旦一个更好的、更公平的世界建构在物质现实性中成型，那么，能够看穿这整场逐渐逼真的闹剧的，就只有这幅由相互评论的个别描述所拼接而成的镶嵌画，而不再是报告文学或意识形态批判。在前面提到的"修理车间"一章中，这种蒙太奇的方法论意图以如下方式得到了考虑：在描述员工委员会主席与企业经理拥有相同规模与相似布置的办公室时，克拉考尔也直接观察到了，员工委员会主席能够参与共同决策的机会实际上少得可怜。[2] 镶嵌画的形成，就是有意地把不同的个别描述嵌套在一起，而这些个别描述由于相互碰撞，因而能够相互解释；这种形成与嵌套的原则不应

128

---

[1] Ebd., S. 222.

[2] Ebd., S. 256—264.

适用于各个章节之间的关系，而应适用于每个章节本身。一个观 129
察总是快速且几乎天衣无缝地面对另一个与之相矛盾的观察，因
此，通过两种观察的对比，可见的世界就丧失了它的自明性及知
觉证据，而且，作为由利益主导的塑造品，这个世界变得一览无
余。在他的著作中，克拉考尔凭借审慎、观察力以及语言优势践
行了蒙太奇方法，将所有部分聚合起来，把一个脆弱的计划——
对新的工作世界进行经验研究——最终变成了一件艺术品，毫不
夸张地说，该著作至今仍被公认为是社会学启蒙之杰作，经常被
模仿，从未被超越。

当然，从一开始，《雇员们》就不仅仅是对经验性的社会研
究的贡献；它基于一种社会哲学的冲动，而这种冲动在论证镶嵌
画构成方式或蒙太奇技术的操作时最为明显。正如我们已看到那
样，在这些方法论考虑中，克拉考尔与被当时主流哲学思潮视作
具体化——一种"回到事物"（Zurück zu den Dingen）——起点
的东西进行了斗争，即使这些思潮依然受到他本人的青睐。一旦
可知觉的世界被看作社会建构的结果，那么就不能再像他的老师
格奥尔格·齐美尔[1]为了避免唯心主义的抽象而借助现象学所 130
做的那样，简单且幼稚地诉诸我们日常知觉的证据。但是，假如
由于我们感官所能通达的现实性有意无意地被社会按照统治意图
所塑造，故而被认为是有问题且在哲学上不可靠的话，那么，在
克拉考尔看来，"第二自然"这个观念就失去了其正当性，尽管
它对黑格尔—马克思主义的传统产生了巨大作用，而这个传统对

[1] 年轻的克拉考尔究竟在多大程度上受到齐美尔著作的影响，在下列作品中
体现得淋漓尽致：Siegfried Kracauer, *Georg Simmel. Ein Beitrag zur Deutung des
geistigen Lebens unserer Zeit* [1919], in: ders., *Werke*, herausgegeben von Inka
Mülder-Bach und Ingrid Belke, Bd. 9.2, Frankfurt am Main 2004, S. 139—280.

当时的克拉考尔意义非凡。无论如何，不能再轻易相信习惯和制度了——在黑格尔的通常理解中，习惯与制度以第一自然为基础，并在第一自然的行为控制作用中模仿第一自然——因为它们体现的永远是资本主义的权力利益。所有这些有助于理解《雇员们》中蒙太奇技术应用的哲学思考，让克拉考尔转而研究自然在社会现实中所扮演的角色。这一旨趣充分体现在他雇员研究一年之后所发表的《对知识分子的最低要求》一文中，不过，他在1927 年*发表的《大众装饰》就已经从历史哲学的角度对该主题进行了思考，这篇文章可以被视作他当时整个想法的关键，后文我还会提到。

131

与前面所说的内容相比，这篇论述知识分子使命的短文——这里将忽略其历史背景——其实没太多新意，但它让我们了解到，社会批判从中获得了什么普遍的东西。如果说，雇员研究告诉了人们，我们关于社会现实的知觉之所以很容易被欺骗，是因为它视之为理所应当的、历史发展的，因而也是"自然"的那些东西，实际上不过是为了维护统治所实施的干预与建构而已，那么，在克拉考尔看来，知识分子的角色必须与这种新获得的洞见相适应。知识分子的作用不再是为了证明政治诉求的正当性而诉诸自然或自然般的东西（Naturhaftes）；相反，对任何看似自然的事物，只要疑似为社会所塑造，同时可能伴随着利益或权力意志，那么，知识分子就应当努力进行解构。在这篇文章中，克拉考尔试图尽可能彻底地阐明知识分子这种新使命，使其最终与所有社会批判任务融为一体。据他所说，社会批判的首要、实际上也是唯一的任务——这已经是老生常谈了——就是为"拆除我

---

* 原文为 1937 年，笔误。——译者注

们周围与我们内部的自然力量"而服务[1]，尽管乍看之下，这种力量对普通观察者而言是如此坚不可摧、一成不变。为了跟随克拉考尔的以上思路，有必要在这些"自然力量"中区分两种不可相互混淆的范畴：首先，社会批判当然必须试图质疑或——用克拉考尔的话来说——"摧毁"社会现实性中所有的自然之物（das Natürliche），而这些自然之物虽然由我们第一自然的冲动残余所造成，但从长远来看，仍具备文化可塑性；然后，带着揭示的目的，社会批判也必须在生活世界中转向那些看似自然之物（das scheinbar Natürliche）、那些自然般的东西，尽管它们被人类有意地制造、被社会所建构，但我们仍习惯于将其视为自然产生之物或有机生长之物。在第一种、被当作不变的自然中，识别出历史变量，在我们的第二种自然中，发现纯建构的、为了统治目的而建造的东西——两者合起来，似乎就是社会批判的任务。克拉考尔就是这么认为的。知识分子的使命发生了转变，被极为确切地冠以"物化批判"（Verdinglichungskritik）之名，也就是说，这种批判要揭示社会现实性中一切仍然是，或重新是物的东西（die alles noch oder wieder Dinghafte）——简而言之，这一批判是阿多诺在他的朋友兼同伴克拉考尔著作中所遗失的"主题宝藏"。

二

　　在社会现实性中查明所有自然之物或纯粹如自然般发挥作用之物（bloß naturhaft Wirkende），从而竭尽所能地加以破坏——

---

[1] Siegfried Kracauer, »Minimalforderung an die Intellektuellen«, a. a. O., S. 603.

这一社会批判的使命，在著名的《大众装饰》一文中也被提及。的确，这篇文章有许多表述和句子在《对知识分子的最低要求》
133 中几乎被一字不差地引用，但后者并没有充分解释其历史哲学的意义。在《大众装饰》与《对知识分子的最低要求》之间的四年时光里，克拉考尔不仅完成了《雇员们》和小说《金斯特》（Ginster），还撰写了无数关于电影和文化分析的文章。然而，所有证明这种狂热创作热情的理论背景或许只出现在《大众装饰》一文中，因为在这里，克拉考尔第一次，也是唯一一次尝试将自己的物化批判思想嵌入一个更为宏大的历史哲学框架中。因此，要想弄清楚批判自然力量——无论它主要还是次要——的思想究竟在哲学上是怎么一回事，这篇极其紧凑且充满艺术气息的文章非常关键。该文篇幅相对较短，其中心是一个黑格尔—马克思主义传统所熟悉的观点：人类历史应当被理解为一个逐渐克服"自然力量"的过程，而这个过程要归功于我们理性能力的不断活动。因为——正如几年后那篇关于社会批判的文章所说的那样——精神或者"智力"注定"要为摧毁我们周边和我们之中的神话存在物提供工具"[1]。在理性"祛魅"过程的第一阶段中，借助原始工具的使用，第一自然的优越性得以暂时消除，但在这一阶段后，它的力量又以一种"证明自然无所不能"的"神话思
134 维"形态回归。[2]克拉考尔认为，即便是在当下的时代，他仍能找到这种拥护自然力量的神话残余，因为在他眼中，近来的"社会有机论"（organische Gesellschaftslehre）和"民族主义"所追求的，不外乎是把自然重新提升为"社会结构的典范"而

---

[1] Ebd., S. 603.
[2] Siegfried Kracauer, »Das Ornament der Masse«, a. a. O., S. 616.

已。[1]克拉考尔认为，在这个历史过程中，理性力量与自然力量相互斗争，尽管历经种种挫折与坚持，但仍然显示出一条进步的线路，而现在，新兴的资本主义时代在此过程中扮演了一个对他而言高度矛盾的角色：在强力推动理性祛魅的同时，又彻底危及了它。为了描述资本主义生产方式在世界历史合理化进程中的这种双重性，他所用的表述是理性的"蒙蔽"（Trübung），或者也称之为理性的"片面化"（Vereinseitigung）。据我所知，这些概念在批判理论传统中被第一次使用，克拉考尔想借此提醒人们注意到我们理性现状中一种特殊的病态，在他看来，这种病态是现行经济制度所导致的[2]：一方面，为了利益最大化，人们运用科学手段，深入探索一切固定事件的可变性，因此，对自然的理性支配在资本主义中得到了巨大推动；但另一方面，这里所使用的认识手段凭借其特殊形式，使得合理性的增长无法促进人类真正的利益。[3]然而，克拉考尔发现，要想进一步确定究竟是资本主义精神中的什么因素导致了上述对人类利益的忽视以及对人类本身的永久漠视，这显然是很困难的。当他以最清晰的形式表述自己的观点时，他谈到了新经济制度所强加于思想之上的"抽象性"：

> 资本主义思想之所在，其标志就是抽象。通过抽象性的统治，一个包含所有表达的精神空间被建立起来……抽象

---

[1] Ebd.

[2] 关于整个动机的复杂性，参见 Axel Honneth, »Eine soziale Pathologie der Vernunft«, in: ders., *Pathologien der Vernunft. Geschichte und Gegenwart der Kritischen Theorie*, Frankfurt am Main 2007, S. 28—56。

[3] Siegfried Kracauer, »Das Ornament der Masse«, a. a. O., S. 618 f.

性体现了一种冥顽不灵的合理性。抽象概括的意义规定……
并不能给予理性属于理性的东西。抽象性没有考虑到经验，
而人们可以从这些缺乏内容的抽象中得到任何有利的应用。[1]

因此，"理性的蒙蔽"这一观念意味着：由于其概念图式化
倾向，以及对所有定性差异的忽略，资本主义所运用的思维虽然
有利于增强对先前不受控制的自然力量的支配，但却不利于顾及
到具有独特个性的人类。对克拉考尔来说，在资本主义条件下所
增长的合理性之所以是"双重性的"，是因为在人类增强对自然
进程的支配权力的同时，丧失了对个人利益的合理关注。

然而，人类理性扩张与倒退并存的矛盾仅仅是吸引克拉考尔
对资本主义所造成的合理性与自然格局产生兴趣的一个方面；他
更加关注的是另一个完全不同的点，这让我们回到了之前讨论的
"自然"主题，从而也为对大众装饰的分析铺平了道路。正如克
拉考尔希望理解的那样，通过理性的"蒙蔽"这一过程，旧的自
然力量在新的阶段中改头换面，再次获得对人类的控制：资本主
义思维的"空洞的形式主义"——正如它所大致表述的那样——
创造了一个空的空间，尽管在这个空间中，人们增进了合理性，
但自然之物也在此重获"自由的余地"[2]。这个观点初看之下很
是令人费解，要想清晰把握其轮廓，只有将其回溯到一种从统治
性经济体制的抽象合理性中为个人腾出空位的观念那里：克拉考
尔似乎认为，由于没有考虑到个人的特殊性，这种合理性会不可
避免地发展出一种趋势，让人们再次屈服于旧的自然力量，而不

---

[1] Ebd., S. 618.
[2] Ebd., S. 619.

是理性的知识。无论如何，必须在上述意义上理解克拉考尔在他论证的关键拐点上所做出的表述：

137

> 然而，抽象性越是巩固，人就越是不为理性所支配。如果人的思想中途走了条抽象的弯路，从而阻碍了真正知识内容的突破，那么，人将再次被自然力量所支配。思维迷失了方向，非但没有压制这些力量，反而激起了它们的反抗。[1]

尽管这段引文不能真正解释为什么资本主义思维方式对个体特殊性的漠视会导致社会成员不再运用自己的理性，但克拉考尔的意思却是相当明显的：在理性被蒙蔽的条件下，人们只能独自在具体环境中理性地寻找出路，除了屈服于旧的自然力量之外——长期以来，人们以为这种力量早已被克服——不知道还有什么办法。然而，克拉考尔认为——基于我们从上述考虑中所了解到的——这必须意味着，主体之形成反应，有两条可选之路：要么"精神上的无所归依"迫使他们压抑地屈服于"自然无所不能"的古老神话，要么他们受到诱惑，把所有社会之物（alles Gesellschaftliche）都视为自然产生之物（natürlich Entstandenes），视为"自然般的东西"。因此，克拉考尔在此对资本主义精神状况所作的历史哲学解释，可以理解为对生活世界之被给予性的预先阐明，这在不久之后的《雇员们》与《对知识分子的最低要求》中都将被提及。社会成员倾向于对各自所知觉到的东西信以为真，却对其中的社会构建一无所知；而知识分子的使命则在于摧毁主要的与次要的自然力量。这两者都源于同一

138

---

[1] Ebd.

个事实，即"自然"在资本主义生产方式的发达阶段回归了。

　　在这一点上，或许不再需要单独的理由来说明为何能够在上述克拉考尔的思想过程中预见到《启蒙辩证法》的主题。无论是在科技高度发达条件下神话回归的观念，还是个人在其知觉中对流变的现实性进行物化的想法，都是霍克海默与阿多诺著作的核心组成部分。然而，即便是克拉考尔当时从历史哲学诊断过渡到大众装饰分析的思考，也仍然能在两位作者的研究中找到踪迹。在《大众装饰》一文中，这种过渡的准备工作通过对蒂勒女孩（Tillergirls）*——她们最近愈发频繁地在娱乐场所与体育场中进行舞蹈表演——身体过程的精确现象学描述进行：正如克拉考尔所说，形成"复合体"的个体女孩仅仅作为匿名群体的成员出现，她们的舞姿千篇一律，按照"几何精度"的计算模式运行。[1]对克拉考尔而言，这种新的身体文化现象的特殊意义在于——与展示人类身体相互配合的旧有形式相比，它不再服务于有利于社会共存的外在目的：如果说芭蕾舞在"剥离"其"仪式意义"后，仍然"生动地塑造爱欲生活"，如果说阅兵式象征着爱国主义的集体情感，那么，蒂勒女孩有节奏地呈现的"装饰"就只是目的本身，因而没有任何主体的表现性。[2]因此，这些步调一致的女孩——正如克拉考尔继续说的那样——不再能够在自己的身体形态中发现自己所赋予的意义。而且，为了强调这些丧失了所有意义的东西，强调这种舞蹈表演中的纯物（das bloß

139

---

* "蒂勒女孩"是19世纪90年代最受欢迎的舞团之一，最初由约翰·蒂勒（John Tiller）于1889年在英国曼彻斯特组建。该舞团的标志就是舞者们整齐划一，手挽着手进行高踢腿动作。——译者注

[1] Ebd., S. 612.

[2] Ebd.

Dinghafte），文章也简明扼要地指出，这种大众装饰的创建完全取决于"其构成物的规格与数量"[1]。

在描述了新现象之后——文中的描述更为详细——克拉考尔不费吹灰之力，就在下一步骤中将其与自己的历史哲学诊断联系起来。在大众装饰的表演中，女孩们组成了"身体复合体"，正如前文所述，克拉考尔在这里看到了一面镜子——一面准确反映了在资本主义生产方式中占据主导地位的合理性形式的镜子。[2]一方面，舞蹈表演以其强加于身体有机体的精确性与一致性，向他展示了一种对一切自然之物的理性"还原"，与自然科学的方法论程序以及泰勒主义的操作系统相比，这种还原并无二致；在审美媒介中，数以百万级的观众们看到了，在没有对预期目标进行社会性讨论或权衡的情况下，就借助片面的，或许也可以说是"工具性"的理性对自然尽可能地"去实体化"，究竟会发生什么。但另一方面，大众装饰的活动也让克拉考尔想起了一种"神话崇拜"，在这种崇拜中，"低级自然"在高级阶段再次"清晰地显现"[3]；尽管它具有几何精确性和可计算的智能，但却没有多少关乎人性的知识与关注个体的理性，因而蒂勒女孩的整个呈现只能被解释为自然之物"在理性表达方式的幌子下"的回归。[4]用技术征服自然的同时再次陷入神话的迷狂，战胜自然力量的同时召唤自然力量——在克拉考尔看来，两者在大众装饰中以感性的方式呈现出来。因此，他认为这些新的身体表演形式中极为准确地反映了作为整个资本主义生产方式特征的减半的

[1] Ebd.
[2] Ebd., S. 614.
[3] Ebd., S. 620 f.
[4] Ebd., S. 621.

（halbiert）、被蒙蔽的理性。

无可否认，这些令人叹为观止的分析听起来多少有些牵强，当然需要进一步说明；尤其是当克拉考尔突然出人意料地从严格计算的大众装饰表演出发进行推导，认为它会转而呈现出非理性的、爆发性的自然力量时，人们希望得到更为确切的解释。在这里，"被蒙蔽的"理性这个概念——在其全部的方法论抽象性中遗忘个体性的理性概念——必须承担所有的证明责任，因为它的理论意义太不明确，解释力太弱，无法证实这一大胆的结论；人们或许更希望在这个地方看到一些哲学概念分析，正如阿多诺四十年后在《否定的辩证法》[1]中所做的那样。克拉考尔要么缺乏必要的时间，要么缺乏必要的性格来进一步完善在《大众装饰》中发挥作用的社会哲学冲动；在那些仍需要理论探索的地方，往往只是浅尝辄止。尽管他并未参与批判理论的建立与未来发展，然而，那寥寥数笔的暗示，不了了之的思路，却足以对批判理论产生持久与深远的影响。之所以说克拉考尔为《启蒙辩证法》铺平了道路，不仅是因为他在技术发达的资本主义中对神话的回归进行了历史哲学的诊断，而且还在于他的方法——无论是蒙太奇技术还是文化的生理学分析。在《启蒙辩证法》中，纯粹的身体过程被视作反映社会发展状况的镜子，完全迥异的概念被整合成统一体，以传达令人震惊的见解[2]——这都要归功于

---

[1] Theodor W. Adorno, *Negative Dialektik*, in: ders., *Gesammelte Schriften*, herausgegeben von Rolf Tiedemann, Bd. 6, Frankfurt am Main 1973, S. 7—408.

[2] 关于《启蒙辩证法》的批判方法，参见 Axel Honneth, »Über die Möglichkeit einer erschließenden Kritik. Die Dialektik der Aufklärung im Horizont gegenwärtiger Debatten über Sozialkritik«, in: ders., *Das Andere der Gerechtigkeit. Aufsätze zur praktischen Philosophie*, Frankfurt am Main 2000, S. 70—87.

《大众装饰》或《雇员们》的启迪。在这个意义上，也只有在这个意义上，齐格弗里德·克拉考尔在批判理论传统中的地位与瓦尔特·本雅明相当：他们的作品都曾长期被粗心大意、不假思索地当作采石场，直至正义随着时间的推移而愈发公允，它们的全部意义与影响应当得到承认。

我们思维的决定性因素

——罗宾·G.科林伍德未被认可的成就

　　直至 20 世纪 90 年代，英国哲学家罗宾·G.科林伍德才开始在自己国家重新受到关注。在那之前，作为吉尔伯特·赖尔的前任，这位曾于 1935 年至 1941 年间在牛津大学担任颇具影响力的形而上学教授的哲学家，在英国哲学的历史书写中几乎未被详细提及。即便如约翰·斯科鲁普斯基那样，对 1750 年至 1945 年间英语哲学的发展进行了内容翔实、富有启发的概述，都对科林伍德不置一词。[1] 虽然以赛亚·伯林偶尔会在信中充满同情地提及这位牛津同事[2]，但是这似乎也没有明显提高后者的业内关注度。总而言之，自科林伍德 1943 年去世后，他的作品在自己的家乡逐渐面临被遗忘的威胁。这一切在 1990 年前后突然起了变化，仿佛一夜之间，科林伍德研究就重新流行了起来：科林伍德学会（Collingwood-Society）成立了，其中

包括阿拉斯戴尔·麦金太尔与昆廷·斯金纳等重量级的当代哲

---

[1] John Skorupski, *English-Language Philosophy. 1750 to 1945*, Oxford 1993; eine bedeutende Ausnahme von der Regel, das Werk Collingwoods in England einfach zu ignorieren, stellt Alfred J. Ayer dar, der in seinem Überblick *Philosophy in the Twentieth Century* ein ganzes Kapitel der Philosophie von Collingwood widmet: Alfred J. Ayer, *Philosophy in the Twentieth Century*, London 1982, Kapitel VII.

[2] Isaiah Berlin, *Flourishing. Letters 1928—1946*, London 2004, Z. B. S. 44.

学家[1]，大量关于科林伍德的著作与专题研究出版了[2]，他的一些核心学说重新回到了当代哲学讨论中，最终，伯纳德·威廉姆斯将科林伍德称为"被不公正地遗忘的 20 世纪英国哲学家"[3]。

　　对科林伍德的重新关注发生在 20 世纪末，当时的英国哲学面临着广泛而深刻的大变局。正是在这个时候，英国分析哲学在历经近八十年无可置疑的主导地位之后，显示出其自我理解危机的最初征兆，因此，对整个学科领域进行重新评估便势在必行。在寻找定位的过程中，英国人开始关注自身文化中一种在历史上稍早于分析哲学的哲学传统。这与美国的情况如出一辙：如果说美国人在危机状况中重新发现了古典实用主义，那么英国人则把新黑格尔主义与科林伍德的哲学置于历史反思的焦点。不过，与实用主义运动相比，科林伍德的情况则完全不同：皮尔士、詹姆斯与杜威可以勉强算得上后来大获全胜的分析哲学学派的先驱，因此回过头来看，人们能够在他们之间构建思想的连续性与效果关联；相形之下，科林伍德则一生都在对抗英国主流哲学，斥责它忘却了历史并丧失了全部的实践导向。按照通常的分类，科林伍德是历史—诠释学传统的拥护者。因此，在他看来，将哲学普遍地还原为纯语言分析与元伦理学必定是思想的厄运。在很早的时候，他就把反抗这种厄运当作自己孤独的使命。有鉴于此，在今天的英国——这与实用主义著作在美国的情况不一样——很难在随后建立的连续性意义中将科林伍德的作品关联起来；相比之下，其理

145

---

[1] 科林伍德学会建立于 1994 年，并从那时起出版《科林伍德研究》（*Collingwood Studies*）（Swansea 1994 ff.）。

[2] Vgl. u. a. David Boucher, *The Social and Political Thought of R.G. Collingwood*, Cambridge 1989；William H. Dray, *History as Re-enactment*；*R.G. Collingwood's Idea of History*, Oxford 1995；Guiseppina D'Oro, *Collingwood and the Metaphysics of Experience*, London/New York 2002.

[3] Bernard Williams, *Wahrheit und Wahrhaftigkeit*, Frankfurt am Main 2003, S. 351.

论鸿沟更大，需要首先重新审视历史的价值，而迄今为止，这种审视对于分析哲学的实际活动而言仅有工具性的意义。[1]

相反，在德国，科林伍德的影响本该从一开始便完全不同。照理来说，这位融合了黑格尔、狄尔泰和克罗齐的思想传统，试图与在英国大获全胜的分析哲学分庭抗礼的哲学家应当在我们这里大受欢迎，但无论是在他生前还是死后的七十年间，事实却远非如此。他被译成德语的著作只有两本而已。[2]汉斯-格奥尔格·伽达默尔为其中一本写了一篇极具善意的序言[3]，除此之外，他的著作就几乎在德语哲学中销声匿迹了。在纳粹上台之前与统治期间，这或许还可以用德国文化对英国所谓的功利主义精神根深蒂固的反感来解释。但这种文化偏见却难以解释为何在德国战后几十年时间里——也就是当西德哲学再次向西方敞开之时——科林伍德仍鲜为人知。要想对此进行解释，就必须考虑到这样一个事实：科林伍德尽管继承了所有历史—诠释学传统，但他仍然是个完全独立的、难以归类的思想家。至于他在反抗分析哲学时所采取的哲学形式，归根结底仍然深受英国文化的思想前提影响，因而，它并不能按照某种协调一致的解释模式被德国人毫不犹豫地接受。在批判分析哲学的道路上，科林伍德对哲学思想方法进行了独特的论证（一），在此基础上，发展出哲学的预设框架（二），最后，这些预设使得他关于观念史的开创性研究

---

[1] Vgl: Bernard Williams, »Philosophy as a Humanistic Discipline«, in: *Philosophy* Nr. 75, 2000, S. 477—496.

[2] Robin G. Collingwood, *Denken*, Rastatt 1955（engl. Original: ders., *An Autobiography*, Oxford 1939）; ders., *Philosophie der Geschichte*, Stuttgart 1955（engl. Original: ders., *The Idea of History*, Oxford 1946）.

[3] Hans-Georg Gadamer, »Einleitung«, in: R. G. Collingwood, *Denken*, a. a. O., S. V—XIV.

极具原创力，在其形式中，人们所想到更多的是福柯，而非伽达默尔（三）。

一

科林伍德自传至今仍是揭示其哲学自我理解的最重要钥匙，该自传在他去世前四年出版，1955 年被译成德语，标题为《思》（Denken）。科林伍德生于 1889 年，事实上，他并非注定要成为一位学者。他的父亲是视觉艺术家，母亲是钢琴家，对他而言，以艺术为业似乎才顺理成章。然而——虽然这与他父母的才能没有多少关系——这位天资聪颖的男孩在很早的时候就产生了两种理论兴趣，沉迷于学术典籍的研究。一方面，年轻的科林伍德对古代历史领域相当着迷，在英格兰的家乡，他游历了罗马人的定居点遗迹，以此切身感受着历史；对考古学研究的热情伴随了他的一生，直至去世，他对人文学科中应用性与技术性的层面都保持着敏感。另一方面，一次偶然的机会，年幼的科林伍德在父亲的书房接触到了哲学，立即就被哲学所吸引；他对哲学的兴趣也始终未改，所以在高中毕业后，他决定在大学攻读哲学与古代史。科林伍德试图在两个兴趣领域内部建立联系，这或许是他成长过程中原创性的重要来源。

当科林伍德开始接受学术训练时，分析哲学思潮正在牛津从英国黑格尔主义的废墟中兴起——正如后人所说的那样。[1] 主

148

[1] Peter Hylton, *Russell*, *Idealism and the Emergence of Analytical Philosophy*, Oxford 1990.

导这个哲学学生全部求学时光的是范式的逐步转换，而他对此也愈发感到怀疑与不满。在他看来，这种新的思维方向不仅丧失了思想实质，而且丧失了哲学公共的一政治的有效性。相反，对他而言，英国黑格尔主义学派——他本人只在牛津认识了弗朗西斯·赫伯特·布拉德利——从一开始就是哲学理论与实践关系的典范。尽管对科林伍德来说，该学派的学说过于依赖先验唯心主义的前提，因而他不会采纳；但在自传中，他仍表达了对 T. H. 格林、布拉德利和伯纳德·鲍桑葵的钦佩，认为他们通过自己政治哲学的方式深刻影响并促进了英国公共生活的精神。[1]

149 与此相反，分析运动的"实在论"（Realismus）则代表了实践意义缺失与理论思想匮乏的混合：这一新兴学派的代表们既无法产生自由文化所必需的精神气质与态度，也没有为回答哲学传统在历史上所留下的那些实质性问题作出任何重大贡献。终其一生，科林伍德都没有改变这种起初只是直觉上的抵触态度。他后期作品的所有内容都立足于对早期分析哲学前提的批判，通过否定的方式，科林伍德从批判中获得了自己学说的基本见解。起初，科林伍德对这种牛津新兴哲学精神的指责仍相当青涩，尚未摆脱疯狂且离谱的揣测。在这一时期，他深受意大利哲学家贝内德托·克罗齐影响，并把黑格尔系统思想的传播归功于后者。他当时似乎对这样的观点情有独钟：层层上升的知识诸区域都以经验与概念结构之间各种不同的相互作用为基础。科林伍德在他的第一本书《精神镜像》[2]中呈现了黑格尔关于精神在历史中自我展

---

[1] R.G. Collingwood, *Denken*, a. a. O., S. 18；有关英国黑格尔主义的政治哲学参见 Peter P. Nicholson, *The Political Philosophy of the British Idealists*, Cambridge 1990。

[2] R.G. Collingwood, *Speculum Mentis*, Oxford 1924.

开的观点。然而，这种呈现是如此充满臆测且漫无边际，以至于
艾耶尔后来仅仅把它作为一种"好奇心"来谈论。[1] 与此相比，
在黑格尔的建构中，对科林伍德的未来发展更为重要的是这样一
种观点：每一种知识形式都与一种特定的概念活动相联系，而这
种概念活动有其自身的、内在的历史性。基于这一设想，科林伍
德对他所谓的分析哲学"实在论"提出了三个批评，在其中，我   150
们可以看到他更为成熟的理论的重要前提。[2] 仅仅把知识或认
识当作对对象或其属性的被动识别——这样一种认识论预设，在
科林伍德看来，是很成问题的。相反，认识总是以普遍共享的概
念网络为前提，只有通过主动的，甚至创造性的努力，认识对象
才能被整合进这个网络中。因此，正如后来的自传所说，"认识
的所知"（Erkannte vom Erkennen）并不是"独立的"[3]，而是一
种活动的产物——在这种活动中，实践元素与认知元素不可分割
地融合在一起。当然，被科林伍德用作准则的实践概念并不是基
于实验自然科学的模式——这种模式在实用主义者对传统认识论
的批判中总是被正面地提及。通过借鉴古代史学家基于某些假设
所开展的挖掘活动，我们可以学习到在知识探索中积极而实际的
方面，对于这位充满激情的考古学家与罗马不列颠的专家而言，
这是不言而喻的。在这种特殊的研究方法的结构中，可以看到科
林伍德后来所赋予人类知识的所有特征：我们只有借助概念结构
化的前理解才能获得知识，这种前理解产生于历史中积累的知   151
识之流，最终，我们的回答只有填补了这个流传下来的教化视域
（Bildungshorizont）中的空白时，它才是正确的。在科林伍德那

[1] Alfred J. Ayer, *Philosophy in the Twentieth Century*, a. a. O., S. 142.

[2] Vgl. Peter Johnson, *R.G. Collingwood. An Introduction*, Bristol 1998, S. 5 ff.

[3] R.G. Collingwood, *Denken*, a. a. O., S. 45.

里，考古学这门相当边缘化的学科成为了关于诸科学的普遍理论的关键。

因此，科林伍德对当时分析哲学实在论的进一步批评可以理解为他以考古学为导向的暗示。如果像实在论所假设的那样，认识对象独立于任何研究活动而被给予，那么在科林伍德看来，就不能借助所获得的知识对该对象作进一步更改；相应地——他在第二个批评中谈到——在新的参照系中，道德信念就必须被赋予纯主观的、情绪冲动的地位，而这种冲动不能以任何方式干预现实本身的结构。就此而言，科林伍德确信，认识论的实在论会产生一种错误的道德观念，只会扩大哲学与社会生活世界之间的鸿沟：现在所设计的元伦理学不得不在中性语言中考察道德表达的语法作用，却并没有把道德理解为历史演变的、其规范内容借由哲学而代代相传的教化遗产。

在第三个批评中，科林伍德把对新思潮的所有愤怒与厌恶展现得淋漓尽致。在他看来，认识论的实在论无助于用理性的方式理解过去的历史，因为它只把当下的被给予物视作认识对象。因此，所有那些因其发生在过去而不能对我们的感官产生因果影响的事件或行动，都必须在实在论的参照系中被视作不可知的。对经验被给予物的执拗关注遮蔽了整个现实性领域，当然，在科林伍德看来，这还不是最糟的；更为致命的似乎是，由于否定了历史，实在论无缘知晓一种研究方法——一种把我们思想的所有构成性特征完美结合起来的方法。

科林伍德认为，只有通过历史学家的方法，才能清楚地看到，一切人类知识都最终拥有一个历史性的自我理解结构，因为对认识对象的每一次揭示都会迫使我们去处理自身概念的起源。要认识的现象必须始终嵌入历史产生的概念网络中，假如不对知识历史——那些使我们成为当下的我们的知识历史——进行阐明，这种嵌入就不可能发生。科林伍德确信，只有"历史思想的实验室"[1]才能充分揭示我们科学探索所依托的诠释学基础，即使这些探索与自然这一明显无历史的空间相关。

尽管存在异质性和广泛性，但上述三个批评有一个共同点：它们都主张把这种应用于历史科学的研究方法当作我们所有知识探索的模式。对历史研究中实践层面的探究能够揭示"提问活动"的关键意义，这一点是其他学科所无法企及的。[2]认识并不始于对事态的被动记录，而始于对问题的预先设定，鉴于此，现象对于我们的认知而言，首先是一种挑战。同时，对历史传统的审视给我们的道德理解留下了另一种印记，因为它揭示了后者与我们不断流变的实践、制度之间的关联。想要跳出这种传统的视域，试图中立地分析我们道德语言的功能规律，这无异于痴人说梦，因为这种视域从根本上来说是整体的、无法概观的。最后，历史研究的方向也告诉我们，每一种科学探索——无论它多不寻常——总有一个诠释学的自我理解要素。科林伍德相信，通过这种方式，我们就可以规避实证主义所固有的危险，不再忽视科学在社会生活实践中的根源。

二

当然，凭借上述初步的、仅是否定性的考虑，科林伍德还没有到达他自己的立场。他的论述批判性地针对一种"实在论"，

[1] Ebd., S. 27.
[2] Ebd., S. 31.

而后者很快就在分析哲学中销声匿迹了；在他的批评背后所隐藏的积极假设带有如此浓厚的复兴黑格尔体系的色彩，以至于失去了所有独立的洞察力与信念。[1]直到《精神镜像》出版后的十年，科林伍德才在哲学界发出了自己的声音。他的大部分作品都在此期间写成，虽然他因身体状况欠佳之故而未能将其全部付梓。[2]诚然，他早期研究方法的基本路线不再简单地显露出来；因而，从历史的方法论角度对哲学进行根本性的重构已经不复存在。但即便如此，科林伍德还是成功地将其早期的直觉从思辨的精神哲学的重负中释放了出来，对核心要素重新进行了梳理，从而让他的哲学首次获得了原创的、独立的轮廓。30年代，他在爪哇之旅中写下了《形而上学论》(*Essay on Metaphysics*)，并于 155 1940年出版，从方法论角度看，该书体现了系统性的突破。[3]科林伍德相信，可以从历史视角的优先权中得出适用于哲学的结论，而所有这些结论都以论战性的方式包含在这本书中。其研究的重点是为两种思想——即问答逻辑和绝对预设学说——进行辩护。在今天的盎格鲁—萨克逊世界，科林伍德就是这两种思想的代名词。

第一种思想是科林伍德一生中或许最引以为豪的哲学创新成果；不管怎么说，他在自传中用了一整章篇幅来论述该问题[4]，并且或多或少明确地把他几乎所有的知识史研究建立在此基础之上。科林伍德早在他的第一部著作中就为问答理论奠定了基

---

[1]科林伍德后来在回顾的时候也意识到了这点，vgl. ebd., S. 56。
[2]科林伍德的一些极为重要的书籍在他死后才出版：ders., *The Idea of Nature*, Oxford 1945; ders., *The Idea of History*, Oxford 1946。
[3] Robin G. Collingwood, *An Essay on Metaphysics*, Oxford 1940.
[4] Robin G. Collingwood, *Denken*, a. a. O., Kapitel V.

础。在那里，科林伍德驳斥了实在论，认为我们的认识不是一项中立的，而是提问的活动：考古学家在挖掘过程中的发现并非偶然，相反，只有当他预料到，这就是一开始激发他进行探索的问题的答案时，考古发现才成为可能。从这个早期的洞见出发，科林伍德在几年后径直地把问题的认知优先性观点纳入自己成熟的理论中。据此，在对研究过程的逻辑进行分析时，把所谓的"命题"（Aussagesätze/propositions）假定为基本单位是错误的；相反，这些命题（Aussagen）只有次要的、派生性的特征，因为它们的意义只因它们所要回答的问题而产生；一开始，必须有一个提纲挈领的问题，然后在研究中进行一种从更为精确的子问题到答案，再到新问题的强化循环过程，直到可以把一个复杂的命题理解为一个完整的答案。科林伍德认为，在这种问与答的相互作用中，命题断言的真值与所回答问题的含义严格相关：一个命题只有在他能够正确回答它所要回答的问题时才是真的。科林伍德毫不犹豫地以对传统命题逻辑的革命性超越为导向，从中得出了结论。他的论点是，如果断言与问题相关，那么真理就不能仅仅被理解为单个命题的属性；毋宁说，"真"（wahr）是一个只属于"问—答"复合体的术语，因此，命题逻辑（这种逻辑基于命题，并视之为承载意义的单位）的前提变得无效了。科林伍德甚至想从中引申出对无矛盾律的批判，因为无矛盾律使得命题真值似乎与命题所依据的问题无关：如果两个明显矛盾的命题是对两个完全不同问题的回答，那么它们不一定是相互排斥的。[1] 然而，科林伍德的这些批评在当时并未得到形式逻辑代表人物的支持；他试图把命题的使用更牢固地嵌入我们日常语言的语用学

156

157

[1] Vgl. ebd., S. 41 f.

背景中，尽管他的见解可能是正确的，但是他的论证方式仍带有过多预设，所使用的真理概念还太不周全，无法对传统命题逻辑构成真正挑战。[1] 因此，在今天的人们看来，作为科林伍德的核心思想，问答学说为研究过程的逻辑规定作出了卓有成效的贡献，但却不是关于命题逻辑批判性辩论的一部分。

然而，这个理论复合体仍然是不完整的，即使它只是在狭义上被理解为方法论的元素。因为指导研究的问题究竟从何而来，人们依然一无所知。如果，我们的系统思考确实是一个以适当顺序提出和回答正确问题的过程，那么，科林伍德就必须启发性地阐明，究竟哪些问题会在给定的时间点必然合理性地出现。他试图用自己绝对预设的构想所填补的，正是问答学说中的这一理论空白；在科林伍德留下的所有哲学思想中，这一构想在今天可能具有最强的现时性。

科林伍德在最接近问答逻辑的语境中引入了他所谓的"预设"。他认为，每一个问题都预设了关于世界状况的某种猜想：我们只能在大量被假定是无可置疑的非主题化的事态背景下提问，而这些事态可能包括经验事实、规范以及心理态度；在这种默认预设的现实性中，对我们来说似乎有疑问的那部分其实具备"逻辑效力"[2]，可以引发正确的或有意义的提问。通常，为了回答这样的问题，需要求助于所假设世界的另一个元素，从而将该元素从一个不容置疑的前提转变为一个其本身真实性尚待检验的猜想。科林伍德把所预设的现实性的这些组成部分称为"相对预设"，因为其有效性是有条件的；在进行动态提问的研究中，这

---

[1] Vgl. Peter Johnson, *R.G. Collingwood*, a. a. O., S. 67ff.; Alfred J. Ayer, *Philosophy in the Twentieth Century*, a. a. O., S. 197 f.

[2] Robin G. Collingwood, *An Essay on Metaphysics*, a. a. O., S. 28.

些组成部分随时可能失去其作为不容置疑的假设的特性，从而仅仅变成可真的（wahrheitsfähig）命题。如果，相对预设可以一次又一次地被用作答案——这意味着它们失去了无可置疑的有效性——那么，根据科林伍德的说法，这并不适用于预设的另一个子集：提问者遇到了它们，就像遇到花岗岩一样，因为它们限制了本体论空间，而整个问答过程首先是在这个空间里进行的。在我们各自的世界观中，正是这些原则上不可质疑的组成部分，被科林伍德用自己的术语称为"绝对预设"；在我们所预设的现实性概念中，这一部分"相对于所有与之相关的问题而言，是一种预设，而绝非一种答案"[1]。科林伍德从绝对预设永远无法发挥答案的作用这一事实中得出结论：绝对预设对"真"和"假"的区别具有免疫力。对于那些我们甚至无法以命题形式表达的假定而言，追问其真实性是毫无意义的，因为我们无法加以验证。因此，从科林伍德的观点来看，即使是逻辑实证主义者的主张——在哲学传统中一直存在着那些因其不可验证性而毫无意义的"形而上学"命题——也并非完全没有道理。但他对同时代分析哲学的形而上学批判表达了反对意见：这种不可真的命题，即绝对预设，对于我们整个研究实践，甚至对于我们与世界的关系而言，都是不可或缺的。任何智力活动总是在无可置疑的本体论确定性范围内进行。倘若没有这样的背景假设（其有效性是肯定的），我们或许就无法从现实中区分出那些引发我们科学好奇心的部分。这些部分之所以引起好奇，是因为它们的确是"有问题的"。科林伍德这些作品极具影响力，不难看出，这种绝对预设学说与一些同时期或稍晚出现的构想非常相似。例如，维特根斯

159

160

---

[1] Ebd., S. 31.

坦在《论确定性》(Über Gewißheit)一文中所提出的类似思考，
近年来经常受到研究者的关注：与科林伍德的绝对预设一样，维
特根斯坦的确定性也扮演了提供无法证实的概念性信念的角色，
而正是在此背景之下，我们才能怀有疑虑或提出问题。[1] 又如，
在谈到"描述的形而上学"使命时，彼得·斯特劳森的构想与绝
对预设学说的相似性一再被人们正确地指出：斯特劳森试图对我
们各自的自我关系以及世界关系的概念性预设进行描述，同样
地，科林伍德显然也希望能为澄清那些非主题化的背景假设作出
贡献，这些假设在一定时期内构成了我们把握现实性的基础。[2]
不过，最后这一分句*已经清楚地表明，上述比较都不适合把握
科林伍德预设理论的特殊性；因为即便是在上述领域中，我们的
作者也始终是一位历史学家，他真正感兴趣的是无意识的思想预
设的产生与消逝，而非系统性的价值。当时，一些哲学家发现了
决定我们世界关系的背景信念网络，其中一位便是科林伍德。他
力求揭示现实性理解之前的绝对预设层面，即使在我们现在看
来，这种现实性理解是无可争议的。在这方面，可以认为科林伍
德与知识史学家福柯具有亲缘性；不是在诠释学的方法上，而是
在系统性的愿景与考古学的狂热中，英国哲学家科林伍德预示了
法国后结构主义者福柯三十年后对现代知识体系进行分层研究时

161

[1] Ludwig Wittgenstein, *Über Gewißheit*, in: ders. *Werkausgabe*, Bd. 8, Frankfurt
am Main 1989, S. 113—258; Peter Johnson, *R. G. Collingwood. An Introduction*,
a. a. O., S. 74 f.

[2] Peter Strawson, *Einzelding und logisches Subjekt*, Stuttgart 1986; vgl. Guido
Vanbeeswijk, »The function of ›unconscious thought‹ in R. G. Collingwood's
Philosophy«, in: *Collingwood Studies* I (1994), S. 108—123.
* 即"这些假设在一定时期内构成了我们把握现实性的基础"。——译者注

所做的大部分工作。[1]

三

在观念史的研究中，科林伍德让绝对预设学说发生了考古学转向，只有在这里，科林伍德才达到了炉火纯青的境界。在他晚年对自己作品结构的梗概中，科林伍德明确地将两本著作称为"观念史研究"——《自然的观念》(*The Idea of Nature*)[2]与《历史的观念》(*The Idea of History*)[3]；这两本著作都在他死后才出版，一本具有开创性，而另一本在50年代就已译成德语。[4]第三本书《新利维坦》(*The New Leviathan*)则在他生前出版。《新利维坦》之所以占据了一席之地，是因为它聚焦于对现代欧洲政治社会精神的探索，即使它也同样立足于观念史的考察。[5]在最后一本由他亲自负责出版的著作中*，科林伍德偏离了自己的计划（即只研究关于各种知识体系的历史变迁）。之所以如此，是因为这位身患绝症的哲学家渴望在生命的最后阶段能够再次为阐明当时的政治动荡作出思想贡献。该书写于"二战"期间，旨在帮助人们理解产生自由主义的价值观、实践与制度的思想学习

162

---

[1] Vgl. Michel Foucault，*Die Ordnung der Dinge. Eine Archäologie der Humanwissenschaften*，Frankfurt am Main 1974.

[2] Robin G. Collingwood，*The Idea of Nature*，a. a. O.

[3] Ebd.

[4] Vgl. Peter Johnson，*R. G. Collingwood. An Introduction*，a. a. O.，S. 15.

[5] Robin G. Collingwood，*The New Leviathan*，Oxford 1942，erweiterte Neuausgabe：Oxford 1992.

* 即《新利维坦》。——译者注

过程，而我们作为欧洲人，必须知道自己在精神上受到这些价值观、实践与制度的制约。[1] 为了实现这一目标，科林伍德再次采用了对绝对预设进行诠释学重构的方法：凭借对观念史细致入微且令人印象深刻的认识，他揭示了构成欧洲自由主义文化基础的概念预设网络，而谁要想对此基础进行质疑，谁就将再次陷入非理性主义的泥淖。

近年来，关于科林伍德是否在《新利维坦》中试图重新恢复黑格尔在其《精神现象学》中所遵循的强烈意图出现了争议。事实上，该著作的结构与计划——从简单的感觉层面出发，直到国家制度的层面，历经整个精神自我净化的过程——给人以科林伍德想要模仿黑格尔体系性主张的印象。[2] 但即便不考虑科林伍德的意图在多大程度上超越了观念史，这本著作在今天仍然具有哲学现时性：在书中，自由主义文化被描绘为人类精神自我修正的产物，面对现代生活世界的多元化，人类精神意识到，有必要借助共同体与国家的支持来保护和促进个体的自由。如果要列举早期通过描绘自由民主的伦理性来抵制自由主义与社群主义之间不幸对立的政治哲学著作，那么科林伍德的《新利维坦》应当位列前茅。

与第三本著作截然不同的是，前两本著作致力于以考古学的方式重构我们历史概念与自然概念；在这里，作者的原本意图

---

[1] Vgl. David Boucher, *The Social and Political Thought of R. G. Collingwood*, a. a. O.

[2] Vgl. Gary K. Browning, *Rethinking R. G. Collingwood. Philosophy*, *Politics*, *and the Unity of Theory and Practice*, London 2005; Peter Nicholson, »Collingwood's ›New Leviathan‹ then and wow«, in: *Collingwood Studies* I (1994), a. a. O. S. 163—180. 对这种黑格尔比较进行批判的有：Tim Congdon, »Talk about everything. Collingwood, Oakeshott, and their attempts to broaden the paths to knowledge«, in: *Times Literary Supplement* (8. April 2005), S. 3 f.。

不会被混淆，因为论证的结构与过程明确无误地揭示了研究的
目的。在《历史的观念》一书中——该书的德文译本为《历史哲
学》(*Philosophie der Geschichte*)，略带误导性——科林伍德处理了
我们现代历史概念的形成过程。他认为，只有全面掌握我们思想
的各个区域与先行的概念系统之间的距离时，我们才能理解这些
区域的绝对前提；他试图按照这个意图，重构出历史理解的所有
阶段，直至现代。以这种方式，一种几乎百科全书式的观念基础
概述出现了；在各种历史进程的观念中，古希腊罗马时代、基督
教中世纪、文艺复兴、启蒙运动、德国唯心主义以及深受科学影
响的现代都要遵循这种观念基础。似乎是为了再次强调自己的思
想渊源，科林伍德阐述了克罗齐的历史哲学（此时的科林伍德仍
然认为，这体现了一种适合我们的历史图景），以此来结束自己
的考古学论述。[1]

164

与《历史的观念》一样，另一本关于自然概念（这一概念对
我们有决定性意义）的著作也要为现代历史概念的考古学作出贡
献。在对我们世界观的关注中，科林伍德再次设定了目标，旨在
对支撑科学研究阶段的、先于当下相应知识领域的观念基础进行
重构。正如他认为对历史观念的研究必须区分三个泾渭分明、自
成一体的概念系统阶段一样，他也沿着三个重要时代（古代、文
艺复兴、现代）的区分来构建自己的自然观念考古学，在他看
来，每一个时代对自然的本体论理解都是独一无二的。不过，这
种表面上的一致并不意味着，科林伍德通过假设历史和自然概念
的变化几乎同时发生来使自己的研究变得容易；可以说，如果指
责作者如此轻率地生搬硬套，那就是低估了他在概念史方面的一

165

---

[1] Robin G. Collingwood, *Philosophie der Geschichte*, a. a. O., Vierter Teil, Kapitel 4.

丝不苟。通过两本著作的对比，我们很快就明白了，科林伍德究竟在何种程度上意识到自然概念中的观念革命与历史概念中的观念革命具有完全不同的突破点。在他看来，无论是在时间上还是在事实上，人类自然理解与历史理解的发展都不能说是平行的。然而，对于科林伍德而言，一旦我们涉足现代世界观的观念基础，就会产生某种反作用与重叠；因为在这里，在通往我们当下生活的节点上，自然观念发生了根本性的变化，而导致这一变化的原因在于，在新的进化论中，人类历史的进程模型突然发挥了作用。

或许无需详细论证，就可以知道，该书会对有关自然主义意义与地位的新争论产生积极影响；借助科林伍德在此对人类自然理解所作的区别，那些长期以来被各方所呼吁的对自然主义概念的区分，终于在科学史上得以推进。[1]因此，重新发现这位被遗忘许久的 20 世纪英国哲学大师，这是相当及时的。

166

---

[1] Vgl. exemplarisch: John McDowell »Zwei Arten von Naturalismus«, in: ders., *Wert und Wirklichkeit. Aufsätze zur Moralphilosophie*, Frankfurt am Main 2002, S. 30—73.

自由的诱惑

——赫尔穆特·普莱斯纳在纳粹统治前

随着与卡尔·施密特的距离越来越远，今天人们对受其政治理论所影响的分支领域的眼界也在拓宽；极权主义观念在思想史上的发展方式是如此让人印象深刻，以至于不少背景各异的理论家在各自思想道路上的某个阶段都会受其影响。这种横向关联存在于对作品的理解与接受中，能考虑到这一点，就很有出路。最近出现的一系列冒险的尝试，都试图通过对理论依存性的证明来进行政治控诉：谁若是把卡尔·施密特的某些思维形象纳入自己的理论大厦，谁就会被怀疑与施密特著作中那些令人愤慨的东西纠缠不清。这一点很容易被反驳，我们只消看看那些被控诉的知识分子——其理论工作的全部精神都是为了扩大而非破坏议会民主制——就知道了：作为施密特的非嫡系学生，弗朗茨·诺伊曼和奥托·基希海默为此提供了最佳例证。[1] 相比之下，吕迪格·克拉默在一本引发激烈讨论的书中所提出的案例则更为棘手[2]：与卡尔·施密特精神上和政治上"亲近"的思想家不是别

---

[1] Vgl. dazu Alfons Söllner, »Jenseits von Carl Schmitt: Wissenschaftsgeschichtliche Richtigstellungen zur politischen Theorie im Umkreis der ›Frankfurter Schule‹ «, in: *Geschichte und Gesellschaft* 12（1986）, H. 4, S. 502—529.

[2] Rüdiger Kramme, *Helmuth Plessner und Carl Schmitt. Eine Fallstudie zum Verhältnis zwischen Anthropologie und Politik in der deutschen Philosophie der zwanziger Jahre*, Berlin 1989.

人，正是赫尔穆特·普莱斯纳，即使他曾被纳粹的种族主义立法所驱逐，并在战后作为一个坚定的自由主义者活跃在德国。克拉默在书中所提出的论点非常清晰地指向了普莱斯纳 20 世纪 20 年代和 30 年代初的著作：在纳粹夺取政权之前，普莱斯纳一直从事哲学人类学研究，这项研究必须被理解为对施密特政治学说的理论补充，因为它为后者提供了其在此之前所一直缺乏的人类概念的支持。值得注意的是，这里所谈论的并不仅是两种观念间无意的亲缘性，而且是其有意的互补关系：在相互参照中，施密特和普莱斯纳都分别将对方的作品理解为对一种政治学说——该学说的理论中心在于区分敌友身份的决定性行为——的补充性贡献。任何对普莱斯纳著作稍有了解的人，最初都会对这种尖锐的论点表示怀疑，甚至拒绝：普莱斯纳所偏好的富有贵族气息的自由主义，究竟如何能够与一种从一开始就致力于构建同质化国家的政治理解相容？另一方面，为支持自己的核心假设，克拉默所收集的证据本身就非常重要，因此需要仔细考虑，以排除第一个怀疑；这些证据的结论将最终决定人们如何评判普莱斯纳在其著作中发起的哲学人类学事业的政治后果。

在 1923 年出版的《感官统一性》（*Einheit der Sinne*）一书中，普莱斯纳就已经在自然哲学的形式上获得了第一个突破性的观点[1]，并将此作为他后来哲学人类学的核心：与非人类的生命形式相比，人类的优越性绝不能按照传统的模式那样，从人类自身独有的能力中推导出来，而是必须从人与环境关系的特殊形式中加以解释——这种关系之所以向人类敞开自身，是因为人类自

---

[1] Helmuth Plessner, *Die Einheit der Sinne. Grundlinien einer Ästhesiologie des Geistes* (1923), in: ders., *Gesammelte Schriften*, herausgegeben von Günter Dux u. a., Bd. III, Frankfurt am Main 1980, S. 7—316.

身的肉体行为（Körperverhalten）是可被经验的；也就是说，与那些以环境为"中心"（zentrisch）生活的动物不同，人类可以对自己的活动采取"离心"（exzentrisch）视角，从而必须不断地从自己的"身体"（Leib）中抽离出来，并将其如"肉体/物体"（Körper）那般加以支配。很快，普莱斯纳就为上述基本思想找到了"离心定位"（exzentrische Positionalität）这一成功表述；在此，普莱斯纳掌握了一种与狄尔泰存在批判性联系、并指向人类非语言表达形式的诠释学关键。然而，与此同时，同样的基本思想也构成了普莱斯纳一系列论文的理论背景。在这些论文中，他着手从人类学意义上定义"政治"的功能。克拉默在书中第一部分借鉴了这些文本——尤其是《共同体的边界》[1]这本纲领性著作以及《权力与人性》[2]这篇内容丰富的论文——以此展示普莱斯纳与施密特的相似性。在《共同体的边界》一书中，普莱斯纳致力于证明，任何试图将人类完全纳入一个无论是基于有机"血缘"的，还是基于事实"价值"的共同体的尝试，都与人类心理和物理的双重存在背道而驰，因为就其构造而言，这种双重存在以产生距离的（distanzschaffend）公共领域的社会自由空间为基础：只有建立起由仪式所确定的互动形式——正如礼节、客套与外交所做的那样——才能为人类打开伪装（Verstellung）的可能性，保护他们不受规定所强制，从而拥有通过实验确证自身的无限可能性。普莱斯纳强调，当礼仪与距离免除了社会交往

[1] Helmuth Plessner, *Grenzen der Gemeinschaft. Eine Kritik des sozialen Radikalismus* [1924], in: ders., *Gesammelte Schriften*, a. a. O., Bd. V, Frankfurt am Main 1981, S. 7—133.

[2] Helmuth Plessner, »Macht und menschliche Natur. Ein Versuch zur Anthropologie der geschichtlichen Weltsicht« [1931], in: ebd., S. 135—234.

中对真实性的要求时——这在社会共同体中非常典型——个体才
能获得心理优势。他提及了人类主体的"尊严"，认为人类主体
只有在被允许以公认的形式隐藏其真实的驱动力与动机时，才能
获得普遍尊重。到此为止，贯穿普莱斯纳论证的中心精神是一种
贵族式的信念，而非极权主义的观点，因而他的论证仍与施密特
的政治思想有霄壤之别。普莱斯纳所反对共同体的基本主张是：
无论社会经济问题如何减少，个体差异性的释放（而非民众统一
意志的同一性构造）以及由此所主张的互动形式都属于贵族所代
表的公共领域，而非那些泯然于集体的大众。在该书末章，普莱
斯纳最终转向了一个新的任务，即从"保卫社会"（Verteidigung
der Gesellschaft）、对抗共同体中推导出有利于政治效果方面的
结论。只有在这里，普莱斯纳才与施密特有所关联[1]，也只有在
这里，克拉默的证明才似乎有成功的希望，即使他仍未意识到两
种方法之间的决定性差异。

在该书的前几部分，普莱斯纳对这一论点的表述还没有什
么问题，但最终，他却朝着施密特的方向迈出了令人不安的一
步。正如一开始所说，每个个体生命都建立在多种身份的可能
性基础之上，每个人都必须在没有合理理由最终保证的情况下，
在这些可能性之间作出抉择。因此，认为可以通过共同体中的
理性讨论来实现多种生活方式协调一致的这种观点必定具有误
导性。

普莱斯纳反对将个人生活的决定置于公共理由的强制之下，
这无疑是正确的；但他却在最后一章中突然将这种反对意见转
移到政治领域，完全没有意识到，在此受到威胁的并不是个体的

---

[1] Helmuth Plessner, *Grenzen der Gemeinschaft*, a. a. O., S. 113—133.

自我实现，而是其道德自主性。他现在的论点是：就像每个个体生命一样，共同体的政治治理也需要有意愿作出快速且适当的决定。由于讨论式决策的民主程序无法做到这一点，因此，所有的决策权必须让渡给某个人，而这个人作为政治主权者，要依靠自己的智慧来行事。在这种将政治与所有由讨论所决定的合理性脱钩的过程中，克拉默正确看到了普莱斯纳借以转向保守派议会制批判阵营的理论步骤[1]：通过论证民主决策无法在认知上胜任大规模的政治任务，从而剥夺了民主决策的所有控制功能，并剥夺了单个主体任何施加政治影响的机会。

在这里，普莱斯纳与施密特虽差以毫厘，却失之千里：在施密特看来，主权者应当能够以政治共同体的统一意志为参考；而对普莱斯纳而言，主权者最重要的任务之一就是防止共同体的各种关系（Gemeinschaftsbezügen）渗透到社会的公共空间中。前者认为，通过独立自主的敌友划分，政治掌权者把民众组织起来，构成信念共同体（Gesinnungsgemeinschaft）；而后者则期望通过同样的定义行为，在战略行动合法范围的意义上产生市民社会。即使普莱斯纳这种政治概念与所有民主思想相去甚远，但它还不至于导致极权主义的恶果，不至于产生对统一性民意的不当假定。

由于克拉默低估了这种差异，因此，他就必须把1931年发表的《权力与人性》一文视作对自己主要论点的证明。事实上，在符合自己人类学社会概念的前提下，普莱斯纳在某些地方向施密特激进的极权主义作出了让步。在文章中，方法论考量与事实考量交织在一起。在寻找一种政治普遍概念的同时，普莱斯纳提

173

---

[1] Rüdiger Kramme, *Helmuth Plessner und Carl Schmitt*, a. a. O., S. 88 ff.

出了一个问题：如何在不受特定的、具有文化特殊性的世界解释所束缚的情况下进行关于人类的哲学陈述？论述海德格尔与狄尔泰的时候，普莱斯纳首先在"离心定位"这一概念所开辟的道路之上找到了答案：人类主体天生就适合进行政治行动，因为他们的自我认同在原则上是可疑的，以至于他们必须不断通过排除其他的生活可能性来重新定义自己。即便这个最初的定义仍然符合共同体批判所基于的前提，但它现在却被普莱斯纳按照施密特的敌友学说来加以解释，从而出现了新的转折。人与人之间的行为在基本层面上之所以是"政治的"，不再是因为它取决于真实意图的相互隐藏，而是因为它旨在把他人当作敌人而加以排除。普莱斯纳从互动参与者的角度出发，把所有替代性的生活方案都描绘为对问题重重的自我认同的威胁性挑战。但即便是这样的规定，也不必承担极权主义的后果。这或许只是对以下事实一种片面的、语言上浮夸的表述：人类主体只有学会在与他人的关系中积极地——或者更确切地说，斗争性地——为自身的个体独特性而奋斗，他才能成功获得身份认同。在概念性方法的框架中，普莱斯纳展开了自己的分析，而克拉默却认为，这种方法充分证明了《权力与人性》最终是对施密特政治学说的人类学补充。克拉默甚至没有考虑到，这里可能误导性地使用了一种不恰当的理论语言。

174

　　然而，倘若普莱斯纳没有在这篇论文结尾处将主体间的敌友关系转移到整个国家之间的关系上，那么，上述第二种善意的解释或许更有机会成功。在《共同体的边界》一书中，普莱斯纳就已经借用施密特的著名公式，来指明一种政治掌权者借以权威性地确定其共同体的边界的定义行为；只不过——正如所展示的那样——对"敌人"排他性规定的重点任务在于，确保国家内部有代表性的公众空间不为共同体的要求所左右。而现在，普莱斯纳以个人的自我主张为典范，将国家主权者的职能与整个国家 175 的外交安全更为密切地联系起来，从而大大偏离了上述敌友之分的文明角色：与单个主体一样，民族国家共同体只能通过预先将其他任何民族国家视作潜在之敌来维持自身同一性。从这种国家间的霍布斯主义出发，普莱斯纳最终在文章中写下了这么一句充斥着语言深渊与道德深渊的话，令今天的读者不忍卒读，不寒而栗：

> 一种政治决断的态度始终牢记着，它依赖于语言，依赖于它在世界之中的有效性，依赖于承载它的阶层的富足繁荣，依赖于它在传统与历史中具有血缘亲和力的人民的整体状况，从而决意采取一切适当的手段，在精神劳作、经济、领土与定居政策的展望中，捍卫其国族存亡。[1]

鉴于这句在后来所有版本中都没有被评论的话，对普莱斯纳的研究只能在两种解释策略中作出严肃选择。一方面，可以把权力—政治的种族主义（它似乎被异常不连贯地表达出来）理解为普莱斯纳在 20 年代作为政论作家理论发展的精髓；另一方面，也可以试图论证，这一表达并不能从普莱斯纳的人类学理论中无缝推导出来，而是像一个庞大的异物一样嵌于其中。不 176 出所料，吕迪格·克拉默在他的研究中选择了第一条道路；相反，选择第二条道路的则是那些试图用普莱斯纳来反对普莱斯纳，从而为之辩护的人。对克拉默而言，上文所引的句子（他只

---

[1] Helmuth Plessner, »Macht und menschliche Natur«, a. a. O., S. 219.

能为此添加几句类似的话)[1] 完全验证了这样的假设：从"离心定位"这个人类学概念，再到对民众"血缘"统一性的权力政治式的捍卫，有一条主线始终贯穿于普莱斯纳的作品。[2] 这条主线就是：普莱斯纳为自己的人性理论所选择的基本概念，最终必然导向一种与卡尔·施密特政治学说密切相关的极权主义政治模式——这必须很容易被证明。然而，这种论证过程忽视了这样一个事实：普莱斯纳谈及民众"血缘"统一性的方式，正是他之前以人类学论据批判共同体时所断然拒绝的。无论是产生距离的公共领域这个被着重强调的概念，还是对主体间"受身体所束缚的"（leibgebunden）竞争的整体构建，都与以下观点水火不容：有朝一日，作为政治信念共同体的民众能够唯领袖马首是瞻。因此，唯一剩下的结论就是，当普莱斯纳变得面目全非的时候，他才贴近施密特的学说。他理论中的人类学内核阻止了他在论文的致命结尾处应用自己的理论。或许，1931 年之后的历史进程让他不得不睁开眼睛，他才得以洞悉自己作品中的自相矛盾。

177

---

[1] Rüdiger Kramme, *Helmuth Plessner und Carl Schmitt*, a. a. O., S. 124 ff.

[2] Ebd., S. 151.

对我们的威胁

~~~~~~~~~~~~~

——阿米泰·埃兹奥尼著作中的社会主义倾向

一

与其他情况一样，要想充分认识阿米泰·埃兹奥尼社会学著作的驱动力与路径，就要首先审视其人生故事的开端。因为就这位社会学家的著作目标及其直至今日的学术旨趣而言，20 世纪四五十年代在巴勒斯坦接受教育与政治训练的经历可能具有决定性意义。在 1936 年，即纳粹上台后的第三年，他的父母决定离开故乡科隆，几经曲折，终于在巴勒斯坦托管地找到了新家。他的童年时期在一个合作社定居点（Genossenschaftssiedlung）度过，在那里，商品买卖是以合作的方式组织的；不久，还是青少年的他就萌生了社会民主主义信仰，并在 15 岁时加入了工人党。可以想象，犹太定居运动初期那种电光火石的气氛，那些关于如何共同生存的从不间断的争论，都在当时埃兹奥尼的思想中播下了社群主义的种子。如何在日常共同生活的狭小空间内实现犹太复国主义的价值观，这是个伦理问题，而每个人应当遵守哪些规范，这是个道德问题——这两个问题并非泾渭分明，相反，在共同体的实践管理中，善的视角与对的视角往往是重合的。或许，正是这种通过激烈辩论进行合作性自治的经验，使得埃兹奥尼身上关于人类社会性的理想早早落地生根：在共同体中，所有涉及明显共同利益的事务越是可以被自由而全面地讨论和处理，那么，个体成员的参与感就会越强，甚至会更自愿、更慷慨地为惠及所有人的共同福祉作出贡献。这一观点虽然是埃兹奥尼思想中第一个持久的主题，但仍需假以时日，方能发展成社会学理论的坚固基石。

1946 年，这位青年提早中断了学业，起初参加了反抗英国占领军的地下斗争，后来又参加了新生以色列的国家独立战争。这些作为游击队员与士兵的岁月深刻影响了埃兹奥尼，时至今日，在他的理论思考中仍可见一斑：一方面，国家应该拥有合法自卫权，另一方面，国家应当事先通过娴熟的谈判，竭尽全力避免战争暴力——两方面互为补充，都体现了他当年的所学所想。当时，这位二十岁的年轻人以日记的形式记录了自己的战争经历，并集结成书发表（该书时至今日仍然只有希伯来语版本）。[1] 作为以色列独立战争时期的年轻指挥官，埃兹奥尼认为，这本书太过拘囿于他自己的具体状况，因而在当今失去了总体意义。[2] 在获得独立与光荣的奖励后，埃兹奥尼打算继续自己的学业。对于这位年轻人而言，这或许是比战争更为深刻的经历：一开始，他并没有上大学的资格，举步维艰，因此，只能依赖个别人的善意与以色列教育系统的小环境。他在短期内无所事事，对自己的共同体也没有任何贡献，在这项经历中，埃兹奥尼获得了另一个洞见，而他后来的工作都根植于此：要想

180

----

[1] Amitai Etzioni, *Diary of a Commando Soldier* (hebräisch), Jerusalem 1952.

[2] 参见沃尔特·雷瑟–谢弗（Walter Resse-Schäfer）对埃兹奥尼的访谈, in: Walter Reese-Schäfer, *Amitai Etzioni zur Einführung*, Hamburg 2001, S. 107—134, hier: S. 114 ff.。

把一个主体排除在社会生活之外，莫过于不要让他有任何机会为社会再生产作出有意义的、被普遍认可的贡献。显然，仅仅是拥有个人基本权利，还不足以产生一种融入并"归属于"共同体的意识，即便有国家的重重保障，也无法根除一种无用且多余的可耻之感。因此，在一个"善的"共同体中，需要额外提供尽可能多的机会，让人们以这样或那样的方式——无论是出于荣誉或出于报酬，出于自愿或出于职业——来证明自己对公共福祉的价值。当然，在他1950年圆满退役并突然产生屈辱的多余感时，埃兹奥尼还不具备任何思想手段来理解其理论意义。但他已经开始意识到，并在后来的学术著作中确信：个体只有在拥有机会为社会的文化或物质存在作出贡献时——相应地，这种机会被人们所认可——他才能知道自己被社会所接纳、所尊重。

埃兹奥尼在早年学习生涯中所秉持的所有信念，仍然停留于前理论知识的阶段；所有这些想法——无论是社会在伦理讨论中的持续自我更新，预防性的暴力避免，还是社会成员通过实际行动积极融入社会的必要性——都只是无序经验过程中的诸多阶段，而这种经验过程仍然与那些通过主体间性验证的理论或命题系统缺乏任何联系。只有在马丁·布伯于1949年创立的成人教育学院向非学术人士与辍学者敞开大门时，埃兹奥尼才有机会为自己的实践知识奠定理论基础。经过这个杰出教育机构的培训，埃兹奥尼获得了渴望已久的机会，重新积极融入了仍然年轻的以色列社会，开拓了充满意义的职业前景。布伯是一位伟大的宗教社会主义者，1938年才从德国移居巴勒斯坦，并在此担任学术教师。与布伯的相遇或许对埃兹奥尼的继续求学之路具有重要意义。埃兹奥尼不仅回顾性地称布伯为"社群主义大师"，对

181

182

他的"我—你"关系学说进行了社会学的再解释[1]，更为重要的是，埃兹奥尼将当时的布伯视作如何贴近生活地将伦理学与社会理论相结合的教育典范。[2]在布伯看来，"你"比"我"更具有优先权，也就是说，只有当我们在先前的对话中被一个具体的他人所称呼时，我们才能把自己称为"我"——从这个观点出发，布伯以自己独特的方式得出了与在他之前的黑格尔或乔治·赫伯特·米德差不多的结论：我们并不把自身的个人自由归功于对社会其他部分蓄意的、自主的反对，而是将之归功于对许多共同体圈子与关系网络的积极参与，个人自由就是由这些圈子和网络所组成，正如圆是由纯粹的圆弧所组成的那样。[3]对布伯而言，这只是到达自己伦理信念的一小步。这个伦理信念是：衡量一个社会质量的本质标准，就在于它能否推动这种有利于自由的社会关系的形成，能否采取适当措施加以维护，能否在自己内部尽可能将其无冲突地团结起来。个人只有同时在许多由社会所推动的共同体中感到宾至如归时，才会知道自己被融入了更大的社会背景中，正是在这些共同体中，个体才有机会从他人那里经验到自我。然而，布伯也倾向于仅仅按照多重的、在某种程度上不断交互的"我—你"关系来设想这些较小的、组成社会的诸共同体，从而没有考虑到第三者或"一般化的他者"在社会群体中所扮演的角色。[4]当然，就埃兹奥尼现在能够参与的教育课程而言，

183

[1] Amitai Etzioni, *Martin Buber und die kommunitaristische Idee*, Wien 1999.

[2] Vgl. zu Martin Buber jetzt: Jürgen Habermas, »Martin Buber. Dialogphilosophie im zeitgeschichtlichen Kontext«, in: ders., *Im Sog der Technokratie*, Berlin 2013, S. 27—46.

[3] Martin Buber, »Ich und Du«, in: ders., *Das dialogische Prinzip*, Gütersloh 1986, 4. Auflage, S. 7—136.

[4] Vgl. dazu: Axel Honneth, »Von der zerstörerischen Kraft des Dritten. Gadamer und die Intersubjektivitätslehre Heideggers«, in: ders., *Unsichtbarkeit. Stationen einer Theorie der Intersubjektivität*, Frankfurt am Main 2003, S. 49—70.

上述限定的优势在于面对面交流的直接性与教学培训的坦率性，这或许在其他的教育机构中是难以想象的。但即便如此，这位未来的社会学家大概已清楚认识到，在真正探索社会化共同体的内在动力与潜在冲突之前，需要将"我—你"关系扩展为"我—我们"关系。

在完成布伯所提供的课程培训后，埃兹奥尼获得了在以色列大学进行正常学习的必要资格。他被耶路撒冷希伯来大学所录取，攻读社会学，成为了一位年轻且充满抱负的学者。1956年，他在这里毕业，获得了硕士学位，接着，与其他以色列学生一样，计划留学美国，在较短的时间内攻读博士学位。在这一计划的驱动下，他上了著名的伯克利大学，获得了永久居留权，并于1963年入籍美国。与同时代的许多著名学者一样，埃兹奥尼在美国的学术生涯按部就班，顺风顺水。所不同的是，他仍然以政治活动家与政治知识分子的身份活跃着。在伯克利大学顺利获得博士学位后，他在1959年到纽约哥伦比亚大学任讲师，在那里，他公开呼吁在全球范围内禁止核武器。1967年，他被任命为哥伦比亚大学的正式教授，但这并没有阻止他与学生团体一道加入反对越战的行列之中。从现在开始，直至今日，在聚焦社会科学工作的同时，执着于政治与公众事业，埃兹奥尼学术生活的轮廓开始逐渐清晰：他笔下的每一本新书——从《不战而胜》到《活跃的社会》，再到过去20年间那些伟大的社群主义出版物[1]——都是对政治经验进行理论加工的产物，反过来

184

---

[1] Amitai Etzioni, *Siegen ohne Krieg*, Düsseldorf/Wien 1965（engl. Original: *Winning without War*, New York 1964）; ders., *Die aktive Gesellschaft. Eine Theorie gesellschaftlicher und politischer Prozesse*, Opladen 1975（engl. Original: *The Active Society*, New York/London 1968）.

说，它们也都是对在此期间社会学学术成果的进一步发展与实施。在他身上，理论与实践相辅相成，这是我们这个时代几乎所有的社会科学家都不曾有过的。1980 年，埃兹奥尼离开哥伦比亚大学到华盛顿特区担任教授，而在一年前，他已经成为美国总统吉米·卡特的私人顾问，十年后，他创建了"社群主义网络"（Communitarian Network），定期出版社会学研究著作，旨在从理论上为社群主义的实际关切提供支持。

　　讨论至此，或许应该从偏传记、作品历史的角度切换至更为系统的观察视角；因为现在的问题在于，能否从对他过去几十年政治知识投入与社会科学工作的来回描述中，发展出某种理论性的基本思想。如果我们遵循年轻的埃兹奥尼那些早期的原创性见解——这些见解是他在处理以色列建国时期自己的经验时所收获的——答案并不困难。

二

　　在新生的以色列国家中，每个个体都可以为建设一个强大的、基于参与者之间相互关系的共同体而凝聚在一起，正如我们所看到的那样，年轻的埃兹奥尼对其背后的原因产生了兴趣，就这样，他的社会学好奇心被唤醒了。他的经验告诉他，单是由国家所建立的平等法律关系还不够；相反，一切似乎都取决于能否在这种国家层面下建立一个小团体与小共同体的网络，作为个体与广泛社会之间的枢纽，让个体有机会参与到具体的共同决策中。后来，在马丁·布伯那里接受教育时，埃兹奥尼将这些最初的信念转化为哲学的背景确定性：如果"我"没有依赖于一个向其敞开的"你",那么也至少依赖于一个迎面而来的社会的"我们",因为只有在一个富有同情心的他者圈子中,"我"才能发展出区别于他者的独立本质,自主投身到实现共同目标的事业中。对埃兹奥尼而言,从现在起,在"我"与"我们"之间、个人与社会之间既存在持续的互补关系,也存在必要的张力关系,不过,只有在一个给予双方足够空间与资源以不受限制地发展的国家共同体中,这些关系才能一起结出硕果。假如个人自主行动的可能性没有得到保障,或者假如各个共同体缺乏文化传播的机会来相互磨合、相互促进,那么社会就将面临丧失其基本再生能力的威胁。就这样,埃兹奥尼最终成为了一位自由派的社群主义者,在他看来,居间的、自由的共同体之存在是必要的,惟其如此,一个社会才能通过讨论去探索什么对它而言是善的,什么是正确的,并以此为自我再生产找到定位。

但是,尽管埃兹奥尼的这些见解可能意义深远,在对批判法制社会的背景下或许卓有成效,但它们仍然无法面对当代社会理论的实际挑战:比如说,根据这种社群主义观点的假定,那些在个体与共同体之外、似乎日益主导现代社会生活的复杂组织究竟是什么样的?最重要的是,如何在一定的框架内——在主流观点看来,这个框架似乎愈发趋向于一种能够自我调整的、超然于所有规范影响过程的独立系统——对资本主义市场进行分析?显然,现代社会不只是一个由各种明确的共同体——在其中,社会成员主动参与社会再生产——所组成的国家。相反,在这里发挥作用的似乎是匿名的网格化行动系统,互为补充的个人与共同体所拥有的发展空间被逐步压缩。埃兹奥尼并没有简单地将这些复杂的问题抛到一边,而是艰苦细致、竭尽全力地逐步加以解决——这或许是这位社会学家最大的优点。自从在美国开启了自

187

己的学术生涯，埃兹奥尼就把打破当时的与当今的主流观念视为己任，试图冲破现代社会中自给自足的、与我们道德追求绝缘的经济体制。他尽其所能，在官方的组织社会学与国民经济学的批判性通道中，为这样一种想法保留了空间：我们——作为共同体化的主体（vergemeinschaftete Subjekte）——仍然可以对市场活动施加影响。在他的学术发展历程中，为了再次将共同体的行动置于资本主义经济竞争之上，埃兹奥尼必须对占据主导的全部系统思维进行三次修正。由于时间有限，我在这里只想简明扼要地谈谈这三个步骤，不作详尽处理：

1. 埃兹奥尼假设个体具有出于共同体而行动的可能性，对他这样的人而言，势必会把那些方法论个人主义的基于经济理论的前提及其对孤立的、纯粹以效益为导向的行动者之假定视作最大挑战。这里所说的主体完全脱离了"我—我们"的关系，因而它与共同体既不一致，也不冲突；不仅如此，由于方法论个人主义在其主导的经济理论版本中同时假定了那些被视为孤立的行动者总是出于对效益的考量而行动，因此，联结个体与共同体规范、价值的纽带从一开始就被切断了。在埃兹奥尼理论发展的早期阶段，他主要反驳方法论个人主义两个假定中的第一种 *，这种说法大概没什么问题。作为马丁·布伯的社会学学生，埃兹奥尼首先集中批驳了社会科学中一种具有影响力的观点：所有社会行动最终都必须追溯到个体的意图。埃兹奥尼试图为另一种观点铺平道路：越多的主体在其目标与意图上达成一致——即便只是隐含的一致——他们的行动就越可能呈现出集体特征，从而就越能影响制度秩序的构成。他所依据的经验在于，行动的有

---

* 即孤立行动者假定。——译者注

效性与持支持性意见的参与者数量成正比。因此，在埃兹奥尼看来，那些认为社会行为仅仅从个体意图中产生的观点是错误与疏忽的。在集体行动中，经常出现这样的情况（有时甚至出现得更为频繁），即一些行动者的意图相当一致，构成了共同的、行动一致的"我们"。借助这一概念规定，埃兹奥尼预见到了有关"集体意向性"（collective intentionality）的可能性的社会本体论思考——这一思考在今天与约翰·塞尔相联系[1]；集体行动也被描述为当不同的个体互相分享相同的意图并因此能够实施共同的行为时所出现的社会现实活动。不仅如此，埃兹奥尼现在得以纠正主流经济理论那种只考虑个体行动者的偏颇：在他看来，当参与者们将自己的意图协调一致，就像一个超大主体那样行动时，参与经济交易的总是集体行动者。后来，在《公平社会》[2]一书中，埃兹奥尼列举了资本主义市场领域中这种协同行动的例子。这些例子范围很广，从一些公司为共同改善其市场机会所作的事先约定，到受到解雇威胁的工人——其个人意图与集体意图再也无法区分——的罢工。在任何情况下，集体行动的出现并不是突然跨过某个个人主义门槛的结果，并非一蹴而就，而是在个人目的与共同目的之间的协调融合中产生的。因此，在埃兹奥尼看来，组成资本主义市场行动者或多或少都被共同体化了，他们的经济政治创造力随着集体意向性的增加而增长。

190

2. 埃兹奥尼在推翻经济理论学说的第一根支柱后（即资本

[1] John Searle, *Die Konstruktion der gesellschaftlichen Wirklichkeit. Zur Ontologie sozialer Tatsachen*, Reinbek bei Hamburg 1997.

[2] Amitai Etzioni, *Die faire Gesellschaft. Jenseits von Sozialismus und Kapitalismus*, Frankfurt am Main 1996（engl. Original: *The Moral Dimension. Toward a New Economics*, New York 1988）.

主义市场只是"看不见的"、匿名的个体行动者协调的系统性结果），进一步将自己的批评延伸到其第二根支柱（即补充假设经济行动者都以效益为导向）。[1] 对埃兹奥尼而言，这一步是必须要走的，因为他想表明，市场的经济领域——它通常被认为是一个不受影响的、无规范的系统——实际上对共同体的道德发展与设计意图是开放的。因此，他不仅要能够证明参与经济交易的总是集体行动者，而且还要证明这些集体行动者经常理所应当地尊重道德规范，只有在少数情况下才会完全依赖于对纯粹效益的考量。在上述开创性著作《公平社会》中——该书的英文副标题"朝向一种新的经济学"（Towards a New Economics）更为准确地表明了其内容——埃兹奥尼将他关于经济行动者动机系统的观点描述为"义务论的"。[2] 这个与康德伦理学有关的表述略带误导性。它起初只是想说明，在经济行动中——就像在人类主体的所有行动中一样——有一个道德义务与道德关系的必然的层次需要加以考虑：即便是那些在市场上进行经济交易的人，也经常需要同时在追求自身的利益最大化（就狭义而言）与为其他交易伙伴的福祉负责之间作出抉择。通过这种视野扩展，可以看到经济行动者身上一种有关其行动的道德动机的可能性。然而，在本书后续过程中，我们可以清楚地看到，埃兹奥尼的目标远不止于此。他更多关注的是一种经验性的证明：经济交易的效率与经济性通常会在参与者不止考虑自身利益，并且还对其交易伙伴履行某些义务的情况下增加。甚至这一观点也仍不能被理解为规范性

---

[1] 在这里，埃兹奥尼的思考与经济社会学家阿尔伯特·赫希曼的努力不谋而合。Vgl. dazu in diesem Band: »Die Grenzen des ›homo oeconomicus‹. Albert O. Hirschmans intellektuelles Vermächtnis«.

[2] Amitai Etzioni, *Die faire Gesellschaft*, a. a. O., S. 38 ff.

的陈述，而仅仅是纯粹描述性的、借助社会学的分析。可以看到以下情况：如果员工获得参与机会、工作保障和个人主动性，他们的工作意愿通常会增加；如果公司本着信任的精神与其他公司合作，就可以显著降低交易成本；或者，举一个非常热门的例子，如果社会公民集体决定在高峰期减少能源消耗，社会就可以不使用污染环境的发电厂。埃兹奥尼想说的是，无论是市场经济行动的手段还是目标，都并非简单地、无选择地从单纯成本效益分析的应用中产生。相反，在每一个决定的时刻，都会反复出现这样的可能性——要么出于纯粹的自我利益而行动，要么出于对其他参与者的道德责任感而行动。作为一项规则，我们必须指出，在有关手段与目标的决策中，越是考虑共同利益，从长远来看，所取得的整体经济效益就越高，甚至对私营企业而言也是如此。但是到目前为止，埃兹奥尼的这些思考——再重复一遍——只是纯粹描述性的，其目的在于通过经验手段驳斥这种主流观念：市场经济行动的有效性必然与个人利益算计的总和条件相联系。在第三步中，埃兹奥尼从分析中发展出了规范性的论点，他试图表明，只有以共同利益为导向的集体行动者才能确保资本主义市场长期有效。

193

3. 当埃兹奥尼试图追问如何维系资本主义市场这个尽可能全面满足所有社会成员需求的系统时，他就过渡到了伦理的论证。现在，他思考的参考点不再是某种模糊的、由冷僻的价值判断所承载的"效率"概念，而是一个关于运作良好的市场经济的观念，正是这种市场经济尽可能保证了每个参与者的偏好分别得到满足。到目前为止，我们看到，参与市场活动的是个体行动者与集体行动者，这视情况而定，而他们都需要在纯粹以自我为中心的利益考量与更倾向于共同体的行动计算间作出选择；我们的经验表明，当第二种，即道德的观点受到青睐时，预期交易的经济性通常会增加，而不是减少。在论证的第三步，即规范性步骤中，埃兹奥尼首先以否定性的方式进行。他在思想实验中展示了，完全以个人利益为导向的算计会对市场活动产生什么后果。鉴于道德纽带的丧失——通过道德纽带，市场参与者通常感到有义务在任何交易之前对他们的交易伙伴表示一定的尊重——在所有可以想象的情况下，对上述问题*的回答总是一样的：埃兹奥尼想要表明，如果每个参与者都遵循纯粹以自我为中心的利益考虑，那么，市场在短时间内就会崩溃，因为信任、责任与合作的缺失会显著增加各方战略的不确定性，从而不再有人愿意建立商业关系。不过，埃兹奥尼认为，即使这种市场道德条件在某种程度上依然存在，所剩无几的义务与共通感（Gemeinsinn）也迟早会被全体行动者的纯功利行为所摧毁。其原因在于：如果迄今为止某种行动领域的非市场状态重新增强了对共同福祉的相应追求，那么在上述情形中，即便是这种行动领域也会屈从于经济考量。现在，埃兹奥尼从这一切中得出了意义深远的结论，如箴言般，这个结论处处体现了他为社群主义新经济理论所付出的努力："人们越是把新古典主义范式（即单纯的个人效用最大化原则——作者注）作为其行动的指导原则，维持市场经济的能力就越是被削弱。"埃兹奥尼坚信，一个想要符合其自我要求的市场经济，一定不会，也不可能建立在古典经济理论时至今日仍大肆宣扬的行动原则之上。如果行动者只遵循以自我为中心的利益考量，那么经济竞争将很快陷入停滞，因为这无法保证信息安全，无法保证经济投资的责任感，也无法保证对共同福祉的必要追求

---

* 即"完全以个人利益为导向的算计会对市场活动产生什么后果"。——译者注

能够重新增强。因此，埃兹奥尼将自己的否定论证引向了一个伦理论题，即资本主义市场总是需要一种社会的嵌入，或者如他所说，需要一种社会的"封装"（Einkapselung），借此，公民的话语共同体得以对经济交换过程的手段与目的施加间接影响：只有那些被证明从长远来看既不会长期破坏竞争条件本身，也不会破坏其道德资源的措施和交易，才会被市场参与者所接受。[1] 当然，这乍听起来像是僵化的国家干预主义。但埃兹奥尼所想到的更可能是经济活动的一种话语流动化的方式（Art von diskursiver Verflüssigung）。这种方式大大提高了对经济交易的论证义务，因为必须公开解释和证明其社会道德的后果成本。虽然，这与那些曾满怀希望的时代所构想的政治蓝图——经济民主化——相去甚远，但它也让我们能够在理论上借助一切收集而来的论证来对抗乌托邦能量的枯竭，让我们至少能够在资本主义市场中找到依据，使市场逐步适应民主共同体的要求。

195

[1] 在这里，埃兹奥尼的经济批判思路与今天分析政治哲学中那些试图为规范性市场划分提供论证的思考不谋而合；vgl. etwa: Debra Satz, *Von Waren und Werten*, Hamburg 2013。

"经济人"的界限

——论阿尔伯特·O.赫希曼的思想遗产

迈克尔·沃尔泽曾提出过一个有益的建议，用来区分不同类型的知识分子，区分的依据就在于，他们对各自的原生文化究竟是规范性地负有义务，还是感到疏离：第一种类型的知识分子认为，自己的思想使命主要在于尽可能为原生文化的价值与理想提供简明扼要的解释，从而抵御糟糕的现状；而第二种知识分子则认为，自己置身于一个已经礼崩乐坏的社会环境之中，因而必须采取一种"外部"批判视角。[1]这种二分法是否详尽无遗，一直以来都是围绕该提议进行广泛争论的焦点。[2]至于第三种类型的知识分子——他们虽然对自己的原生文化感到疏远，但却从中汲取了内在批判的冲动——是否存在，这个问题迄今为止几乎还未被处理。阿尔伯特·O.赫希曼代表了这种既不乐意归属，也不因出走而疏离的特殊情况。在他的作品中，我们看到了这样一个知识分子形象：他知道如何卓有成效地利用自己四处漂泊的

---

[1] Vgl. Michael Walzer, *Zweifel und Einmischung. Gesellschaftskritik im 20. Jahrhundert*, Frankfurt am Main 1991.

[2] Vgl. dazu Axel Honneth, »Idiosynkrasie als Erkenntnismittel. Gesellschaftskritik im Zeitalter des normalisierten Intellektuellen«, in: ders., *Pathologien der Vernunft. Geschichte und Gegenwart der Kritischen Theorie*, Frankfurt am Main 2007, S. 219—234.

经历，从在各地获得的知识与发现中得出导向批判自身学科的结 197
论。尽管被迫流亡，但他并没有成为自己原生文化的陌路人，而
是成为对其典范学科（即政治经济学）的敏锐批评家。今天，那
些不信任这门学科的人最好记住赫希曼在其漫长而曲折的一生中
所积累的对它的批判。

一

即使是在思想发展的最初阶段，赫希曼就已经被迫从自己
的原生文化中剥离。他1915年生于柏林一个富裕的犹太家庭，
在纳粹刚上台的时候，由于他社会主义工人青年团的成员身份，
这位十八岁的经济系学生不得不背井离乡。[1]在巴黎这个漫长
旅程的第一站，他起初在高等商业研究学院（École des hautes
études commerciales）继续学业，但很快就感觉来错了地方，因
为那里的教学过于注重商业管理的技术层面。对这位年轻的难民
而言，更重要的是与志同道合者在思想上的碰撞，以便推动他拓
展自己的理论视野。他与意大利的社会主义哲学家尤金尼奥·克
洛尼的交情不断加深，这对于赫希曼进一步的教育经历有着特殊
意义。早在柏林，他们就打过照面，而现在，赫希曼的姐姐乌苏 198
拉（Ursula）又与克洛尼重归于好，并嫁给了他。克洛尼不仅说
服了姐弟俩到的里雅斯特暂住一段时间，而且还向阿尔伯特·赫
希曼传授了一种足以影响他全部思想劳作的思维方式。在谈话

---

[1] 此处参见杰里米·阿德尔曼（Jeremy Adelman）所撰写的伟大传记：*Worldly
Philosopher. The Odyssey of Albert O. Hirschman*，Princeton 2013。

中，这一对朋友意识到，在日常观察中所获得的"小想法"——他们称之为"petites idées"——可以颠覆庞大而系统的思想大厦，从而为更复杂、更合适的理论扫清道路。[1]

在与克洛尼的交流中所发展出来的思维态度很快便转化为实际行动。在1935年，由于对法国大学深感失望，赫希曼离开了巴黎与的里雅斯特，到伦敦政治经济学院继续经济学研究。现在，这位二十岁的年轻人已经成为一名真正的作家，带着散文式的文采，对蒙田偏爱有加。他相信，只有在这所伦敦著名的大学里，他才能对当时的经济论辩产生真正触动。刚到伦敦政治经济学院，赫希曼就发现自己卷入了一场争论中：一方是以弗雷德里希·冯·哈耶克为中心、活动于伦敦的"自由"市场倡导者，另一方则是以凯恩斯为中心任教于剑桥的、追求国家干预政策的圈子。[2] 不过，这个新入学的学生并未因自身的社会主义取向而坚定站在凯恩斯主义者一边，而是首先从内部分歧与经验上的疏漏着手审视两种方法。他本着"小想法"的精神，借助日常观察，实验性地提出可能让凯恩斯和哈耶克的立场失效的保留意见。从对这两种范式不偏不倚的比较中，赫希曼所得到的初步教训是：不能相信凯恩斯他们关于社会阶层集体行动的总体性论述。在他看来，经济理论首先需要对形成个体偏好的心理和文化框架条件进行反思，然后才能得出关于整个群体一般行为的结论。这种在当时以弗里德里希·冯·哈耶克为代表的古典经济学"方法论个人主义"的取向将成为赫希曼一生的纲领。尽管他对社会主义思想充满同情，但他始终坚持这样一种观点：在

---

[1] Ebd., S. 114 f.
[2] Ebd. S. 121—126.

研究经济活动变化时，必须把个人偏好的改变作为出发点。在伦敦政治经济学院，这位经济社会学家所有成熟著作的萌芽就已经滋生：尽管他未来不会再放弃对这种范式——个体行动者通过市场调节进行活动——的基本取向，但在他看来，个体驱动动机及个体态度的可塑性要远比哈耶克追随者们所认为的那样大得多。

至于这些赫希曼在伦敦政经学习期间就已经融合到一起的信念究竟有多么不一致、不相容，只有当我们继续追踪他的流亡历程时才会水落石出。还在伦敦的时候，他就决定动身前往西班牙加入国际纵队，与共和军并肩作战，对抗佛朗哥叛军——虽然，他在理论上仍然质疑凯恩斯主义经济思想的教条主义残余，但一夜之间，他又变成了自己青年时代所坚持的社会主义理想的激进拥护者。据他的传记作者杰里米·阿德尔曼所言[1]，赫希曼在回忆时不愿提及他生命中的这一段往事；在谈论自己流亡生涯时，他总是滔滔不绝，唯独对参加西班牙内战的经历三缄其口。杰里米·阿德尔曼猜测，赫希曼之所以沉默，并不是由于他对自己的所作所为（即为西班牙左翼政府而战）感到后悔；尽管赫希曼在伦敦时就已经放弃了原先的马克思主义立场，甚至发展出某种"资产阶级"经济理论的倾向，但是直至生命最后一刻，他仍毫不掩饰对民主社会主义的同情。因此，更有可能的是，正是亲莫斯科的共产党员对西班牙左翼的迅速渗透，让赫希曼在有生之年很少谈及内战经历。亲眼看着自己的理想被斯大林主义的集权所背叛，其痛苦与折磨简直不堪回首——这或许就是赫希曼对自己在国际纵队服役的经历保持沉默的根本动机。在政治上坦率的

［1］Ebd., S. 134 f.

同时保持科学上的开放，在大胆实践的同时保持怀疑的好奇——这样的态度，如此独特的综合，将伴随着赫希曼的流亡生涯。赫希曼把自己接下来所经历每个阶段——无论是出于需要还是出于对知识的渴望——都视为收集更多"小想法"的机会，并借此对自己学科的基础进行追问。从西班牙内战中失望而归后，赫希曼于1938年凭借一篇经济理论的论文在的里雅斯特获得博士学位，而在他的主要居住地巴黎，政治文化氛围发生了巨大变化。当时的巴黎成为了许多逃离纳粹独裁统治的犹太人与政治流亡者的避难所，人数之多，让法国政府对逐渐蔓延的"外部渗透"（Überfremdung）愈发担忧。情况在持续恶化，对难民的管控措施让他们感到威胁倍增。赫希曼开始考虑流亡大西洋彼岸，到南美一些城市或纽约生活。但他因故未能成行。作为一位年轻的经济理论家，他初获成功，并接受了有声望的专业机构委托，定期对法西斯独裁政权的贸易与经济政策进行分析。在这项工作中，赫希曼发展了他的另一项才能，即创造性地解释官方呆板的统计数据，从中得出有关政治或社会发展趋势的结论。至今仍颇具传奇色彩的是，他仅依据对意大利贸易余额的解释，就预测到墨索里尼政府将很快在北非部分地区展开殖民行动。[1]此外，赫希曼在自己的短文中明确指出，只考虑本国境内的经济是多么短视。在他看来，只有在政治性的政府形式背景下以及在与邻国的关系中加以研究，才能充分理解法西斯独裁之下的经济活动——在这里，这位年仅二十三岁的学者就已经着手进行资本主义的比较分析，其方式同今天"资本主义的多样性"这条指导公式如出一辙，与传统马克思主义政治经济学相比，赫希曼的分析对资本

---

[1] Ebd., S. 159 f.

主义经济的制度框架条件更为关注。[1] 然而，赫希曼无法继续他的委托工作了，由于在法犹太流亡者的状况急剧恶化，他被迫采取严肃措施，准备逃离正遭受希特勒威胁的欧洲。像他的许多难友一样——如汉娜·阿伦特或瓦尔特·本雅明——他开始摸着石头过河，想方设法获得宝贵的签证，入境一个安全的国家。但即便是在这种情形下，赫希曼仍积极寻求反抗——如若不然，他这一生也就不配称为政治上的勇者了。在1939年德国国防军开始对法国作战后不久，他就自愿加入法军，保卫法国。在希特勒速胜后，他在一个小镇沦为战俘。后来，他离开那里，前往马赛，很快成为瓦里安·弗莱的左膀右臂，代表美国紧急救援委员会（Emergency Rescue Committee）帮助受威胁的流亡者们逃离被占领的法国——最终，弗莱组织的这个救援网络将大约两千人从死亡线上救了下来。[2]

到了1940年底，局势对赫希曼而言已经异常危险，他最后不得不下定决心离开法国。凭借一本假护照与一张正式签证（该签证借由洛克菲勒基金会的研究资助获得），他踏上了前往纽约的航程，于1941年1月14日抵达目的地——正是在这一天，美国移民局敦促他把名字从奥托-阿尔伯特·赫希曼恩（Otto-Albert Hirschmann）改为阿尔伯特·O.赫希曼（Albert O. Hirschman）。很快，他又从东海岸出发，按其研究资助的规定，前往加州大学伯克利分校研究国家贸易问题。对于一直被迫在欧洲颠沛流离的赫希曼而言，加州大学让他终于可以安静而集中地

[1] Vgl. etwa: Peter A. Hall/David Soskice, *Varieties of Capitalism: The Institutional Foundations of Comparative Advantage*, Oxford 2001.

[2] Vgl. den Erfahrungsbericht von Lisa Fittko, *Mein Weg über die Pyrenäen. Erinnerungen 1940/41*, München 1989.

研究经济理论的传统，虽然他之前一直对此兴趣盎然，但却找不到充裕的时间。他热情钻研亚当·斯密的作品，阅读马基雅维利的著作，并发现了维尔纳·桑巴特的经济社会学研究。不过，最重要的是，他在这里邂逅了自己未来的妻子莎拉·查皮洛——莎拉四岁时就随着犹太父母从立陶宛来到美国，当时正在伯克利学习罗曼语和哲学。[1]仅几个月后，两人在洛杉矶结婚，从此共度余生。

赫希曼结婚时年仅二十六岁，却已是一位饱经世故、博闻强识的社会科学家，对其学科的任务与范围有自己独到的见解。在被纳粹驱逐出祖国后，赫希曼仍然坚持青年时期的社会民主主义理想，但他并不是一个理论教条主义者；相反，他以一种近乎直觉的确定性孤身犯险，直面学院派的、亲资本主义的经济学，从边缘出发分析其理论上的不足与瓶颈。在这里，他采用了一种对他所选择的学科而言极不寻常的风格；他不像当时的新古典主义经济理论惯用的那样，以技术的—定量的方式进行论证，而是倾向于散文式的写作，用短小精悍的观点增加复杂性，以驳斥宏大理论的浅显回答。至于那些回溯到人性首要原则或人性永恒利益的思想，赫希曼则表示质疑；出于对社会进程的谨慎乐观，他试图强调，指引方向的力量是变动不居的。是的，即便在那时，或许就已经能在他身上看到某种反抗流行教义的倾向。他年纪轻轻，就已经成为学科与范式间固执的越界者，仿佛他青年时代所信奉的民主社会主义价值只有在社会科学尽量包容那些离经叛道的信念时才能得到最好的保存似的。

---

[1] Vgl. zu Sarah Chapiro: Jeremy Adelman, *Worldly Philosopher*, a. a. O., S. 191 ff.

二

在伯克利,赫希曼与来自不同国家的经济理论家共事,关注规范国际贸易的方法。正是在这里,他完成了自己的第一部专著,标题为《世界贸易的重建:国际经济关系调查》(*The Reconstruction of World Trade: A Survey of International Economic Relations*)[1],这让他在一小群专家中享有政治经济学思想怪才之美誉。这项研究极不寻常,不仅概念术语简洁明了,对学科界限视而不见,更重要的是其分析的理论性—政治性特征:赫希曼认 206
为,国际经济关系的构成与各个主权国家的政治秩序之间存在密切的相互关系,因为强大的、不受控制的国家权力一直倾向于迫使较弱的国家达成单方面有利的贸易条件,然后将所得利润用于国内目的。在赫希曼看来,只有通过国际法限制个别国家的经济主权,使其丧失对全球贸易经济关系进行剥削的能力,才能在未来杜绝这种帝国主义的"诱惑"——正如他典型的心理学术语所言。虽然用今天的眼光看,这种支持限制国家主权的论断似乎极有远见,但在当时的情形下,却让人大惑不解。由于这本书出版时,第二次世界大战已临近尾声,关于国际经济秩序的争论正日益朝着各主权国家间法律监管的可能性方向发展,因此,削减国家经济政策的主权以促进更公平的世界贸易的主张只会被视作空想。然而,如果仔细观察,人们就会发现这项研究的一些弱点,这与他尚未在政治经济学领域发出自己独特的声音有关,尽管他别具一格。赫希曼的研究方法遵循主流学说,即借助统计结果 207
或数学计算进行论证;但与此形成鲜明对比的是,他政治经济学

---

[1] Als Buch erschienen unter dem Titel: *National Power and the Structure of Foreign Trade*, Berkeley/Los Angeles 1945.

的中心议题却旨在对经济理论思想的各种论证形式进行反思。还
有类似的张力：赫希曼一方面在早期拒绝了凯恩斯学派的方法论
集体主义，另一方面却在自己的著作中理所应当地使用了"整个
国家实体的有意行动"这类措辞。尽管这两种方法论策略自然可
以借助"衔接论证"（Brückenargument）结合起来，但赫希曼的
著作却仍然没有这种迹象。不过，在赫希曼得以继续解决这些矛
盾，从而为自己的方法提供更清晰的轮廓前，他看到了另一个反
抗法西斯独裁的机会。在美国动员民众向希特勒政权作战后，他
迫不及待地为美国战略情报局（OSS）工作，后者依靠德国流亡
者的知识对敌人进行侦查。但事与愿违，由于赫希曼精通意大利
语，他先是被派到了阿尔及尔的情报点，后到了锡耶纳，在那里，
他远离妻子和刚出生的女儿，渡过了一年半缺乏挑战、焦躁不安
与无所事事的时光。[1] 虽然，他也可以利用这段时间进行政治经
济方面的探索——他实际上从那以后也在钻研哈耶克的新书[2]，
并好奇地研究意大利黑市交易的机制——但总体而言，他几乎迫
不及待地想回到美国，回到家人身边，重新展开学术工作。

1945 年冬天，服完兵役的赫希曼失业了。他回到华盛顿，
起初供职于美国中央银行美联储的监管机构。但他所承担的任
务只是制作枯燥的报表，这对他充满好奇的思想没有任何助益，
让他非常不满。很快，他就调到了 W. 阿维尔·哈里曼的马歇尔
计划办公室。然而在这里，他也没有获得真正的欣慰，觉得缺
乏足够的挑战性。因此——或许也因为苦于麦卡锡主义偏执般
的蔓延——在 1952 年的时候，他决定转调世界银行的发展政策

208

[1] Vgl. zu dieser Periode: Jeremy Adelman, *Worldly Philosopher*, a. a. O.
[2] Friedrich A. von Hayek, *Der Weg zur Knechtschaft* [1944], München 2011.

部，在波哥大工作了四年。正如他的传记作者杰里米·阿德尔曼所言，这标志着赫希曼人生中第一个真正创作时期的开始：作为当地世界银行的顾问，他携家人刚到哥伦比亚首都不久，就以他特有的无视学科界限的方式，着手反思由西方所主导的拉美国家的经济发展机会及其困境。[1]思想上的孜孜不倦让临近不惑之年的赫希曼在理论与实践间游刃有余，并完成了一部让他超越学科界限而一举成名的著作。在1958年出版的《经济发展战略》中[2]，赫希曼抨击了发展规划者的主流思维方式，提及了几乎被忽视的、为国内经济所固有的财富增长潜力，阐述了"平衡增长"的官方思维成规在多大程度上掩盖了实物期权的观点。该书对政治形势与经济动态之间的紧密关联进行了具体分析，从中可以预见到未来成为赫希曼政治经济学基石的许多内容。一方面，他明确意识到，不可预知的变化之可能性一直存在，在十三年后出版的著作中，他称之为"可能主义"[3]。赫希曼聚精会神、有的放矢，他试图回答：如何在机遇中，为身处经济或政治困境中的拉美国家创造总体上理想的，但完全被主流学说忽视的经济发展机会？在最初的背景下，上述可能主义的研究方法就体现于此。赫希曼证明了，咖啡贸易价格因原料的诸多不可测

［1］Zu den Jahren in Kolumbien siehe：Jeremy Adelman, *Worldly Philosopher*, a. a. O., Kapitel 10.

［2］Albert O. Hirschman, *The Strategy of Economic Development*, New Haven/CT 1958.

［3］Vgl. Albert O. Hirschman, »Political economics and possibilism«, jetzt in：ders., *The Essential Hirschman*, herausgegeben von Jeremy Adelman, Princeton/NJ 2013, S. 1—34. 在一篇引人入胜的文章中，菲利普·莱佩尼斯（Philipp Lepenies）展示了赫希曼的"可能主义"思想是如何在传记印象的基础上逐渐发展起来的，以及它对今天的社会研究有何意义：Philipp Lepenies, »Possibilism. An approach to problem-solving derived from the life and work of Albert O. Hirschman«, in：*Development and Change* 39/3（2008），S. 437—459。

因素而不稳定，国家不得不尽早采取价格稳定措施——这是个著名的论证，让他后来得以在工业精英的认可下对福利国家进行干预。[1] 然而，在赫希曼当时已经践行的这一"可能主义"示例中，还可以看到他另一种方法原则的独特性——他在研究中应用了这一原则，并且今后也不会将其放弃。这种独特性在于：赫希曼并没有墨守成规，将市场之外的所有影响因素视作只会造成伤害的单纯"外部性"（Externalität）；相反，他坚信，在经济与政治领域之间存在密切的交换关系，可以朝着或好或坏的两个方向发挥作用。就方法而言——正如我们在这一信念中再次看到的——赫希曼对社会科学关于普遍规律与普遍常数的全部论述都持保留态度，而这源于他与尤金尼奥·克洛尼的相遇；这些"小想法"，即从个案中收获的见解，从一开始就是用来推翻那些关于人类共同生活铁律的宏大学说的。但就内容而言，在研究经济与政治、市场活动与国家行为之间相互关系方面，赫希曼也同时

211 得出了实质性的新见解；他所关注的不再是对这两个领域基于各种历史情况而相互影响的几乎微不足道的证明，而是一个更为复杂的观点：市场过程有时会推动民主发展，反过来，政治决策有时也有助于成功实施以市场为导向的积极举措。因此，在赫希曼看来，新古典主义经济理论有关"自由市场"理想化预设的所有教导都是极有问题的。对他而言，拉丁美洲欠发达的经济体尤其表明，政治进程或决策总是与经济市场的发展密不可分，因为它必然会对后者产生有利或不利的影响，而区分有利和不利趋势的唯一尺度在于能否促进共同富裕这个总体愿景。因此，赫希曼认

---

[1] Vgl. die Zusammenfassung im Rückblick: Albert O. Hirschman, »Political economics and possibilism«, a. a. O., S. 9 ff.

为，根本不可能对"理想"市场的存在条件作出任何一般性的陈述；相反，特定的政治、文化甚至地理要素则分别决定了那些被视作有利于总体繁荣——这种繁荣以市场为媒介——的东西究竟是什么。

正如这些思考所表明的那样，到 50 年代后期，赫希曼已经与那些全盘否定市场经济原则的知识分子群体分道扬镳。相反，作为一个民主社会主义者，他采取一种居间立场，因为他相当清醒且毫无保留地把市场视作调节利益的匿名媒介，其社会效力与平均繁荣程度自然完全取决于各个行动者是否利用，以及如何利用制度性的框架条件。因此，赫希曼似乎认为，活跃于政治经济学领域的知识分子的任务首先在于，提供从具体案例中获得的、足以推翻主流学说的想法与观点，从而对那些有利于共同利益的机会与机遇保持清醒认识——时至今日，这些机会与机遇被一再错过。最有利于政治经济学规范性意图的，不是宏大的理论设计，而是在细节观察中所获得的洞见。随着时间的推移，赫希曼认为，要想对主流信念进行颠覆性的干预，最合适的呈现形式莫过于散文；即使他在哥伦比亚工作期间不得不进行广泛的经验研究，他也将很快成为其所在领域的伟大散文家。[1]

212

<h2 style="text-align:center">三</h2>

1956 年，身在波哥大的赫希曼收到耶鲁大学的邀请，作为

---

[1] Vgl. Jeremy Adelman, »Introduction«, in: Albert O. Hirschman, *The Essential Hirschman*, a. a. O., S. VII—XVII.

客座教授到经济系从事一年的研究，当时，他的同事兼朋友、后来的诺贝尔奖得主托马斯·谢林也在那里工作。时年四十一岁的他没有太多犹豫，就接受了这所知名大学的邀请，在免除所有教学任务的同时，深化自己在哥伦比亚所获得的见解，并在对第三世界国家发展条件的分析中取得了累累硕果。随着二女儿的降生，家庭成员数达到四个，一家人就搬到了纽黑文。正是在这里，赫希曼的学术生涯才真正开始。由于获得了另一项经费，他原计划在耶鲁大学的一年研究时间变成了两年，借助这笔钱，赫希曼计划已久的《经济发展战略》一书终于定稿。为此，他还额外查阅了精神分析文献，希望借此阐明，为什么拉美国家当地居民群体几乎看不到自主经济发展的内部机会。他的回答是：依赖与压迫会导致一种无事实根据的非理性恐惧，从而阻碍经济行动者作出对自己有利的选择。随着该书的完成，一种组织性的观点出现了：对于落后的工业化国家而言，任何外部强加的经济发展计划都必然会失败，因为它让当地居民处于依赖状态，在恐惧的驱使下萎靡不振，从而剥夺了他们参与经济活动的主动性。谨慎地支持当地居民发现并利用地方经济生产机会，而不是优先依赖资本主义国家所提供的经济援助——这就是该书的精髓。[1]

　　时至今日，该研究的这一中心思想仍具有现时性，对赫希曼而言，其持续的意义远远超出了特定场合。因为他在经济理论思考中纳入了心理学的论证，从而能够第一次系统性地灵活运用自己学科的关键范畴，使其适应更为复杂的现实：如果当地居民的经济考虑深受诸如恐惧、沮丧等心理因素影响，那么，经济主体为自己谋取利益的这种传统形象至少具有误导性。相反，人们必

213

214

---

[1] Albert O. Hirschman，*The Strategy of Economic Development*，a. a. O.，S. 205 ff.

须认识到，可以采取各种不同的解释与评价——这具体取决于个体行动者所面临的情境是什么——来对这种理性抉择进行分析。然而，在进一步追求这个有前途的想法前，赫希曼仍在耶鲁大学专注于经济欠发达问题。他出席了在南美洲举行的一些具有政治敏感度的会议，并成为一些致力于本国政治经济独立的地方团体的重要联系人。随着他在纽黑文的研究逐渐接近尾声，他再次获得了马基雅维利意义上的"机运"（fortuna）之垂青：他受哥伦比亚大学之邀担任国际经济政策的客座教授，仅一年后就转为长聘。尽管赫希曼很快在纽约结识了新朋友——包括塞缪尔·亨廷顿和詹姆斯·托宾，后者后来因金融交易税计划而闻名遐迩——但在庞大的、高度专业化的经济学领域里，他仍是个局外人。他更倾向关于同社会科学家保持学术联系，不过，最重要的是，他始终专注于南美政治经济之未来这一全球热议的问题。作为该领域现在备受尊敬的专家，赫希曼身边聚集了一批来自南北美洲的杰出代表，他们为世界银行和其他国际组织工作。[1] 几年来，赫希曼一家都会在假期定期从纽约搬到波哥大住。赫希曼动用自己在当地的人脉以及特有的观察力，对经济体制的政策性改革前景进行研究。通过对实际情况的经验性探索，赫希曼完成了该主题的另一本著作《通往进步之旅》（*Journeys toward Progress*），这是一部融合了有立场的田野研究以及客观报道的独特之作，因地制宜地为各个南美国家勾勒了全面经济改革的特殊机会。[2]

不过，写作这本新书反而让赫希曼感到在哥伦比亚大学备

[1] 关于这项合作的成果，参见赫希曼主编的文集 *Latin American Issues. Essays and Comments*, New York 1961。

[2] Albert O. Hirschman, *Journeys toward Progress. Studies of Economic Policy Making in Latin America*, New York 1963.

受思想孤立，他觉得这里并非自己研究兴趣的真正归宿。一些同事——其中包括当时已经倾向于保守主义的塞缪尔·亨廷顿——甚至与他保持距离，认为他在最近的研究中对南美大陆的改革能力过于乐观。因此，当赫希曼在1963年10月接到哈佛大学的邀请，让他申请到公共管理研究生院（后来的肯尼迪政府学院）任新设立的政治经济学教授时，便很快同意了。协议当场达成，仅仅几个月后，正式任命就下来了，虽然赫希曼因纽约文化吸引力之故短暂犹疑了一阵，但还是马上接受了。然而，又过了两年，他终于和妻子搬到剑桥，真正担任起新教授的职务；因为在此期间，他受世界银行委托筹划一个大项目，对一些典型第三世界国家的内部经济改革条件进行研究。与各种基金会的谈判非常艰苦，因为它们会质疑这类花费不赀的项目，直至1963年底，赫希曼的资金终于获批，项目才得以推进。赫希曼甚至在就任哈佛大学教授之前，就请求校方允许他在该项目研究期间休假。在得到校方的慷慨应允后，他携妻子（作为他的无薪助理）一起出发前往南美、非洲与东南亚的一些国家，运用自己"可能主义"这一行之有效的方法，进一步考察各地的政治文化环境，实地调研迄今为止尚未被利用的工业发展机会。

同时，随着自己理论研究的深入，赫希曼也愈发了解自己在这些造访的发展中国家里所要寻找的究竟是什么。在接下来的连续考察期间，赫希曼完成了《发展项目评述》一书，并于1967年出版。[1]为了表明自己的意图，他在该书开篇一章就新造了"隐藏之手"（hiding hand）这一概念。这与亚当·斯密"看不见的手"之隐喻暗相呼应，道明了以下事实：传统研究由于专注于

---

[1] Albert O. Hirschman, *Development Projects Observed*, Washington DC 1967.

宏观市场机制，因而常常忽视了各种微观运作与地方举措，而恰恰是这些运作与举措才一同造就了可流通的生产部门。做个大胆一点的对比，赫希曼当时试图在政治经济学中要做的事（即把注意力转移到微观经济活动上），与二十年后的福柯在其《权力微观物理学》所进行的权力分析如出一辙。[1] 赫希曼认为，通过 218 对当地实践与习俗的经济学关注，可以创造促进市场发展的内部机会，而主流经济理论因其外部视角之故，通常会忽视这些机会。此外，在赫希曼看来，在这种视角转换的情况下，必须考虑到经济活动很少如教科书通常提到的那样，以纯粹的、效益导向的形式出现。赫希曼之前已经指出，对经济利益的追求会根据历史及地区情况分别呈现出不同的色彩与形态，会受恐惧所限制，也会被赋予规范性的期望。因此，只有身临其境，才能确定适当激励措施对推动地方经济而言究竟有何成效。不过，在田野研究过程中，赫希曼"隐藏之手"的隐喻最终还与另一个对他"可能主义的"意图相当重要的因素有关：有时候——正如他在漫漫旅程中的一些站点所确信的那样——为了能够首先唤醒企业所必需的能量与动机，有必要对其利润前景进行一定程度的高估。赫希曼从这一观察中所得出的结论，是他众多"小想法"的又一个例证，这些"小想法"汇聚起来，共同颠覆了传统的经济理论。该结论是：如果说，在古典主义与新古典主义经济学那里，自欺 219 （Selbsttäuschung）通常被视作理性追求自我利益的障碍，那么在上述更精确的观察中，它则往往被证明是促进经济活动的合适手段。

---

[1] Vgl. exemplarisch: Michel Foucault, *Mikrophysik der Macht. Über Strafjustiz, Psychiatrie und Medizin*, Berlin 1976.

正如这些最后的思路所表明的那样，赫希曼希望通过自己的田野研究，在政治上对迄今为止的国家发展援助实践施加影响，使其放弃从外部促进经济的这种观念，转而向立足当地的企业寻求支持——这种支持可以是咨询性的，如有必要，也可以是财政的。当该研究报告于1967年——也就是赫希曼与妻子终于在哈佛大学附近的剑桥定居后的一年——成书出版时，公众的反应却不温不火。由于他所造访的许多发展中国家正深陷政治动荡，因此人们普遍认为，研究报告中那种积极的、鼓舞人心的基调太过乐观，觉得赫希曼过分高估了这些国家以己之力实现自主工业化的机会，指责他整体上更倾向于一种浪漫的粉饰。至于身处哈佛大学的赫希曼是否最终因这些怀疑而开始逐渐远离发展政策这一主题，杰里米·阿德尔曼在传记中也不置可否。不管怎么说，在新的工作地，赫希曼把之前在发展中国家那里尝试的研究方法应用于普通经济社会学这一更为广阔的领域，他的思想发展进入了第二阶段。

220

四

在哈佛大学，时年五十一岁的赫希曼加入了一个思想活跃的学者圈子，这些人对他工作的进一步发展产生了巨大影响：伟大的奥克塔维奥·帕兹定期来这所著名的大学访问，赫希曼迅速与他建立了友谊；在政治学系任教的斯坦利·霍夫曼也很快成为他的挚友；在经济学系任教的有约翰·肯尼斯·加尔布雷思、瓦西里·里昂惕夫，与之一道的还有赫伯特·金迪斯和塞缪尔·鲍尔斯等几位年轻同事，他们认为，马克思主义对市场的疑虑是有道理的。不过，即使在新的工作环境，困扰赫希曼的仍然是学术教学——这让他一生都无法泰然处之；每次上课前，他都会被烦躁与胃疼所折磨。在那个学生运动风起云涌的年代，与迅速走红的消费者运动倡导者拉尔夫·纳德的相识对赫希曼理论工作的转向具有决定性意义。当他主动结识纳德时[1]，他已经在制定初步计划，研究消费者对各大企业、各大机构市场行为的反应。在与纳德的对话中，这些模糊的意图有了更清晰的轮廓——即对客户影响大企业决策行为的可能性进行研究。在帕洛阿尔托（Palo Alto）的行为科学中心（Center for Behavioral Sciences）进行研究期间，赫希曼抽空进一步完善自己的研究计划。该中心毗邻斯坦福大学，后者因"黑人研究"（Black Studies）的争议而受到震动。由于对社会科学的各个分支愈发熟稔，赫希曼便大胆地将设想的项目规划为一项融合经济学、政治学、社会心理学以及道德社会学的研究。这与当时学科分化的趋势背道而驰。昔日同事理查德·洛文塔尔建议他将政党食言后的选民反应也纳入研究中，从而推动了这项雄心勃勃的计划。赫希曼为启动新项目进行的准备工作，其核心就是当代社会心理学关于人们平常面临行动挑战时的"认知失调"（kognitive Dissonanz）研究。赫希曼希望通过这些研究工作能够进一步阐明，经济理论中那些所谓的纯粹以效益为导向的行为者究竟如何在其各种利益、动机和性情的冲突中行事。他先前对发展中国家的研究业已表明，当民众决定积极实施经济举措时，其行为往往会违背对形势的现实评估。因此在他看来，需要一个比"经济人"范畴更为复杂的关键概念，来

---

[1] 关于拉尔夫·纳德对赫希曼著作的影响，参见 Jeremy Adelman, *Wordly Philosopher*, a. a. O., S. 429 ff.。

222　　理解人们在环境、利益与情感千差万别的矛盾状况下的行为。正是这些细微观察以及立足于此的小想法的集合，最终将赫希曼引上了一条在他看来富有成效的道路。例如，之前在尼日利亚调研期间，他就已经能够确定，当地铁路系统的极度破败，并不是如（新）古典主义经济理论所主张的那样，由于缺乏有效的竞争关系所导致的，而是因为卡车这种经济替代品看起来如此易得且有效；由于客户有可能使用这种替代性的运输方式，从而"流向"竞争对手，因此，铁路系统就会丧失内部"申诉""呼吁"（正如当时所说的那样）这种"宝贵的反馈机制"，就会缺乏具体的改进建议，从而无法获益。而现在，在他自己所处的环境中，赫希曼也进行了类似观察，他将目光投向了斯坦福大学"黑人研究"争议这一完全不同的现象：在这里，一部分非裔美国学生决定不再忽视大学这个政治舞台，主张自身权益，发出自己的声音，然而，当他们中的精英分子继续坚持通常的"退出"策略时，一切努力就会付诸东流。在赫希曼的研究过程中，这些小观察的总和导致了这样一个论点：在面临危机时，经济行为者可以使用"退出"（exit）、"呼吁"（voice）和"忠诚"（loyality）三种策略来对相关企业组织的决策行为施加影响。在立场与利益冲突中纠结的

223　　消费者，可以在道义申诉、离开或无条件忠诚的方向上克服自己的犹豫不决。基于这些思考，赫希曼在60年代末完成一本小书，让他一跃成为国际社会学界的关键人物。该书题名为《退出、呼吁与忠诚》[1]，于1970年出版，一经问世，不仅被当作对

---

[1] Albert O. Hirschman, *Exit, Voice, and Loyalty. Response to Decline in Firms, Organizations, and States*, Cambridge/MA 1970（dt. *Abwanderung und Widerspruch. Reaktionen auf Leistungsabfall bei Unternehmungen, Organisationen und Staaten*, Tübingen 1974）.

主流经济理论原则的内部批判,更被视为一部关于社会自我修正的基本机制之作:如果两种"内生治愈力量"中的一种——"退出"或"呼吁"——在一个社会中占据了过分主导的地位,就会产生逐渐丧失改革能力的风险,因为太多成员要么流失到纯粹的反文化(Gegenkultur)那里,要么局限于对特定组织完全内部的批判中,而不去参与新制度结构的设计。四十年后再回首,我们或许可以说,赫希曼的开创性研究终于成功找到了一种社会性的力量,让他的"可能主义"得以扎根于社会之中:只有具备充分的制度性机会,让其成员既可以"退出",也可以进行内部批判,一个共同体本身才能发现增进共同利益的全新机遇;然而,一旦这种"退出"与"呼吁"的平衡被打破,也就是说,一旦两种社会行动选择中的一种比另一种更占优势,那么社会进行反思性持续改革的能力就会丧失殆尽。赫希曼所描述的一切都是全新且陌生的,然而,随着其基本概念的极端扩展与灵活化,他就延续了经济理论的传统,以开辟一个迄今为止只属于马克思主义式的方法领域的主题;突然间,他开始谈论冲突与反文化,批判与社会愤慨,同那些至今竭力捍卫自由市场的言辞似乎别无二致。不过,值得注意的是,赫希曼着眼于各种组织(无论是企业、政府甚至大学等机构)失效的负面应对模式,却很少关注他所说的第三种行为类型——"忠诚";在对现代社会冲突性动态的分析中,他似乎也不知道该把行为者这种固执且保守的行动策略置于何处。[1]

　　无论如何,可以说赫希曼通过这项简短的研究找到了自己真

224

---

[1] 安德里亚·毛雷尔(Andrea Maurer)为此提供了相当有益的思考,参见其论文:»Abwanderung und Widerspruch: Grenzüberschreitungen zwischen Soziologie und Ökonomie«, in: Ingo Pies/Martin Leschke (Hg.), *Albert Hirschmans grenzüberschreitende Ökonomik*, Tübingen 2006, S. 67—85, bes. S. 78 ff.。

正的主题。虽然，赫希曼在未来不会完全远离发展经济学领域，
225 并且将在此领域一直致力于新的思考，甚至加强了与南美同行的
学科交流，但从现在开始，他的工作重点转向了现代社会市场性
组织的规范反应。在《退出、呼吁与忠诚》出版前不久，赫希曼
夫妇于 1969 年从加利福尼亚返回剑桥，很快，赫希曼名望大增，
许多出版社都请求他将论文集结成册。赫希曼将随后开始策划的
第一个论文集命名为《希望的偏见》[1]，把一些发展经济学的文
章（即他之前研究的重点）收录其中。当时，存在一种否认欠发
达国家具备任何改革能力的趋势，言必称全面革命或外部强加的
支援方案。与此相反，赫希曼则描述了那些潜藏的机遇，倘若人
们利用得当，就会极大促进自主经济的发展——在这里，赫希曼
践行着业已得到证明的方法，敢于进行独到而犀利的表达。在此
期间，赫希曼究竟在多大程度上摆脱了学科界限并找到了自己的
思维风格，这在上述的关键论文集中便可见一斑——"可能主义"
这一纲领性思想正是在这里被首次明确提出。[2] 尽管赫希曼往
226 往对社会科学中的规范性规定持保留态度——他后来写了一篇精
彩的小论文来讨论价值中立的问题，把道德信念描绘为尽可能准
确、真实的分析背后无意识的驱动力[3]——但他却在试图对自
己迄今为止的研究方法进行总结的过程中，按照道德意图来有条

[1] Albert O. Hirschman, *A Bias for Hope. Essays on Development and Latin America*, New Haven/CT 1971.

[2] Albert O. Hirschman, »Political economics and possibilism«, ebd., S. 1—37; jetzt auch in: ders., *The Essential Hirschman*, a. a. O., S. 1—34.

[3] Albert O. Hirschman, »Morality and the social sciences. A durable tension«, jetzt in: ders., *The Essential Hirschman*, a. a. O., S. 331—344; dt.: »Moral und Sozialwissenschaften«, in: Albert O. Hirschman, *Entwicklung, Markt und Moral. Abweichende Betrachtungen*, München/Wien 1989, S. 89—101.

不紊地寻找推动经济发展与增进繁荣的隐蔽机会。他认为，每个国家都有权拥有一个"非投射性的未来"（non-projected future），即一个不受外部力量控制的未来。[1] 这虽然听起来很温和，但在本质上却毫不掩饰地表达了对反殖民主义与反帝国主义运动的赞同。几乎没有任何知识分子能比阿尔伯特·赫希曼更好地澄清下列事实了：政治激进主义并不总是高喊着革命的陈词滥调，相反，它也可以通过不起眼的形式，从理论上支持被官方学科所否定的自我解放的主动性与驱动力。尽管这位现年五十五岁的哈佛学者似乎在近乎理想的工作环境中如鱼得水——无论是他身边的同事，还是校园里的那些名人，都在思想上都充满了活力——但他在那里也未找到真正的归宿。他不仅被时常出现的上课恐惧症所折磨，而且还为当时不断升级的院系冲突所困扰——学生骚乱以及围绕越战的政治争论都间接体现在这些冲突之中。1972年，当他年轻的同事兼朋友塞缪尔·鲍尔斯所希望获得的永久职位被哈佛拒绝时，赫希曼开始考虑跳槽。此时，"机运"的青睐再次如约而至，他在1972—1973学年受邀到著名的普林斯顿高等研究院（Institute for Advanced Study）当"访问学者"。这里免除了他的教学任务，还聚集着一批杰出的社会科学家，赫希曼对此非常满意。因此，当他第二年被任命为该研究院下属的社会科学学院（School of Social Science）的研究主任时——与他一道的还有民族学家克利福德·格尔茨与经济学家卡尔·凯森——他二话不说就答应了。[2] 1974年，赫希曼和妻子离开剑桥，前往新泽西州的普林斯顿。他颠沛流离的旅程终于到达终点，直至去

227

---

[1] Albert O. Hirschman，»Political economics and possibilism«，a. a. O.，S. 37.
[2] 有关任命赫希曼的学科政治背景，参阅 Jeremy Adelman，*Worldly Philosopher*，a. a. O.，S. 493—498。

世，赫希曼都一直在此工作。赫希曼的第三个创作时期开始了。
与前两个时期相比，这一时期的理论创造力与学术产出有过之而
无不及。

228

五

在哈佛大学的最后两年，由于皮诺切特（Pinochet）在智利
的军事政变以及其他南美国家的冲突不断升级，让赫希曼在政治
上再次聚焦南美，他开始收集材料，对资本主义的初创阶段进行
观念史研究。即使现在回头看，也不容易解释他的这一新的兴趣
究竟是如何形成的，或许，这是他最终打算重拾政治经济学经典
之前，各种因素叠加所导致的结果：首先，根据不久前刚获得的
见解，市场的各种形式与结构总是受到相关行动者的规范性反应
制约，因而有必要重构这一现代经济制度的原始合法性；其次，
他那些马克思主义的朋友对资本主义市场提出的大量批评，无疑
激发了他的矛盾精神，促使他研究资本主义市场初创阶段那些积
极且充满希望的讨论；最后，在所有的社会科学探索中，赫希曼
自然没有完全放弃早期对政治思想的偏爱，所以，他总是在寻找
机会，再次问心无愧地转向它们。赫希曼的研究兴趣就从这些综
合的因素中产生，而新东家普林斯顿大学则为此项研究提供了近
乎理想的条件。在这里，赫希曼遇到了克利福德·格尔茨这位学
229 识渊博的对话者，很快便引为值得托付的知己；此外，还有与他
一同到来的昆廷·斯金纳，后者来此进行为期三年的研究，计划
写作一本关于现代政治思想如何从共和主义人文精神中产生出来

的著作。[1]

　　研究院内的讨论氛围是开放的，受此激励与鼓舞，赫希曼迅速着手实施他迄今为止仍然模糊的计划，开始对马克斯·韦伯关于资本主义的社会学推导进行了深入探究。韦伯认为，导向经济成功原则的动力最终来源于加尔文主义的预选说（Prädestinationslehre），但在赫希曼看来，这一论点并非不言而喻，因为它很少考虑到以下事实，即新兴的资本主义在一开始深受同时代知识分子欢迎，并承载了强烈的规范性期望——如果说，17、18世纪的人们普遍把对资本主义行为方式的追求视作实现理想目标的手段，那么，为什么非得从宗教那里刨根问底，去找寻人们愿意采取这种行为方式的动机呢？为了进一步研究这一点，赫希曼再次查阅了政治经济学奠基者们的著作，去寻找资本主义市场之所以在一开始便受到欢迎的理由。正是孟德斯鸠的一句不起眼的话，让赫希曼对自己多次阅读的文本有了新的理解。按照孟德斯鸠的说法，在某种的情况下，被激情所驱使，利益就会受损。[2]在这种简明的观察背景下，詹姆士·斯图亚特、约翰·米勒或亚当·斯密的著作突然被赋予以下意涵——他们之所以为资本主义的兴起欢欣鼓舞，首先是因为资本主义迫使人们去追求理性的利益，从而让狂热的、政治上危险的激情活动走向终结；赫希曼认为，在这些理论先驱眼中，市场似乎是一种有利于政治的社会制度，因为它迫使人们理性地权衡利益，让难以控

[1] 关于斯金纳的讨论，参见本书《作为解放的历史学：昆廷·斯金纳的观念史革命》一章。

[2] 参阅 The Passions and the Interests. Political Arguments for Capitalism before its Triumph（Princeton/NJ 1977）一书前的孟德斯鸠《论法的精神》引文。Geist der Gesetze.

制的感情冲动归于平静，从而适应了公民的共存。一如既往地，
赫希曼不知疲倦地写作，记录下自己的发现，于 1977 年出版了
《激情与利益：资本主义胜利之前的政治论辩》一书[1]——这本
书一经问世，便在国际上引起轰动，其程度甚至超过了七年前出
版的《退出、呼吁与忠诚》。让该书迅速走红的，或许并非其在
解释上所作的贡献；尽管该书为古典政治经济学彻底的重新解释
231 铺平了道路，但这种解释要在数年后——当人们沿着赫希曼的足
迹，把亚当·斯密的著作置于一种被改变的共和主义—人文主义
的光线下时——才能结出硕果。[2]毋宁说，该研究所描绘的市
场图景几乎与时下流行的所有观点相矛盾，这对于活跃的、迅速
增长的兴趣而言，或许才更具有决定性的意义：与新古典主义的
主张不同（即市场上的策略行动主体根据供求规律进行竞争），
赫希曼指出，至少在古典主义经济学那里，行动者似乎对其他参
与者有更多的善意；与他左翼朋友的马克思主义式解释相反（即
市场是争端、冲突与异化的根源），赫希曼认为，以市场为媒介
的贸易与交换从一开始就具有文明的效果，因为它会终结社会交
往中那些不受控的激情；有别于当时新兴的社群主义（其拥护者
偶尔会倾向于将伦理共同体理想化），赫希曼则概括性地建议，
对个人利益追求的巧妙安排或许才是促进共同利益的更为现实的
选择。

　　即便如此，赫希曼在这本研究著作中完全没有任何粉饰资本
主义市场现状的倾向；在内心深处，他依然忠于年轻时的社会主

---

[1] 此处按德语版本引用：Albert O. Hirschman, *Leidenschaften und Interessen. Politische Begründungen des Kapitalismus vor seinem Sieg*, Frankfurt am Main 1980。

[2] Vgl. vor allem：Emma Rothschild, *Economic Sentiments. Adam Smith, Condorcet, and the Enlightenment*, Cambridge/MA 2001.

义理想，因而不会对那个时代可悲的经济状况视而不见。[1] 相
反，通过思想史的研究，他试图回顾资本主义"胜利之前"的时
期（正如该书标题所提到的那样）——从思想上看，这一时期的
市场被各种规范性元素所占据，从而似乎可以避免某种单方面的
利用，进而通常被认为是为共同利益而服务的。赫希曼此前对主
流经济理论的诸多尝试性破坏，都汇聚在这种理论历史再现的策
略中。他的研究结果强调，把市场参与者描述为仅以自身利益最
大化为导向，这是极具误导性的，而原始的资本主义理论则揭示
了一幅完全不同的画面——行动者在自身利益中也考虑了公众利
益。新研究还证实，市场状况在很大程度上取决于参与者对市场
的态度与评价：在市场参与者眼中，市场究竟是他所理解的交
易，是发财的机会，抑或同时受社会因素所制约——答案不同，
经济体制的形态就不同。因此，总而言之，可以把赫希曼的这本
著作看作一种为"可能主义"提供历史维度转向的尝试：他开创
性地从观念史的角度揭示了一种对资本主义的代替性解释，这种
解释偏离了所有主流观点，从而有可能在当下以不同的方式理解
资本主义，并通过解释对行动的反作用影响来改变资本主义社会
构成。

　　当然，在这本著作中，赫希曼并未提及上述意图，只是在
简短的边注中偶尔间接暗示了一下。该书最后表达了一种温和的
希望：对这个不为人知的政治思想时代进行重构，或许有助于提
高关于资本主义评价的"争论层次"[2]——并没有提及这种思想
史的澄清会让人们对主流经济理论本身产生怀疑，也没有暗示改

[1] Vgl. etwa：Albert O. Hirschman, *Leidenschaften und Interessen*, a. a. O., S. 134 ff.
[2] Ebd., S. 144.

变的经济词汇会反过来影响经济活动。[1]然而，赫希曼在未来
二十年间写下的许多著作都清晰表明，他在《激情与利益》一书
中想要进行更多的联系与表达，而不是仅仅为了提高关于资本主
义的争论水准；而且，他现在质疑的不仅是官方的经济理论，而
且还有被其所证明的经济关系，他通过展示两者隐藏的变化能力
来把它们相对化。

234 　　受此观念史研究的巨大成功所激励，赫希曼很快又接连出版
了两本著作。1981 年，他出版了《跨学科论文集：从经济学到
政治学及其他》[2]，收录了他在此期间一些论述政治与经济相互
影响的论文。其中——前文提过的——有一篇论及价值判断在社
会科学中所扮演的角色的文章，通过令人惊讶的简洁论证得出结
论：单个学者越是能够克服自己对道德知觉"训练有素的无能"，
并重新获得对"人类团结"进行思考的能力，那么，政治经济的
分析就越富有成效。[3]仅仅一年之后——时年六十七岁的赫希曼
在普林斯顿的生产力由此可见一斑——他的下一部专著《转变参
与》便出版了[4]，旨在探索公民在"私人利益"与"共同利益"
之间、在退缩至消费主义与投身于公共事务之间转变的机制。该

---

[1] 赫希曼这本著作的一个有趣的背景介绍，见 Birger P. Priddat，»Leidenschaftliche
Interessen：Hirschmans Theorem im Blickpunkt alternativer Rekonstruktionen«，
in：Ingo Pies/Martin Leschke（Hg.），*Albert Hirschmans grenzüberschreitende
Ökonomik*，a. a. O.，S. 29~54。

[2] Albert O. Hirschman，*Essays in Trespassing：Economics to Politics and Beyond*，New
York 1981；其中个别文章已被收录德语文集 *Entwicklung，Markt und Moral.
Abweichende Betrachtungen*（a. a. O.）。

[3] Albert O. Hirschman，»Moral und Sozialwissenschaften«，a. a. O.，bes. S. 97 ff.

[4] Albert O. Hirschman，*Shifting Involvements：Private Interest and Public Action*，
Princeton/NJ 1982（dt.：*Engagement und Enttäuschung. Über das Schwanken der
Bürger zwischen Privatwohl und Gemeinwohl*，Frankfurt am Main 1984）。

书重拾《退出、呼吁与忠诚》一书中"退出"与"呼吁"这个 [235]
已知的区别，并将之拓展到行动者与整个政治公共领域之间的关
系上。因此，现在的重点在于，是否可以就以下问题作出一般性
陈述：在什么情况下，公民要么倾向于转向私人领域，要么愿意
为了共同利益而参与公共事务？赫希曼采取了他的根本方法，即
再次对"经济人"——这个纯粹考量利益的主体——的假设加以
反驳，认为其并不适合弄清上述他所感兴趣的转变之动机。在
他看来，行动者之所以能够从两种生活形式中有所收获，原因在
于他们可以超越所有直接的利益考量，认识到这些考量的内在价
值。[1]不过，赫希曼认为，从一个角度至另一个角度的转变（即
从私人领域转向公共领域，抑或相反），只能用"失望"来进行
解释，根据情况的不同，失望可以有两种存在模式：假如公民在
私人领域中发现自己的幸福许诺无法兑现，例如，由于他们取得
的消费品无法提供持续的满足感，他们就会转向公共生活；而同
样地，在公共生活中，他们也可能因缺乏理想的机会来影响局面
而感到失望，从而退回到私人领域。赫希曼的这项研究致力对产
生于私人或公共领域的失望经验进行个别的、范例性的分析。正 [236]
是这些经验促使人们改变自己的元偏好，各自转向其他领域。当
然，与之前发表的大部分著作相比，这一研究过程的规范性约束
要更少。在该书结尾，赫希曼明确表示，如果公共领域提供足够
的吸引力和制度上的可能性，让主体实现个人的生活目标，从而
在一开始就避免私人领域鸿沟的出现，那么他就会认为这是一种
优势。在该书最后几页，赫希曼罕见且含蓄地承认，自己一直是
一名执着于社会主义精神的共和主义者：

---

[1] 参见结语中异常坦率的评论：ebd.（dt. Ausgabe），S. 145—149。

例如，更多的共同决定有助于愈合公共领域与私人领域、工具性行动与表达性行动之间的分裂：这种参与将提高工作满意度，也就是说，让工作不再是纯粹工具性的，并将公共性的元素注入私人性的辛勤劳作中。[1]

然而，《转变参与》一书并没有十二年前出版的《退出、呼吁与忠诚》那样大受欢迎。一些批评者指责赫希曼没有充分证明公私领域时常相互转换的这个假定，犯了以偏概全的错误。[2] 赫希曼后来也承认了这一错误，并将其归咎于自己试图构建"宏大"理论的一种不受控制的倾向。[3] 不过，在赫希曼写作该书的同时，普林斯顿高等研究院在社会科学领域取得了一系列重大进展；从 1979 年开始，迈克尔·沃尔泽以常任成员的身份加盟格尔茨与赫希曼的研究团队，该团队的研究基金项目得以显著扩大，从而能够每年都招募到来自不同国家的知名学者。他们每周组会讨论的焦点不再是发展中国家问题，而是福利国家的资本主义所出现的危机迹象；与三位研究主管一道讨论这些新挑战的，不仅有阿马蒂亚·森、亚历山德罗·皮佐诺和约翰·罗尔斯，还有克劳斯·奥菲。奥菲甚至在 1980 年成功说服了赫希曼重访自己阔别四十年的故乡柏林。[4] 为了接续《激情与利益》所留下

---

[1] Ebd, S. 147 f.

[2] 与此相关的概述，参见 Christoph Henning, »Zur Nachhaltigkeit privaten und öffentlichen Engagements—eine methodenkritische Rekonstruktion von Engagement und Enttäuschung«, in: Ingo Pies/ Martin Leschke (Hg.), *Albert Hirschmans grenzüberschreitende Ökonomik*, a. a. O., S. 95—116。

[3] Vgl. dazu: Jeremy Adelman, *Worldly Philosopher*, a. a. O., S. 563 ff.

[4] Ebd., S. 617 ff.

的线索，赫希曼自然而然地转向了研究院中所讨论的那些话题，
不过，在此之前，他还写了一本小书，再次表达了他对南美政238
治的关注。在这本《集体的进步》[1] 中，赫希曼从一个参与者的
视角出发，描绘了南美各国人民对美好生活的向往是如何激励着
他们在受压制的环境中联合起来共同进行基层民主改革，积极展
现了集体行动的凝聚力与变革力，反驳了曼瑟尔·奥尔森在至今
仍富有影响力的《集体行动的逻辑》(*Logic of Collective Action*)[2]
中所提出的观点。现在回过头来，可以很明显地看到，赫希曼在
这本书中试图再次证明经济学行动理论的方法并不奏效。通过近
距离观察，赫希曼展示了那些并不许诺个人利益的集体观念如何
对个人产生推动力，以此来驳斥主流的以自身利益为导向的理性
人范式。与《转变参与》相比，尽管这本小册子好评如潮，但学
术界对其兴趣有限；在赫希曼所有著作中，它是传播程度最低的
一本。然而，这并不影响他的创作力，尽管赫希曼在 1985 年以
七十岁高龄从普林斯顿退休，但仍保留了自己的办公室，远离俗239
务的他不仅借学术场合到欧洲造访了自己的一些旧居[3]，而且还
开始了新的写作项目。除了写作一些小短文（这些文章往往是为
答谢自己所不断获得的名誉博士学位而作），赫希曼议程上的首
要之事就是把自己最近的文章汇编成册。按照他的设想，这本计
划中的书将再次围绕对资本主义进行概念性论述与规范性评价的
不同方式展开，因而可被视作是《激情与利益》所开启的项目之

---

[1] Albert O. Hirschman, *Getting Ahead Collectively. Grassroots Experiences in Latin America*, New York 1984.

[2] Mancur Olson, *Die Logik des kollektiven Handelns. Kollektivgüter und die Theorie der Gruppen*, Tübingen 2004 (5. Auflage).

[3] 关于他的故地重游，仍参见 Jeremy Adelman, *Worldly Philosopher*, a. a. O., Kapitel 20。

延续。赫希曼把之前发表的一篇探讨市场社会评价之争的文章置
于该文集的中心，并以此为该文集命名。[1] 在赫希曼一生所撰
写的所有研究著作中，这篇只有大约 30 页的文章或许最为清楚
地反映了他对资本主义市场经济的理论史、概念史的精确把握，
而这正是他对经济政治思想的现代经典不懈钻研的结果：他自创
了一些精炼的新词，将资本主义从孟德斯鸠开始的规范性评价划
分为四个阶段——其划分标准在于，以市场为媒介的交换究竟是
被视作文明之福，还是被视作社会之恶；不过，赫希曼将最后两
种评价模式解释为对第二种消极范式的不同反应——它们或把第
二种范式所预测的恶归咎为封建残余的持续影响，或将其归咎为
封建传统的缺失——让原本看似简单的阶段划分变得复杂起来。
在这篇引人入胜的文章结尾处，赫希曼近乎戏谑地宣称，他之所
以把资本主义的各种各样观点呈现出来，主要是为了警示人们
不要草率地作出判断，而是要在所提出的每个范式中找寻真理的
元素。

通过增加复杂性来拉开距离，无论是在观念史还是在社会学
方面——这或许就是赫希曼出版这本新论文集的意图：通过证明
古典经济理论与马克思主义经济理论均无法在概念上完美处理相
关问题，从而在关于资本主义的论争中将这两派相对化，以便在
"可能主义"精神的指引下，呈现出迄今为止所隐藏的干预及变
革的可能性。赫希曼这本文集中的其他论文处理的是传统经济理
论核心部位的瓶颈或圈套；值得关注的是，其中一篇文章再次对
"经济人"假设中的"节俭"概念提出反驳，通过"工作""爱

---

[1] Albert O. Hirschman, »Rival interpretations of market society«, ursprünglich
in: *Journal of Economic Literature* XX（Dezember 1982）, S. 1463—1484（dt. in:
ders., *Entwicklung, Markt und Moral*, a. a. O., S. 192—225）.

情"等例子，这篇文章以紧凑而简洁的形式证明：假如人类的所
有努力都被分析为原始的成本—效益计算的结果，那么，我们的 241
收获就有多么可怜。[1]

当这本文集于 1986 年出版时[2]，赫希曼已经在思考另一个
完全不同的主题了。受美国新保守主义转向的刺激——这或许会
动摇他对所有社会环境拥有改善能力的这一根深蒂固的信心——
他现在致力于研究通常用于阻挠政治改革尝试的"反动"思想
模式。1988 年，在慕尼黑的一次演讲中（该演讲最初以德语出
版）[3]，赫希曼勾勒了关于一项新计划的基本蓝图，而这项新计
划愈发吸引着他：根据他的猜想，保守主义对社会变革的拒斥虽
然形式千变万化，但都基于同一个论点——由于无法通观、无法
控制的情形，好心常常办坏事。在接下来的几年里，赫希曼一直
秉持这个基本思想，他重新查阅了保守主义思想的关键著作，以
便作出进一步区分。最后他发现，在抵制政治改革的辩护中反复
出现的，是三个不同的，但本质上差别不大的论点："意义逆转" 242
说的是改革会不可避免地转到其规范性的对立面，"徒劳"说的
是改革违背了不变的人性，而"危险"则说明了改革会最终危及
已取得的成就——这三种论点都反对政治改革的努力。赫希曼的
最后一本专著《反动的修辞》于 1991 年出版，时至今日，人们

[1] Albert O. Hirschman, »Wider die ›Ökonomie‹ der Grundbegriffe: Drei einfache
Möglichkeiten, einige ökonomische Begriffe komplizierter zu fassen«, in: ders.,
Entwicklung, Markt und Moral. Abweichende Betrachtungen, a. a. O., S. 226—243.

[2] Albert O. Hirschman, *Rival Views of Market Society and Other Recent Essays*, New
York 1986.

[3] Albert O. Hirschman, »Zwei Jahrhunderte ›reaktionären Denkens‹: Die Formel
von den ›pervertierten guten Absichten««, in: ders., *Entwicklung, Markt und
Moral. Abweichende Betrachtungen*, a. a. O., S. 244—269.

仍然可以从中看到，赫希曼是如何乐此不疲地揭露保守主义思想中那些千篇一律的观点[1]；他时常故意草草介绍相关观点便了事，以此表明它们根本不值一驳。然而，赫希曼的天性并不满足于仅仅揭露反动的论证模式。他深信，革命的左派偶尔倾向于与其政治对手相类似的原始思维，因此他在这本书结尾处自鸣得意地列出了哲学史上那些大肆鼓吹表面进步的哲学家。

在这本迅速被翻译成多门语言的书出版后的几年里，赫希曼的健康状况开始逐步恶化。甚至在 1995 年他的八十岁生日前——普林斯顿高等研究院特地举办了一场高阶研讨会来为他庆生——他迄今强健的身体就已经遭受了一些痛苦的折磨，不久之后他又因跌倒造成了轻微脑损伤，身体进一步恶化；体力与活动能力的丧失，让赫希曼在余生中一直同潜在的抑郁症抗争。[2]他已经无力快速处理日常的"小想法"了，写作变得更为困难，富有成效的颠覆性灵感也与他渐行渐远。然而，即便是在这一时期，人们对他的新作仍然翘首以盼，甚至在八旬生辰之前，各出版商就已经找到赫希曼，请求他再编一本自己的文集。他最后一次接受了邀约，开始将自己 90 年代初所写的代表性文章集结起来。为了再次表达他毕生事业最内在的冲动，赫希曼经过深思熟虑，为这本文集起了个美丽的、蒙田式的标题——《自我颠覆的倾向》。[3]除了各种庆典演讲稿与个人回忆性的文章外，赫希曼

---

[1] Albert O. Hirschman, *The Rhetoric of Reaction. Perversity*, *Futility*, *Jeopardy*, Cambridge/MA 1991（dt.：*Denken gegen die Zukunft. Die Rhetorik der Reaktion*, München/Wien 1992）.

[2] Vgl. zu den Begleitumständen：Jeremy Adelman, *Worldly Philosopher*, a. a. O., S. 644 ff.

[3] Albert O. Hirschman, *A Propensity to Self-Subversion*, Cambridge/MA 1995（dt. *Selbstbefragung und Erkenntnis*, München/Wien 1996）.

还在文集中收录了一篇最初在德累斯顿的讲座报告,这似乎是他的最后一次努力,以证明自己确实有能力不断颠覆自身发展的,或流传甚广的理论。[1] 如何能够基于"民主市场社会"的条件,在公民与政治共同体之间构建持续的关联? ——赫希曼正是在处理《退出、声音和忠诚》中这个被忽略的问题时,看到了社群主义的挑战,并在上述讲座报告中予以回应。按照社群主义支持者的说法,这种忠诚一定来源于伦理团结感的前政治存在;而在赫希曼看来,这个回答是错误的,因为他们并没有考虑到民主社会的事实——意见的冲突与持续性的争论。在他"可能主义"的典型且令人吃惊的转向中,赫希曼轻松颠倒了传统的描述,并提议人们去探究社会冲突本身,看看它是否形成了政治粘合力的源泉:为什么不让公民依据共同参与的原则各抒己见,从而把他们凝聚到一个对彼此都负有责任感的共同体中呢? 不过在他看来,在这种观点中需要区分两种类型的冲突,因为在民主国家中,总会有一些不利于促进忠诚感的社会冲突类型;一旦公民内部就"不可分割的"物品(如宗教或语言那样,无法按照普遍理解的公平原则进行分配)产生争议,那么社会冲突往往就会趋向于破坏政治团结,而非巩固之。

244

245

　　倘若把这篇文章看作是赫希曼留给后世的遗产,那肯定是不对的。的确,这是赫希曼以九十七岁高龄去世前最后一次独立出版的著作,淋漓尽致地展现了他的全部写作技艺,几乎涉及了他以往作品的所有主题;他再次讨论了传统经济理论的概念瓶

---

[1] Ursprünglich: Albert O. Hirschman, »Social conflicts as pillars of democratic market societies«, in: *Political Theory* 22/2（1994）, S. 203—218（dt.: »Wieviel Gemeinsinn braucht die liberale Gesellschaft?«, in: *Leviathan* 16［1994］, S. 293—304）.

颈，再次谈到了荷尔德林"可能主义的"基本思想——根据这一观点，"拯救"的可能性随着每一次"危险"的增长而增加——而且在结尾处并非偶然地引述了马基雅维利关于"美德"（virtu）与"机运"（fortuna）两种力量的观点。尽管如此，赫希曼的遗产并不限于这种抽象的、借助各种新表述而精彩纷呈的观点：只有不断颠覆社会科学中的流行范式，才能在每时每刻都把握到社会变革的机会。伴随着一种规范性的、源于赫希曼社会主义初始立场的兴趣，把该观点应用于今天仍具有影响力的经济理论传统上，进而围绕这一传统的基本概念与指导思想，指责其错过了有益的市场机遇——只有这样，该观点才在赫希曼的著作中变得有血有肉。经济主体不仅仅出于自我利益而行动，而且会在不同的政治、文化条件下出于对共同利益的"真正关切"（genuine concern）而行动——只有看到这一点，才能在民主与资本主义之间完成最终调和。虽然，赫希曼的这个核心思想不断在新的领域得到验证，但直到他去世，都没有受到专业学界的真正重视，这或许是这位伟大知识分子幸福生命中的唯一阴影。

恐惧与伤害的历史性

——朱迪丝·施克莱思想中的社会民主主义特质

尽管在当下的美国和英国，朱迪丝·施克莱是与汉娜·阿伦特齐名的人物，但在德语世界，她却至今几乎默默无闻。虽然，她那本影响深远的著作《不正义的多重面孔》已在 20 年前由奥托·卡特舍尔译成德语，但这也无济于事。[1] 在我们这里，当提到"政治自由主义"的观念时，主要是指约翰·罗尔斯的正义理论或汉娜·阿伦特的自由共和主义，却很少考虑到，对自由主义的辩护还存在其前提完全不同的替代方案。如果人们翻阅朱迪丝·施克莱的重要作品，尤其是最近以德文出版的《恐惧的自由主义》[2] 一文，就会很快认识到她为自由主义辩护的替代方案。与罗尔斯或阿伦特完全不同，施克莱认为，自由主义之所以在伦理上优于其他政治秩序观念，完全是因为其制度机制能够防止历史上对人类的最严重侵害，仅此而已。对政治自由主义的这种辩 护基于一种否定主义的原理：并不寻求构建理想的状态，而是竭

---

[1] Judith Shklar, *Über Ungerechtigkeit*, Berlin 1992（engl. Original：*The Faces of Injustice*, New Haven/London 1990）.

[2] Judith Shklar, *Der Liberalismus der Furcht*, herausgegeben und übersetzt von Hannes Bajohr, Berlin 2013.

力避免那些应受谴责的东西。[1]这恰恰是理解朱迪丝·施克莱
作品的关键。在德国——这个不久前曾因政治残暴与国家恐怖而
闻名的国度——施克莱作品理应引起极大的兴趣。

　　将朱迪丝·施克莱与汉娜·阿伦特的政治哲学进行对比，这
是很自然的。两位女性在前后二十年时间里成长于波罗的海沿岸
的两个重要城市（前者在哥尼斯堡，后者在里加），并最终在美
国学术体系中功成名就。虽然，她们的理论有同有异，但都反映
出当犹太人颠沛流离的命运降临自己头上时，那些挥之不去的政
治经历。[2]最明显的相似之处在于，由于身处学术体系的边缘
（这种边缘地位从未完全消失），这两位极具天赋的女性都发展出
了有别于当时主流政治哲学学说的写作方式与论证模式。在她们
的政治哲学著作中，汉娜·阿伦特与朱迪丝·施克莱都是出色的
叙述者，时常借助对历史事件的细致描绘来证明自己观点，并且
毫不避讳地强调个体的性格品质、美德及恶习在规范性背景中的
作用。当然，她们作品中的这种叙述形式——试想阿伦特的《极
权主义的起源》或施克莱的《不正义的多重面孔》[3]——不仅仅
是体现了两位作家对风格自主性与学科独立性的追求。虽然，或
许她们仍带有女性写作方式的特定元素——正如茱莉亚·克里斯
蒂娃在汉娜·阿伦特身上所看到的那样[4]——但她们的理论风

---

[1] 关于政治理论的这一否定主义的主题，参见 Jonathan Allen，»The place of negative morality in political theory«, in: *Political Theory* 29/3（2001），S. 337—363。

[2] 关于两位理论家的初步比较，见拙作 »Flucht in die Peripherie. Judith Shklars Rezension von Hannah Arendts ›Between Past and Present‹«, in: *Deutsche Zeitschrift für Philosophie* 56（2008）6，S. 26—30。

[3] 关于朱迪丝·施克莱这本书的叙事结构，主要参见 Martha Nussbaum，»The Misfortune Teller«, in: *The New Republic*（November 1990），S. 30—35。

[4] Julia Kristeva, *Das weibliche Genie Hannah Arendt*, Hamburg 2008, bes. S. 28 ff.

格主要体现了其共同的政治观点及政治哲学使命。对于那种从最高原则推导出有关政治行动要求的规范性陈述的观点，她们都同样敬而远之。相反，只有遵循自下而上的原则，对典型的个别案例与典型事件进行仔细概括，才能得出能够为规范性理论奠基的各项规定。这两位女学者对古代历史书写、法国道德学家以及现代小说文学的所有钦佩，都源于上述对判断力的方法论预判。尽管朱迪丝·施克莱偶尔对约翰·罗尔斯的哲学工作表达敬意，但与汉娜·阿伦特一样，她也认为只有剖析尽可能多的个案之间的共同点，才能合法地得出普遍性的论断。

250

人们或许会猜测，是不是她们自己的人生阅历——必须不断地把自己置于新的背景与文化视角中——使她们对演绎方法、政治哲学的体系性设计与以原则为导向的思维都采取了上述保留态度。不管怎么说，汉娜·阿伦特与朱迪丝·施克莱之所以对那些不顾当地历史情况而匆忙从普遍推导出特殊的方法表示怀疑，也许就是因为她们那如断梗浮萍般的经历。在对政治行为进行分析时，这种共同的经历可能让她们倾向于反复强调个人美德或恶习的重要性；对于个人而言，在抗击极权主义威胁与国家迫害的斗争中，道德决心与勇气之重要性不言而喻，任何对此感同身受的人，或许都永远不会忽视个人性格品质的政治意义。在自由主义共同体中，那些甚是平常的恶习（例如阶级自负与势利）找到了赖以滋生的土壤，出于对这一内在威胁的洞察，朱迪丝·施克莱写下了令人印象深刻的著作——《平常的恶》。[1] 书中借狄更斯、简·奥斯汀和福克纳等经典小说中的例子，探讨了令人不快的性格特征与损害民主的行为方式之间的界限，正是这些精湛的人物

251

---

[1] Judith Shklar, *Ordinary Vices*, Cambridge/MA 1984.

研究，将她与汉娜·阿伦特的思想亲缘性体现得淋漓尽致。

　　然而，这两位政治哲学家著作的共同之处也就到此为止，而且主要集中在论证风格和某些关注点上，而不是在各自理论的实质核心方面。她们的不同点——让我们再次从作品外在风貌谈起——首先在于，朱迪丝·施克莱并不倾向于任何时代诊断的或历史哲学的推测。在所有著作中，汉娜·阿伦特都试图透过世界历史范围的精神发展视野，对20世纪的政治难题进行分析。而比她年轻二十二岁的施克莱对政治思想史的谈论冷静而清醒，几乎不涉及人类自我认识这一关键问题。两种理论在形而上学热度上的差异不能这样简单解释：由于汉娜·阿伦特曾在马堡、弗莱堡和海德堡学过哲学，所以她了解并钻研着德国思辨思维的传统。诚然，朱迪丝·施克莱没有在德国学习过——像她这般年纪、这般出身的人，又有谁会在20世纪50年代做此打算呢？——但她在美国求学期间深受德国古典哲学家的熏陶，以至于能够在后来写出关于黑格尔《精神现象学》中政治内容的精彩著作[1]，并且对尼采至马克斯·韦伯的思想发展脉络了如指掌。因此，两位思想家在处理政治哲学的挑战时所展现的不同气质，并非知识水平或教育视野之差异所致。起决定性作用的，或许是以下事实：在汉娜·阿伦特负笈求学之处，追求真理与哲学思辨的宏伟姿态曾是精神贵族不可或缺的思想风格。尽管她也具有令人耳目一新、直截了当的现实主义，但阿伦特总会自然而然地将哲学史带入政治哲学之中。而施克莱成长于英美大学清醒的分析哲学氛围之中——在那里，"世界异化"（Weltentfremdung）

------

[1] Judith Shklar, *Freedom and Independence. A Study of the Political Ideas of Hegel's »Phenomenology of Mind«*, Cambridge 1976.

与"意义丧失"（Sinnverlust）被斥为形而上学的呓语——因此，
她从一开始就把这种思辨性的拔高视作荒谬的，甚至是不无危险
的。[1]在朱迪丝·施克莱的作品中，我们看到了一位政治女哲
人的独特形象：她试图在自己所熟知的希腊古代传统与理想主义
的启蒙传统中，为自己的政治理论汲取营养，而另一方面，她的
政治理论显然也深受怀疑主义的经验论这种盎格鲁—萨克逊精神
之影响。

    理论类型的这些差异也体现在两位作家在其生命历程中所形
成的政治学说之实质核心中。当然，汉娜·阿伦特和朱迪丝·施
克莱都被视作政治自由主义的杰出倡导者，但她们各自的自由主
义却有着天壤之别。对阿伦特而言，自由主义国家体制的正当性
在于，为所有公共领域政治实践的交往结构提供受法律所保障的
空间；而在施克莱看来，这种正当性来源于人类心理状态的另一
极端，即并非源于对公共自由的争取，而是对残暴与痛苦的恐
惧。倘若我们试图弥合两种论证方式的差异，或许可以说：自由
主义之所以有其正当性，在汉娜·阿伦特看来，是因为它能够在
制度上保证共同意见与共同意志的形成，而在朱迪丝·施克莱看
来，则是因为它能够在制度上避免政治专断及个人恐惧。在这
里，我们或许可以再次推测，两位作家各自的初始直觉与人生历
程之间存在密切联系：如果说阿伦特对自由共和主义的主张反映
了这位犹太流亡者的渴望（即最终能够与志同道合之士共同决定
自己的政治命运），那么，施克莱对自由主义国家体制的捍卫则
揭示了追求自由的另一层原因——对国家迫害与政治恐怖的持续

---

[1] Vgl. Judith Shklar, »Antike und Moderne. Rezension zu Hannah Arendts ›Between Past and Present«, a. a. O.

恐惧。但是，只要仔细观察施克莱政治理论的核心，就不难发现，事实并非如此，作为一个流亡者，她对自由主义的辩护并不局限于自己的人生经历，并非仅仅出于对自身安全的需求。

施克莱在著作中对历史的观察从不间断，基于这种观察，她构建了自己的自由主义谱系，并试图描述自由主义原初的诉求：为了应对 16 世纪和 17 世纪宗教战争期间几乎席卷整个欧洲的暴行，自由主义学说产生了，据此，必须对国家与准国家机构的权力进行限制，以维护所有公民的个体自由与安全。[1]因此，这种新政治理念的初衷并不是为自由、无阻碍的商品交换提供制度性的前提，也不是为公共意志的形成创造条件，而是为了尽可能避免和消除暴力——正是对暴力任意的、无节制的使用让可怜的百姓苦不堪言。至于是谁把自由主义视作最高意义的伦理—政治成就，从施克莱对自由主义初始阶段的这种概述中，人们一目了然；为了说明自由主义学说价值之缘起，施克莱并不是从统治者的角度来描述宗教战争，而是与"小人物"——临时工、小农和流浪者，正如人们过去所说的那样——站在一起。在她的历史重新定位中，朱迪丝·施克莱所试图勾勒的政治理念是一种"自下而上"的自由主义。正如乔治·凯特布所正确指出的那样，[2]这种自由主义根植于一种道德心理学，后者借助历史书写及小说文学的现象学手段，来理解那些迄今为止任由历史进程所摆布之人的痛苦。

作为朱迪丝·施克莱自由主义的基础，这种道德心理学旨在分析历史失败者在面临压迫与政治上的无能为力时所产生的

[1] Judith Shklar, *Ordinary Vices*, a. a. O., S. 5.

[2] George Kateb, »Foreword«, in: *Judith Shklar, Political Thought and Political Thinkers*, Chicago/London 1998, S. xi.

情绪感受。她认为，在这些情形下，主导性的情绪就是恐惧——暴行、社会的贫困以及任人摆布的命运，让人惶惶不可终日。通过类似的词汇，康德在自己的历史哲学中揭示了，为何仔细聆听历史之人，只会徒留一声"叹息"[1]。作为汉娜·阿伦特的同道中人，瓦尔特·本雅明曾说，所有历史事件都只能用"恐怖"来看。[2]正如朱迪丝·施克莱所言，如果我们没有被理想化的描述所迷惑，那么我们就会很快意识到，历史进程中的人类从一开始就被害怕、恐惧所笼罩，担心自己会沦为统治者暴行、剥削与压迫之下的牺牲品。在施克莱看来，政治理论必须与这种情感反应相适应。政治理论使命就在于，规范性地设计一种符合所有人普遍利益的国家秩序。任何从更高层次需求（比如社会荣誉或政治自由）出发的其他做法，都无异于将少数人利益置于受苦受饿的多数人利益之上。朱迪丝·施克莱认为，只要导致恐惧的政治或社会因素没有完全清除，就没有理由去考虑那些更为精致的政治秩序模型；相反，政治理论的首要任务就是置身于历史失败者的视角，抵御那些在他们看来最糟糕、最具威胁性的事情。

　　然而，这种理论建议很容易让人怀疑，它所追求的其实就是一种"道德最小主义"（moralischer Minimalismus），只要有生计保障和法治保护，便可以心满意足。的确，朱迪丝·施克莱的一些表述会给人这种印象：她在捍卫法治与分权这些自由主义原

[1] Immanuel Kant, »Beantwortung der Frage: Was ist Aufklärung?«, in: ders., *Gesammelte Werke*, Frankfurt am Main 1964 (Suhrkamp Werkausgabe), Bd. 11, S. 58.

[2] Walter Benjamin, »Über den Begriff der Geschichte«, in: ders., *Gesammelte Schriften*, Bd. I.2, Frankfurt am Main 1974, S. 696.

257   则时，念兹在兹的只是能否保障所有公民免受国家专制暴政的
残害。不过，当人们意识到她的道德心理学具有明确的历史维度
时，便会打消这个想法。弱势者与失败者所恐惧的东西，会随
着历史发展而变化，因此可以通过对保护与安全的合法期望——
已经在文明层面上以制度方式建立起来的期望——来分别进行衡
量。可以说，根据这种历史化的意图，政治理论必须首先确定其
对象本身的内部标准（即某个共同体所普遍认可的规范与观念），
然后才能真正站在失败者与受威胁阶级的角度来看问题。因为，
那些在他们眼中恐怖的邪恶与无法避免的宿命，只有在规范性期
望之背景下才能显示出来，而他们之所以能够合理合法地发展出
这些期望，是因为后者已经在社会中被制度化了。特别是在《美
国公民权》一文中，朱迪丝·施克莱明确表示，随着政治体系
的社会道德成熟度的提高，人们对社会威胁、伤害及恐惧的集
体感知能力会必然增强。[1] 这篇作品源于她 1989 年的坦纳讲座
258   （Tanner Lectures），在文中，她试图根据对美国宪法规范的普遍
共识与其历史实践的理解，探讨当下构成美国公民身份的合法要
素。这是个引人入胜的尝试。施克莱在此描绘了一系列激烈的
宪法斗争，揭示了当今美国公民的自尊在何等程度上取决于其不
受限制的选举权。在她看来，对社会经济条件的担忧构成了大多
数人恐惧与焦虑的持续来源，因为普遍选举权的实现必须建立在
这些社会经济条件之上。然而——虽然施克莱的上述分析不足为
奇，但却在这里出现了一个出人意料的转折——美国宪法的第二
条规范（该规范已形成常态并得到验证）有助于减轻这种弥漫的
恐惧；根据她的解释，这表明所有美国公民都必须拥有工作权和

---

[1] Judith Shklar, *American Citizenship. The Quest for Inclusion*, Cambridge/MA 1991.

相应的基本收入，才能够实现其公民身份。[1]

在她研究报告的第二部分——其标题为"收入"（Earning），这个名字不怎么起眼——自由主义者朱迪丝·施克莱摇身一变，成为一个坚定的社会民主主义者。自由权利是平等的这一古典观念必须辅之以经济独立之保障，这似乎不言而喻，同样地，施克莱也认为，每个人都应有平等的机会"自食其力地出人头地"，"毫无顾忌地挣钱养家"。当然在这里，朱迪丝·施克莱的核心概念"恐惧"再次成为通往其传统自由主义的桥梁：正如宪法规范应保证每个社会成员通过行使选举权以不受限制地参与政治自治一样，民选国家也必须确保没有人会为丢掉工作或失去经济独立性而恐惧，因为选举权的核心就在于让民众免受这种恐惧的侵扰。在描绘这种结合时，朱迪丝·施克莱说到，没有"共和的经济"，政治的共和国就不可能存在。虽然并不完全清楚，这种经济对国家干预市场的实际需求最终有多少，但毫无疑问，施克莱这里所想到的是一种由福利国家高度监管的经济形式。

当然，从这一点来看，朱迪丝·施克莱与她伟大先驱兼同志汉娜·阿伦特之间的关联就呈现出了另外一番面相。虽然，乍看之下，施克莱以恐惧为导向的提议似乎糟糕透顶，因为它只允许对自由主义进行极少的辩护，然而现在看来，它比那些立足于人类对公共讨论之追求的高级理论更为光辉且激进。当然，由于汉娜·阿伦特把自己的理论建立在交流性及自我目的性的人类实践之上，因此，她一开始就明确断言，只有在能够保障基本权利且尽可能包罗万象的公共领域条件下，真正的政治才能在自由的共和国之中蓬勃发展；她对当下消费主义与技术统治对公共领域的

259

260

---

[1] Ebd., Teil II.

威胁进行了思考，作出了重要的贡献，这一切都是因为她严格地以人类在交流理解及共同决策方面的特殊角色为导向。然而，对这些核心需求与愿望的执着使得汉娜·阿伦特无法意识到，人们只有在前政治领域的经济生存中获得足够的保障，才有能力积极参与公共讨论；至于哪种经济形式最适合自由共和国的此类问题，她一生都不求甚解，这着实令人困惑。在这一点上，从人类心理状态另一极端出发的理论就体现了其优势：谁在政治理论中强调恐惧与羞耻——古典政治理论视之为"不可告人的动机"（niedere Beweggründe）——谁就必然会认为，国家行为的紧迫任务就在于让民众摆脱生活困境，获得起码的自尊。当然，朱迪丝·施克莱在《美国公民权》的一句话中不无批判地影射了汉娜·阿伦特："毫无疑问，古代的哲学家们认为，生产性和商业性的工作是有失身份的，它使一个人不配称为公民。"[1] 在现代工作社会（Arbeitsgesellschaft）的条件下，情况已不再如此，在这里，尤其是工资依赖者和经济贫困者必须能够行使他们的公民权——这是朱迪丝·施克莱在其《恐惧的自由主义》中所得出的结论之一，而在经济危机时期，人们从自由主义传统中所能汲取的最糟糕的教训不止于此。

[1] Ebd, S. 68.

作为解放的历史学

——昆廷·斯金纳的观念史革命

在德国，几乎没有第二个地方比我们此刻齐聚一堂的演讲厅更适合表彰我们的获奖者了。[1]过去的几十年，比勒菲尔德大学都是一个科学实验室，致力于解决那些从一开始就让昆廷·斯金纳着迷的问题。自1973年以来，莱因哈特·科塞莱克就在这里从事他雄心勃勃的概念史项目，在他看来，只有借助那些有经验支撑且给人期望的概念，我们才能理解历史的发展；大约同一时期，尼克拉斯·卢曼在这里进行他的知识社会学（Wissensziologie）研究，探索伴随着社会历史大变革——这场变革产生了功能分化的现代社会——的语义学转变；最后，在艾克·冯·萨维尼的推动下，德国维特根斯坦研究中心也在这里成立——该中心主要研究这位伟大哲学家的晚期著作，而这些著作构成了昆廷·斯金纳至今重要的，甚至可能是最重要的灵感来源。比勒菲尔德大学是德国的思想之地，正是在这里，历史与系统哲学之间、历史偶然性的意识与理性的普遍性主张之间的张力 被制度性地建立下来。只有在这里，那些构成昆廷·斯金纳作品的驱动力与探索主题的东西成为了持续的学术反思问题。

---

[1] 这篇文章是我2008年在比勒菲尔德大学（Universität Bielefeld）授予昆廷·斯金纳比勒菲尔德科学奖（Bielefelder Wissenschaftspreises）的颁奖词。

有鉴于此，对于比勒菲尔德大学而言，要想从自己的队伍里为今晚的获奖者寻一个颁奖嘉宾，简直易如反掌；但它却把这项光荣的任务交给了我，让一个法兰克福人来致颁奖词，这鞭策着我去关注一种不尽相同的观点——对我的大学而言，这倒不如说是一种典型观点。值此学术庆典之际，自然需要提醒人们铭记昆廷·斯金纳的非凡成就，纪念他在过去近五十年来对观念史及政治理论的发展方向所产生的决定性影响。然而，我将试图澄清这样一个问题：通过对近代早期观念史的卓越研究，斯金纳在多大程度上改变了我们对社会批判的理解？正如我们的获奖者所反复宣称的那样，历史学最终也应当为当代生存境况的批判作出贡献。

在这位英国学者的思想发展轨迹中，很早便出现了后来被誉为政治思想史领域的"斯金纳革命"[1]。当他还是一名才华横溢的年轻剑桥大学生时，他就对言必称伟大经典作家之政治思想的这种方法论态度产生了怀疑；认为经典著作为一些非常基础的、持续存在的问题（而这些问题也是我们所需要面对的）提供了答案——这在斯金纳看来，无异于一种高深莫测的理论臆想。按照科林伍德的著名说法，哲学没有自己的学科领域，它只是为历史上不断出现的新问题提供变动不居的答案。[2] 斯金纳对这个观点青睐有加。受此鼓舞，学生时代的他就开始找寻替代性的方法论。让斯金纳受益良多的是，当时一些英国观念史家——例如彼得·拉斯莱特和约翰·G. A. 波考克——开始主动质疑传统的历史学方式（这种关于永恒教条的

[1] Kari Palonen, *Quentin Skinner. History*, *Politics*, *Rhetoric*, Cambridge 2003, S. 3.
[2] Robin C. Collingwood, *Denken*, Rastatt 1955, S. 41 ff.

历史学立足于我们的视角，仅仅以现时为取向），并把相关重要作者更多地置于其社会历史的语境中进行考察：在 20 世纪 60 年代的短短几年里，诸如约翰·洛克或马基雅维利等人的形象就已经开始发生变化，因为当时的历史环境也表明，这些思想家的理论意图及目标，与我们加诸其上的范式关系不大。[1] 不过，与这一代先驱者相比，斯金纳对方法论的、原初性的哲学问题有着更大的内在兴趣。关于观念史适当形式的元理论问题以及观念史素材搜集的挑战吸引着他，使他很快就养成了在系统方法论研究与历史调查之间交替切换的习惯。在哲学意图与观念史意图的这种双重性中，在对系统理论构建与文献整理活动之间的分工进行扬弃时，昆廷·斯金纳展开了他独一无二的工作。多年来，他的理论创新在此基础上不断推进，现在回过头来看，可以将其理解为一场关于我们政治哲学史的思维方式革命。

265

在 20 世纪 60 年代，斯金纳就发表了几篇讨论霍布斯国家构想之思想背景的文章，此后，他的一篇方法论论文在 1969 年一经发表，便引起了学术界的关注，其影响力远远超出了观念史学圈。在这篇名为《观念史中的意涵与理解》的文章中，他探讨了这样一个问题[2]：在理解政治思想经典作家的文本时，如何能够避免把我们自己的提问与问题视域不假思索地加诸其上？四十多年后的今天，任何重温这篇精彩论文之人都会惊讶于，它与米歇尔·福柯同年出版的《知识考古学》在方法论操作上究

---

[1] Quentin Skinner, *Liberty before Liberalism*, Cambridge 1998, S. 102—106.

[2] Quentin Skinner, »Meaning and understanding in the history of ideas«, in: *History and Theory* 8（1969），S. 3—53；略加扩充后再版于：ders., *Visions of Politics*, 3 Bde., Bd. I: *Regarding Method*, Cambridge 2002, S. 57—89。

竟有多少异曲同工之妙[1]：与福柯一样，斯金纳也想对诠释学虚
构（hermeneutische Fiktion）进行探究——当我们预先把任意历
史文本硬塞进那些源于我们自己时代解释惯例的概念图式中时，
这种虚构便产生了；而这产生了一种错误的印象，仿佛历史上那
些遥远的陈述早就与我们今日的意见交流活动无缝对接，可以融
贯地解决困扰我们的问题。在这篇文章中，斯金纳戳破了三重诠
释学虚构，将其理解为"物化"（Verdinglichung），正是通过这
种虚构，人们把历史文本从当时的社会冲突中抽离出来，当作现
成的理论建构。一旦我们把经典作家们分散且多样的表述未经思
考地纳入我们自己的话语世界，那么这些表述在我们眼中，首先
是解答自身问题的"宝典"（Doktrinen），其次是一个通盘考虑
的理论构想的"融贯整体"，最后就变成了对自己所关注问题的
精准预言或预测。如果说，福柯虽然在《知识考古学》中极尽解
构之能事，到最后也只是留下了一些匿名的表述——就像无意图
的文本要素那样，这些表述应该在档案中才能发掘得到[2]——
那么，斯金纳在当时就已具备了一种理论工具，能够另辟蹊径
获取历史资料，而这一方法在后来也被福柯频繁地运用。与此
同时，昆廷·斯金纳受其哲学兴趣之驱使，开始钻研维特根斯
坦的《哲学研究》（*Philosophische Untersuchungen*），注意到了约
翰·奥斯汀的言语行为理论就是这一哲学兴趣的延续。斯金纳还
借助这些发现，来理解观念史的方法论问题。他的结论是：如
果把文字表达与言语行为——我们在社会中以此行事——等量齐
观，那么，我们就可以把经典文本理解为带有各种政治背景的观

266

267

---

[1] Michel Foucault, *Archäologie des Wissens*, Frankfurt am Main 1973（franz. 1969）.

[2] Vgl. dazu kritisch: Axel Honneth, *Kritik der Macht. Reflexionsstufen einer kritischen Gesellschaftstheorie*, Frankfurt am Main 1986, Kapitel 4.

点，从而避免陷入非历史性的真理神话中。因此，斯金纳一开始就对观念史的理论领域进行了系统挖掘，把所讨论的作品放回它们所处的历史视域中，将其视为因地制宜，且具有直接指向性的观点，而那些作家们正是带着这些观点，试图对自身时代的政治冲突施加影响。套用尼采的话来说，那种仅仅在过去为当下寻找"永恒典范"的"纪念碑式的历史观"（monumentalistische Geschichtsbetrachtung），会被"诱人的相似性"所欺骗[1]；因此，应当用一种具有差异意识的历史学取而代之，严肃对待历史材料所呈现的策略性，甚至对抗性特征，从而保留历史材料自身的特性。

不难看出，这种意图似乎首先产生了再次如尼采所言的"好古的"（antiquarisch）历史观；在《不合时宜的沉思》（*Unzeitgemäße Betrachtungen*）第二篇中，尼采认为，这种历史观是"一种细致入微的感受和对未知的预思"，它"嗅探着几近消逝的痕迹，发自本能地准确阅读尘封之往事，迅速地理解那些故纸堆"[2]。至于昆廷·斯金纳是否从一开始就与尼采一样，对这种观念史方法持怀疑态度，我并不是完全清楚。尼采认为，好古的历史学家"能看到之物寥寥无几，并且看得太近、太孤立……，无法进行衡量，因此他认为每件事都同等重要，并且，每件事都太重要了"[3]。尼采在此提示人们，历史学会因沉浸于背景而面临缺乏衡量标准的危险，这在当代历史理论争论中，也

268

[1] Friedrich Nietzsche, *Vom Nutzen und Nachteil der Historie für das Leben* [1874], in: Friedrich Nietzsche, *Sämtliche Werke. Kritische Studienausgabe*, herausgegeben von Giorgio Colli und Mazzino Montinari, München/Berlin 2012 (9. Auflage), S. 243—334, hier: S. 262.

[2] Ebd., S. 265 f.

[3] Ebd., S. 267 f.

常常被人提及，以质疑斯金纳重构政治理论的方法：在解释历史文本时，这种观念史越是拘泥于当时赋予特定表达以言内力量（illokutionäre Kraft）的合理性标准，它就似乎越是无法从文本中提取出对今天的我们具有信息性或启发性的意义。我们甚至可以更进一步，像伽达默尔那样发问：在努力理解历史文本时，我们是否可以从自己当前的知识和思想视域中抽离出来，在某种程度上不带偏见地把握文本意义？[1]无论这种疑虑在当时对斯金纳产生了何种影响，他仍然坚持与老古董为伴，并向我们解释历史著作，而当这些著作被纳入其时代的政治意识形态冲突时，便会闪现出耀眼的光芒。是的，时至今日，我们可以放心地说：矛盾的是，斯金纳正是运用这种被尼采所斥责的沉浸在历史背景中的方式，为观念史方法与研究作出了一系列突出贡献。

在 70 年代，斯金纳接连发表了大量论文和书籍，进一步发展并落实了他在此期间获得的洞见。他再次以自己典型的方式，在理论工作和历史研究之间游刃有余，从而对社会科学与人文科学的讨论都产生了重要影响。他的两卷本《现代政治思想的基础》[2]一举颠覆了人们迄今为止关于现代政治思想滥觞的想象。现在，这种观念史的文献工作形式表明，用"好古的"视角取代"纪念碑式的"视角，并将历史文本重新放回它自身政治策略的起源背景中，是件多么有价值的事。借助对拉丁文炉火纯青的掌握，斯金纳详细论证了文艺复兴的产生要归功于 11 世纪意大利北部城市一些学者们的尝试——他们试图通过汲取罗马价值观

---

[1] Hans-Georg Gadamer, *Wahrheit und Methode*, Tübingen 1960（2. Auflage），S. 261—274.

[2] Quentin Skinner, *The Foundations of Modern Political Thought*, Bd. 1：*The Renaissance*, Bd. 2：*The Age of Reformation*, Cambridge 1978.

来塑造自由的公民精神，以挣脱教权或皇权的束缚；穿过历史的迷雾，斯金纳或许首次成功解释了现代政治思想的突破乃是概念再创造过程之结果——通过这个过程，国家不再被视作统治者行为的缩影，而是一个非个人的权力机构。当时，在这些开创性论题的背后，是对一种源远流长且迥然不同的诠释传统的批判与拒斥：把文艺复兴的观念解释为政治独立斗争的思想成果，这意味着揭下了其永恒美丽的教化面纱；将现代政治思想追溯到运作良好的国家机器这种概念创新那里，这或许是为了阻止我们到现代政治思想中去探寻被我们所珍视的正义准则之缘起。每一次，斯金纳都通过对政治思想产生背景及其初始动机的激进历史化，颠覆了精雕细琢的"纪念碑式的"观点。像行为一样，这些思想被分析为在规范性—意识形态的冲突中的话语策略（sprachliche Manöver），如此，它们便失去了非历史性教义的光环，成为争夺符号化解释高地的理论工具。

斯金纳把政治观念与道德解释之争的手段融为一体，这在当时不仅推动了材料史学（materiale Geschichtsschreibung）的发展，而且还在社会理论领域结出了丰硕成果。他当时为探寻政治规范冲突的逻辑而撰写的大量文章，即使在今天，其爆发力与现时性也丝毫未减：通过对马克斯·韦伯观点的概括，斯金纳从理论上讨论了社会行为者是如何能够修辞性地利用具有道德积极内涵的已有术语，来描述他们自己新的，且存在问题的行为实践，并逐渐将其公开合理化。[1] 只有在这种充满冲突的伦理重估过

271

---

[1] Quentin Skinner, »Moral principles and social action«, in: ders., *Visions of Politics*, Bd. I, a. a. O., S. 145—157（ursprünglich unter dem Titel: »Some problems in the analysis of political thought and action«, in: *Political Theory*, 2 [1974], S. 277—303）.

程的最后阶段，才体现出我们能够在某种程度上人为且客观地视为一种新型政治理念的东西：这里所说的是一种创新术语的复合体——一种当转变的观点或生活方式成功被稍有差异的传统价值观所覆盖时，在文化中持续存在的复合体。时至今日，斯金纳三十年前的这些思考所产生的理论效果毋庸置疑，而人们在回顾中则常常希望这种效果能更早地出现；假如在正统马克思主义衰落后不久，就能够像这些开创性的文章那样，明确规定社会合法化的重估功能，那该可以免去多少关于意识形态概念以及道德历史角色的徒劳争论啊！

272

　　尽管斯金纳的作品自出心裁，很快便取得了令人瞩目的成就，然而在70年代，它们仍带有一种令人诧异的不适。在不少段落中，他似乎在自我安慰般地为自己辩护：自己的事业最终并非只会导向一种寂静主义的（quietistisch）、好古的历史观。在此期间，斯金纳的作品似乎因尼采而蒙上了一层阴影。人们一再怀疑，像他这般在历史文献中寻踪觅迹，能否对我们今天的自我理解有所助益。在昆廷·斯金纳那里，对历史真相的探索与对现时代的批判至少是相互平衡的，对这样的作家而言，上述疑问定然会不断推动着他再接再厉、转变观念。尽管这可能纯属猜测，但我相信，正是与尼采这一令人不安的怀疑发生的摩擦，最终促使斯金纳寻求对"好古的"历史观进行更具批判性的使用。

　　当然，到目前为止，我们对斯金纳工作所了解的一切，本身就是一项令人印象深刻的成就。在他所采用的历史化视角下，过去的政治著作失去了其僵化的、纯寓言的特点，被重新置于其诞生之初的原始情境中，从而恢复了其原本的特征，获得了言语的生机与力量。同样重要的还有同时进行的社会学尝试：以利益为参照，对有关评价与赞许的现有词汇进行重估，通过逐步发掘

273

这种重估背后的逻辑，进一步探索政治观念在策略性冲突中的产生语境。但是在阅读斯金纳的所有相关作品时，人们仍然会获得这种矛盾的印象：随着这种历史化进程的推进，我们的当下与政治思想的过去之间的鸿沟就会越来越深，越来越难以弥合。作者越是深入历史文本的产生语境，越是审慎地在那里探寻其思想原因、论战对象以及修辞意图，那么，这些文本就越是无法与我们的需求及问题有所关联，我们与它们的距离就越是巨大。在我看来，作为尼采疑虑的余音，这种不安对昆廷·斯金纳而言也并非完全陌生。然而，只有当他开始使用自己重新发现的共和主义的自由这一概念，将其作为历史学工作的方法论关键时，他才找到了一条出路。

斯金纳很早就对自由概念产生了兴趣，正是这种概念或多或少地构成了意大利北部诸共和国政治自我理解的基础。在这里，每个公民所享有的自由并不被理解为他个人的成就，而是他生活在其中的整个共同体政治形态的结果，该共同体通过践行公心、相互奉献的美德来保持其独立性，以免受任何外国统治的威胁。80 年代初，斯金纳对这种自由概念的兴趣与日俱增，并发展成为其研究的一个独立分支：在 1981 年以英文出版的关于马基雅维利的观念史研究中[1]，他用一整章的篇幅来探究因道德败坏而丧失自由的危险；三年后，他以系统性的方法对历史进行探究，借助以赛亚·伯林"消极"和"积极"的自由之分，阐明马基雅维利的概念成就。至此，斯金纳更为清晰地认识到，马基雅维利的言论只是一个更大的"新罗马"（neo-römisch）传统中的一种声音，而这种传统对个体自由的理解与我们现代的区

[1] Quentin Skinner, *Machiavelli*, Oxford 1981.

分并不相符：在这里，尽管个体自由最初只是一种纯粹消极的
规定性——因为它被理解为无障碍地追求个体所选择的目标——
但与此同时，缺乏合作态度也被视作一种决定性的障碍，所以总
体而言，个体自由仍然与面向共同利益的公共美德这一前提相联
系。在斯金纳看来，这种在文艺复兴时期发展起来的自由概念有
其特别之处，即单纯个体自由的实现需要以集体共同的实践为条
件。每个公民只有在与自己同胞的合作中，同时践行那些确保他
们共同体独立于外国统治的美德时，才能够按照自己认为合适的
方式追求个人偏好。通过重读马基雅维利，斯金纳首次提出了上
述自由概念，此后，他开始不断地在新著作中试图更清晰且更具
哲学力度地将其勾勒出来。在观念史研究与系统性研究的为人所
熟知的相互作用中，斯金纳认为，正是霍布斯凭借其对主权的开
创性建构，最终终结了新罗马的自由传统[1]，同时，斯金纳在此
继续进一步澄清了这种自由观与"消极"自由观的关系。[2]可
以说，当时政治哲学研究的这些全部成果都已成为整个理论运动
的灵感源泉及驱动力：受菲利普·佩蒂特研究的启发，无支配
（Nichtbeherrschung）的思想成为另外一种自由模式的基础，这
种自由既不能被简化为单纯的选择自由，也不能被简化为积极自
由。[3]在某种程度上而言，这种共和主义的自由概念被认为是
道德中立的，我不想谈论自己对这一概念的质疑；毕竟，颁奖词

[1] Quentin Skinner, *Visions of Politics*, Bd. III: *Hobbes and Civil Science*, Cambridge 2001, v. a. Kapitel 7; vgl. inzwischen auch: Quentin Skinner, *Freiheit und Pflicht. Thomas Hobbes' politische Theorie* (Frankfurter Adorno-Vorlesungen 2005), Frankfurt am Main 2005.

[2] Quentin Skinner: »The idea of negative liberty. Philosophical and historical perspectives«, in: Richard Rorty/J.B. Schneewind/Q. Skinner (Hg.), *Philosophy in History*, Cambridge 1984, S. 193—221.

[3] Philip Pettit, *Republicanism. A Theory of Freedom and Government*, Oxford 1999.

并非解决各方悬而未决的复杂问题之处。我感兴趣的问题是，斯
金纳是否以及在多大程度上受到自由主题——他在马基雅维利身
上发现了这一主题，并持续加以关注——的启发，进而对自己的
历史学形式有了某种不同的看法。最后，我想提出一个问题：对
于指导斯金纳观念史研究的自我理解而言，无支配的观念究竟带
来了什么变化？

　　事实上，在80年代末90年代初，越来越多的迹象表明，
出于对共和主义自由模式愈发浓烈的兴趣，昆廷·斯金纳开始
改变自己工作的方法论描述。如果说，到目前为止，即便在
面对内部批判之时，也总会有人固执地认为，观念史的历史化
本身就具有价值，因为它恢复了历史应有的权利，那么，从此
刻起，一些表述则指向了另一个完全不同的方向：现在，人们
首次论战式地谈及一种纯档案性的历史学（bloß archivarische
Geschichtsschreibung），首次提到观念史也必须对我们当下有所
作用。然而，这些零散的评论绝不应该被视作对先前发展的语
境探索法（Methode der Kontexterschließung）的背离；时至今
日，斯金纳仍然坚信，只有当我们把握历史上的政治著作在其时
代观念斗争中的策略意图时，我们才能理解其意义。然而，如果
这些著作历史化的、"好古的"性质没有任何改变，那么观念史
又何以对我们今天的自我理解产生意义呢？尼采认为，出于自我
纠正的原因，在"好古的"历史观之后出现的，是一种"批判
的"历史观，如他所言，这种历史观具有"打破与消解过去"的
力量。[1]按照尼采的说法，为了不受困惑地活在当下，我们应

276

277

---

[1] Friedrich Nietzsche, *Vom Nutzen und Nachteil der Historie für das Leben*, a. a. O.,
S. 269.

当把历史档案带到法庭上，依照我们自己的标准审判之、超越之。[1] 然而，这肯定不是斯金纳想要的解决方案，因为他对我们历史中政治证据的内在权利及其思想价值深信不疑。斯金纳并不打算用一种"批判的"历史观代替"好古的"历史观，而是想赋予好古的观念史本身一种批判的功能。但是，当这种历史研究似乎只关注过去时代的意义视域时，这如何可能呢？

在我看来，当我们审视斯金纳所热衷的自由主题对他作为观念史家的自我理解产生了何种影响时，他在此期间得出的解决方案便会浮出水面。为了在这里建立系统性的联系，他的思想发展需要经历两个步骤。首先，在历史中洞察到霍布斯对新罗马的、共和主义自由概念的压制，将这种洞察视作对扩大自由的贡献，这是很有必要的；第一个提示出现在斯金纳的著作中，他谈到，我们今天之所以知道自己在政治上的自我理解是有限的，是因为我们不再拥有文艺复兴时期的另一种自由观。应当这么说，当某种思想视域阻碍了我们，让我们看不到过去曾被提出的替代方案时，这种视域就可以被理解为对自由的限制；在某种意义上——套用斯金纳最喜欢的作家维特根斯坦的话来说——我们被困在一个固定的图像中，无法考虑其他可能性。如果要对这个最初只是以共和主义自由观为例发展起来的论题加以概括，那么可以说，一旦思想视域与价值视域不再允许我们思考历史上曾被设想过的替代方案，它们就应被视作支配的形式；这种思想上的排斥与封闭会让我们沦为"奴隶"或依附者，就像脱离了民主控制的政府或外部强加的统治一样。可以说，在第一个步骤中，斯金纳采纳了共和主义的自由观，将其在欧洲观念史中

[1] 据此同上。

被压制的命运描述为一种禁锢自由的形式：我们今天几乎无法接触到新罗马传统的自由观这一事实，本身就体现了一种外在支配（Fremdbeherrschung）的形式，而我们为了自身自由，必须与之斗争。

正是围绕对这一斗争方式的思考，斯金纳展开了他的第二个步骤。他在这里要回答的是这样一个问题：究竟什么样的理论态度或学科才能把我们从当前限制自由的思想视域中解放出来？显然，仅靠"纪念碑式的"历史方法，是无法担此重任的；因为它只会让我们在过去——就像在镜子里一样——重新看到自己今日已经拥有的所有观念与思想，而它们的唯一作用就在于限制我们。就此而言，我们需要一种观察历史的形式来发掘过去的思想资源，允许后者在其陌生性中、在其对于我们起初几乎难以理解的意义中存在；只有当这些过去的观念有别于今日，作为现有思想视域的真正替代方案而出现时，我们才能借此打破我们自我理解的思想枷锁。因此，这个任务——从限制自由的范式中获得解放——只能交由历史化的观念史来完成：我们越是把自己置于过去时代的思想语境中，就越是能够意识到能够替代我们今日所想的那些观念。同时，斯金纳希望将这种自我理解放进自己语境主义的（kontextualistisch）历史学形式中，旨在通过历史化让我们意识到一种立足于过去的思想可能性，借此将我们从当下油盐不进的思维定势中解放出来。纵观其思想发展，一言以蔽之，昆廷·斯金纳——同尼采所有的指示完全相反——成功赋予了"好古的"历史观以批判的、甚至解放的意义。为此壮举，我谨向昆廷·斯金纳致以最诚挚的祝贺。

"世界末日之后"

—扬·菲利普·雷姆茨玛的社会理论[1]

迈克尔·沃尔泽在《怀疑与干预》一书中，广泛概述了20世纪社会批判的各种形式。[2]在二十多年后的今天，这本著作引人注目的地方在于，它系统性地忽略了某种类型的批判性知识分子。在这本书中，我们可以看到批判理论家如马尔库塞——他对我们日常文化的规范潜力如此怀疑，以至于只能用自由社会的乌托邦来对抗糟糕的整体；也可以看到立足局部的（lokal operierend）知识分子如伊格纳齐奥·西隆——他调动了自己意大利本土文化的价值，来批判社会、政治发展的扭曲；最后，在米歇尔·福柯身上，我们看到了一种孤独的批评家——他以一种拒绝接受任何社会安排的态度，愤怒地晃动着"铁笼的栅栏"[3]，却无法指出通往解放的道路。并不是说，沃尔泽从诸形象总和中所得出的结论完全能够令人信服。尽可能不考虑社会理论的要素，而是坚定地以诠释学的方式调动那些文化所赋予的价

---

［1］这个大标题取自阿多诺《最低限度的道德》（ *Minima Moralia* ）中的一个表述，扬·菲利普·雷姆茨玛在他的研究报告《信任与暴力》（ *Vertrauen und Gewalt* ）的导言中提到了这个表述。

［2］Michael Walzer, *Zweifel und Einmischung. Gesellschaftskritik im 20. Jahrhundert*, Frankfurt am Main 1991.

［3］Ebd., S. 286.

值——这在沃尔泽看来，是 20 世纪批判性知识分子能够留给我　281
们的唯一教诲。[1]然而，我怀疑沃尔泽对我们日常文化的道德
力量过于信赖了，就好似不存在亟需社会理论解释的意识形态
掩饰、媒体变形以及病态歪曲一般。[2]但是，除了这种基于系
统性差异的理论反对之外，迈克尔·沃尔泽的研究还有一个特
别恼人的地方，即完全忽略了一种在 20 世纪不容忽视的知识分
子形象：在这本厚达 333 页的书里，我们没有看到普里莫·列
维、汉娜·阿伦特或让·阿梅里——这些知识分子的时代诊断和
批判性观点都源于对文明断裂的畏惧。这些思想家对 1945 年后
的时代分析所作的贡献，既不是出于对我们生活世界道德潜力的
坚定信心，也不是出于对自由社会乌托邦形象的奇思妙想；毋宁
说，他们的所作所为都出于对 20 世纪暴行的恐惧，并将此以理
论的形式呈现了出来。在列维、阿伦特或阿梅里等人身上体现的
知识分子类型，并无法纳入沃尔泽所提供的体系中；他们的批
判态度既不源于既定价值的规范性泛滥之感，也不源于乌托邦　282
式的渴望，既不源于对某个局部的信赖（lokales Vertrauen），也
不源于对更美好未来的憧憬，而仅仅源于将恐惧转化为清醒且
无幻想的知识的艰辛努力。要了解扬·菲利普·雷姆茨玛这位
知识分子的形象，人们所首先想到的参考点就是这群不耽于幻
想、在阵痛中清醒的社会批判者。尽管雷姆茨玛在"二战"后第
七年才出生，但他的每一句话似乎都是从刚刚过去的野蛮的恐怖

---

[1] Ebd., Kapitel 13.
[2] Vgl. Axel Honneth, »Idiosynkrasie als Erkenntnismittel. Gesellschaftskritik
　　im Zeitalter des normalisierten Intellektuellen«, in: Axel Honneth (Hg.),
　　Pathologien der Vernunft. Geschichte und Gegenwart der Kritischen Theorie, Frankfurt
　　am Main 2007, S. 219—234.

中锤炼而来的。他甚至用了一整篇宏大的文章来讨论方法论悖论——一方面，我们对文明断裂的科学解释兴致勃勃，另一方面，我们又希望在事件中保留其完全无法通过理论来把握的恐怖性（Grauenhaftigkeit），而这两者无法调和、持续冲突。[1]但就如前面所提到的让·阿梅里或汉娜·阿伦特等人一样，雷姆茨玛并未止步于对这种纯粹恐怖的表达；相反，他也想把对灾难的切身感受转化为一种尽可能脱离情绪的知识，让束手无策的理性至少能扳回一城。这种努力（即对恐怖进行理论性的升华）成就了无与伦比的事业，构建了一种后奥斯维辛的社会理论。这种对文明与野蛮之间的"联盟"进行探索的尝试并不寄希望于对人类的根本改善，因而更像是一种深沉清醒的人类学——它不完全是黑色，但却是深灰色的。然而，这项事业并不仅限于作出令人沮丧的诊断，而且还能够得出实际的洞见，或许，这是从雷姆茨玛理论中所能看到的最有趣之事。关注他著作的发展，意味着从不带幻想的精神中见证一种道德伦理的诞生。

—

　　谈到扬·菲利普·雷姆茨玛，如果只强调他伟大的写作天赋，令人惊羡的教育背景，以及在各个专业学科之间游刃有余的能力，那是远远不够的。诚然，所有这些说法都没错，我们的确面对的是一位技艺精湛、博闻强识的大文豪，似乎没有哪门人

[1] Jan Philipp Reemtsma, »Über einen ästhetischen Einwand«, in: ders., *Mord am Strand. Allianzen von Zivilisation und Barbarei*, Hamburg 1998, S. 208—223.

文学科让他感到陌生。即便如此，这样的叙述却很难刻画这位知识分子兼精神科学家那独树一帜的态度。当然，考虑到单个学科的狭隘性——即使今天的科学政策鼓励跨学科，但这种狭隘性仍与日俱增——倘若科学界能出现一个知道如何在各个学科之间游刃有余的人，收获就已经不小了；而德国科学文献的糟糕状况也一定会告诉我们，如果一个理论家仍然掌握语言优雅和修辞夸张的艺术，其价值是什么。然而，由于雷姆茨玛的著作一再产生令人困惑的效果，因此，所有这些赞誉就格外显得不痛不痒、无甚意义了：华丽的语言风格，扎实的教育背景，自然而然的学科交叉——仿佛这些赞誉在此唯一且必然的作用就只是告诉我们，究竟什么样的作者才能写出这些看似如此南辕北辙的作品。只有在作品中的少数几个地方，生命主题的私密核心领域才露出端倪——足够谨慎，而不会沦为一群寻找心理线索的解释者们猎奇的对象。当然，这构成了短篇小说《地下室里》极为隐秘的历史背景。[1]在这本书中，扬·菲利普·雷姆茨玛冷静记录了自己作为一场残酷绑架案的受害者，是如何卷入非人化（Entmenschlichung）与自我物化（Selbstverdinglichung）的漩涡之中。在这一案件中——我们只要意识到这是个家庭纠纷就足够了——作者以一种代入性的，但也不失为个人体验的方式遭遇了纳粹暴行那残酷且不可估量的罪责：对受难者亲属与幸存者而言，切身的震撼会让他们首先瞠目结舌，同样，对那些罪犯的后人而言——倘若他们仍保留道德感的话——亦是如此；与前者一样，后者起初也因恐惧而僵硬，因未采取任何措施阻止灾难而在心理上陷入自责。在这种精神创造的荒野里——其残酷程

284

---

[1] Jan Philipp Reemtsma, *Im Keller*, Reinbek bei Hamburg 1998.

285　度（无论是直接还是间接经历的）不容许任何应对的思考，理论升华这一无限艰巨的工作开始了。这项工作旨在对忍受暴行所需的能量逐步加以引导，让其在思想上把握导致灾难的过程。堆积的尸体、残破的躯壳，面对这些反复出现的痛苦画面，需要强大的心灵，而在一定程度上，这种心理力量将被转化为分析暴力与野蛮基本产生机制的理论能力。之所以普里莫·列维和让·阿梅里这样的作家能够重新找到回归思想活动之路，之所以扬·菲利普·雷姆茨玛能够成为连接文明与残酷的理论家，其原因大抵如此。化震惊为洞见，化恐惧为知识——正是这种痛苦的努力让他们在上述两种情况下得以分析性地穿透人性与野蛮的纠缠。

　　作为这种转变的结果，雷姆茨玛清醒地认可了身体暴力在历史上所起的关键作用。他所有的社会理论著作都基于这样一个发现：人类历史从古至今都以暴力与暴行为标志。他喜欢克里斯托夫·马丁·维兰德的一句话。在维兰德看来，历史之书充斥着卑鄙、邪恶与残忍，"只有恶贯满盈之徒才活该配得上阅读它"[1]。

286　类似的段落在康德身上也能找到。在一篇历史哲学论文中，康德郁闷地指出，在历史进程中，暴行和"反人性的罪行"堆积如山，敏感的同时代人只能从中听到长长的"叹息"[2]。在雷姆茨玛看来，这个被许多18世纪启蒙思想家所认同的发现并不是一种否定人类学（negative Anthropologie）的结果；否定人类学关于人性坏或人性恶的推断意味着低估了我们行为的可变性，正如

---

[1] 转引自 Jan Philipp Reemtsma, »Was heißt: aus der Geschichte lernen?«, in: ders., *»Wie hätte ich mich verhalten?« und andere nicht nur deutsche Fragen*, München 2002, S. 30—52, hier: S. 38。

[2] Immanuel Kant, »Beantwortung der Frage: Was ist Aufklärung?«, in: *Werkausgabe*, Frankfurt am Main 1964, Bd. XI, S. 58.

文明成就的前进和倒退所证明的那样。雷姆茨玛认为，对他人施暴的意图或欲望并非人类天生的趋势、不变的倾向或根深蒂固的气质，而是其永久可支配的诸多可能性中的一种。简而言之，暴力"就像音乐或同情一样，属于人类的能力"[1]，人类既可以运用它，也可以不运用。然而，这种远离否定人类学的举措并不意味着，区分人类暴力能力的各种形式是没有意义或可取之处的。即便我们不把身体伤害与杀害他人理解为人类不变的需求，而只是其无数可能性之一，但在雷姆茨玛看来，也仍有必要就其失控程度（Grad der Enthemmung）以及发展趋向作出区分。因为对他而言，如果没有这样的区分，我们就无法在历史进程中清楚地了解自己当下所处的位置。什么构成了一种文化，它与其他历史时代之关系如何——根据雷姆茨玛的说法，这完全可以由以下问题来衡量：这种文化允许哪些形式的暴力？它在制度上使哪些人类暴力的能力成为可能？哪些暴力是它通过防范措施所试图消除的？在传统的历史学中，一切似乎都围绕人类自由的机会以及与之相适应的规范而展开；而雷姆茨玛则希望通过对传统历史学的独特颠倒，聚焦暴力与恐怖的社会形象：不该把历史进程理解为一场争取公正秩序、平等与权利的斗争，而应当将其理解为调节暴力形式过程的持续上下波动。这种历史观以暴力的社会组织形式为准绳，正是在践行这种历史观的基础之上，扬·菲利普·雷姆茨玛建立了自己的社会理论，其出发点就在于，对人类所具备的暴力类型进行区分。

在雷姆茨玛的著作中，很早就出现了区分不同暴力类型的

---

[1] Jan Philipp Reemtsma, »Freiheit, Macht, Gewalt«, in: ders., *Mord am Strand*, a. a. O., S. 125—144, hier: S. 131.

方法；而现在，这些初步的考虑在其巨著《信任与暴力》中得到了体系化，融入了一个统一的范畴图式中。[1]雷姆茨玛总是立足于以下观察：所有暴力的物理核心在于，从外部对另一个自我的身体施加痛苦与折磨，重新拆毁其在幼年时期辛辛苦苦建立起来的身体边界。[2]我们倾向于称之为"心理暴力"（psychische Gewalt）的东西也有赖于这种拆解的配合，因为它唤起了一种"完全无助"的状态———一种我们在身体上与环境划清界限之前所处的状态。[3]因此，《信任与暴力》非常令人信服地指出，任何种类的轻视与羞辱都体现了"对早期恐惧诱因的引述"（Zitat früherer Angstauslöser）[4]，不由自主地让相关者回忆起自己幼年时期任由环境及监护人"所支配"的恐怖场景。在人类个体发育之初的，或许并不是"原始的信任"，而是"原始的不信任"[5]———这是雷姆茨玛关于人类生存状况最有价值的教导之一。对雷姆茨玛而言，在任何情况下，暴力直接或间接地代表了对物理边界的跨越（这种跨越是非自愿的、强加于我们之上的），而正是这种边界的建立，构成了人格完整性观念的核心。因此，任何区分身体暴力各种形式的尝试都必须完全聚焦于发生在人类身体外部的事情。在《信任与暴力》中，作者透过这种激进的外部视角，采用先前的方法，提出了系统性的建议[6]———纯粹

[1] Jan Philipp Reemtsma, *Vertrauen und Gewalt. Versuch über eine besondere Konstellation der Moderne*, Hamburg 2008.

[2] Ders., »Freiheit, Macht, Gewalt«, in: *Mord am Strand*, a. a. O., S. 128 ff.

[3] Ebd.

[4] Jan Philipp Reemtsma, *Vertrauen und Gewalt*, a. a. O., S. 130.

[5] Ebd.

[6] Vgl. etwa Jan Philipp Reemtsma, »Alexander Mitscherlichs Thesen über Grausamkeit-wieder gelesen«, in: Sibylle Drews (Hg.), *Freud in der Gegenwart. Alexander Mitscherlichs Gesellschaftskritik*, Frankfurt am Main 2006, S. 84—93.

根据施加于他人身体之上的物理胁迫类型，来分别区分三种暴力形式：在"移除型暴力"（lozierende Gewalt）中，为实现预期目标，身体被移开；在"占有型暴力"（raptive Gewalt）中，身体只是被用作增强快感的源泉；而在"摧毁型暴力"（autotelische Gewalt）中，身体最终沦为破坏狂的对象。[1]乍一看，根本不清楚这种三分法能有什么特别的知识收获，直到突然发现，与传统的划分相比，这里实际上只是针对身体的外在方面：暴力形式的区别并不体现在心理动机所起的作用上，而是体现在物理虐待或身体冲击类型的纯外表上。定义单个暴力形式的决定性因素，并不是施暴者在各自情况下的动机，而是他与受害者身体之间的身体关系：如果施暴者想把受害者身体"移开"，那就是"移除型"暴力；想在性方面"利用"它，就是"占有型"；想"毁灭"它，就是"摧毁型"。移开、利用与毁灭，在雷姆茨玛看来，这是三种人类在社会实践中经常遇到的暴力类型。如何从制度层面对这三种暴力形式进行规范和处理，是区分各种社会组织形式的依据，而雷姆茨玛的此项建议构成了其社会理论的关键步骤。

290

鉴于与自己理论方法相关联的激进的视角转换，雷姆茨玛对通常的社会发展阶段划分方式并不满意。谁若是以社会暴力管控的发展（而非社会道德变迁或经济结构变化）为标准来区分各种社会形态，谁就必然得出与经典社会理论传统截然不同的结论：法国大革命或资本主义工业化并不是通往现代社会的突破性事件，而只是反映暴力的制度性处理发生巨变的社会过程。在雷姆茨玛的作品中——无论是文学理论还是社会理论著作——有两个始终发挥核心作用的历史变革，而这种变革的意义，却往往

---

[1] Jan Philipp Reemtsma, *Vertrauen und Gewalt*, a. a. O., S. 104—124.

无法在主流的时代分期中向我们敞开。第一个阶段以始于 17 世纪上半叶的欧洲内战的结束为标志。通过对之前的暴行进行文化处理，欧洲第一次开始形成限制暴力的文明形象。[1]借助上述区分，可以把当时的事件理解为针对占有型及摧毁型暴力的广泛有效的去合法化（Delegitimierung），这样，唯一合法的暴力形式似乎就只剩下移除型暴力了：只有在那些把身体暴力当作国家目标之实现手段的领域中，身体暴力仍然是合法的，而与此同时，某种保护性的空间被创造出来，以保护公民免受外部侵扰。总的来说，欧洲开始将自己视作一个正在消除所有暴行与残忍的文明，一个只有到了病态边缘才了解非工具性的野蛮暴力形式的文明。在雷姆茨玛的描述中，欧洲现代性的上述自我主题化（Selbstthematisierung）就是一种"应对策略"，其任务在于，把暴力行为纳入目的—手段的范式，最终将其降格为移除型暴力，从而让所有不能被合法控制及处理的摧毁型暴力形式远离公众感知。[2]

雷姆茨玛认为，第二次划时代的突破发生在第二次世界大战结束时，当时，欧洲国家与北大西洋国家联合起来，重新致力于制约那些再次肆虐的暴力，实现社会的持续非军事化。纳粹的大屠杀，世界大战的战场，古拉格的系统——正是对这些前所未有的暴行的集体经验，促成了这种联合；为了限制暴力，人们又一次排除了所有未被国家认可的暴力，并把一切摧毁型暴力都认定

291

292

---

[1] Jan Philipp Reemtsma, »Des Schreckens innewerden«, in: ders., *Mord am Strand*, a. a. O., S. 145—175, bes. S. 155 ff.; ders., »Was heißt: aus der Geschichte lernen?«, a. a. O., S. 45 ff.; 在《信任与暴力》中，国家逐渐垄断暴力的过程被描述为一个开放事件，在这里唯一起决定作用的，就是国家对暴力垄断不择手段的巩固（Jan Philipp Reemtsma, *Vertrauen und Gewalt*, a. a. O., S. 168—170）。

[2] Jan Philipp Reemtsma, *Vertrauen und Gewalt*, a. a. O., S. 467.

为病态行为。[1]雷姆茨玛猜测,在这个历史节点上,一种新的、互补的现代性"应对策略"开始发挥作用:人们把幸存者回忆录视作关于一种同时在场又不在场的(zugleich an- und abwesend)暴力的代表性证词,用以指控国家社会主义以及斯大林主义中无可否认的"摧毁型"暴力滥用,通过这种刺激性的方式,继续否定摧毁型暴力。[2]

如果,以这种方式划分欧洲社会史,即把巨变的决定性阶段分别置于1750年与1950年前后——当时人们为了制度安定与非军事化作出了巨大努力——那么,自然而然就会引出一个问题:在这二百年之间的过渡阶段中,社会与政治领域发生了什么?雷姆茨玛认为,在"二战"结束后,需要再次在广泛的基础上对暴力进行限制,正如17世纪欧洲内战结束时曾尝试的那样;为此,他亟需向人们解释,暴力的枷锁究竟是如何在这期间被打破的。在回答这个问题时,倘若能够看到雷姆茨玛在其社会理论著作中为自己所设定的中心任务,那或许便是明智和恰当的。这并不是说,雷姆茨玛想以系统性的社会史甚或现代性的社会理论来解决这个问题——即使在巨著《信任与暴力》中,他也决心要在各个学科之间恣意穿梭,并分别根据解释的需要,将历史学、社会学以及文学研究化为己用。然而,如果把这本专著与其他同一主题的众多论文、讲座联系起来,就会找到许多关于答案的蛛丝马迹,合到一起,其价值可能要高于我们从浩如烟海的文章中所收获的大部分知识。雷姆茨玛指出,有两种社会机制,能够借以澄清19世纪和20世纪欧洲再度野蛮化及暴力扩张的谜团。一方

293

---

[1] Jan Philipp Reemtsma, »Des Schreckens innewerden«, a. a. O., S. 158 ff..
[2] Jan Philipp Reemtsma, *Vertrauen und Gewalt*, a. a. O., S. 488—493.

面，他认为长期战乱会对心理产生畸形影响，限制了社会道德视
294 野，解除了对暴力的制度性制约，从而在总体上逐渐忽视了平民
百姓。[1] 战争的经验——无论是直接的还是间接的——都会解
除相关人员的心理抑制，降低非工具性暴力形式的使用门槛。在法
国大革命的持续动荡中，战火再起，军事冲突不再局限于军队之间，
而是扩展到了民族、国家之间，在雷姆茨玛看来，正是在这个时候，
上述机制开始在现代欧洲发挥作用。战争工具的技术性完善，其远
距离杀伤潜能的逐步提高，最终让全体民众对残酷的暴行习以为常。
这些并没有在政治和法律秩序的层面所反映出来的过程，被雷姆茨
玛称为社会成员隐秘的军事化；不久之后，由此发展而来的心理倾
向与文化态度催生了德国国家社会主义与俄国的斯大林主义。雷姆
茨玛认为，在战争暴力手段——它们能够在没有充分感知其破坏
潜力的情况下被投入使用——逐步升级的过程中，广岛、长崎的
核爆达到了一个新的阶段；当时，核武器的首次使用可以被合理
295 化为一种"正常"的战争行为，因此，即便暴力的滥用是如此巨
大，却仍然在很大程度上游离于集体意识之外，从而，现代性作
为一种限制暴力的社会形态，仍能保持其自我形象。[2]

　　雷姆茨玛认为，为欧洲民众的再野蛮化推波助澜的，是第
二种机制；据我所知，类似的国家行动机构内部进程只有在瓦
尔特·本雅明的问题性著作《暴力批判》中得到关注。[3] 随着

────────────

[1] Vgl. exemplarisch Jan Philipp Reemtsma, »Traum und Moral. Einige Überlegungen zum Krieg als Zustand einer kriegführenden Gesellschaft und zum pazifistischen Affekt«, in: *Mord am Strand*, a.a.O., S. 347—368.

[2] Jan Philipp Reemtsma, *Vertrauen und Gewalt*, a. a. O., S. 344—359.

[3] Walter Benjamin, »Zur Kritik der Gewalt«, in: ders., *Gesammelte Schriften*, Bd. 2.I, Frankfurt am Main 1991, S. 179—203; 有关该文的问题，参见 Axel Honneth, »Eine geschichtsphilosophische Rettung des Sakralen. Zu Benjamins ›Kritik der Gewalt‹«, in: ders., *Pathologien der Vernunft. Geschichte und Gegenwart der Kritischen Theorie*, a. a. O., S. 112—156。

时间的推移，有权执法的暴力机关——主要是警察和军队——会形成某种趋势，越过自己有权实施身体暴力的明确界限；它们似乎倾向于自我破坏，因为它们让自己人沉迷于暴力，从而模糊了边界，使暴力沦为纯粹的残忍。[1]要想理解这种机制，我们就必须和雷姆茨玛一样认识到，由于暴力有助于增强权力感与自由感，因此一切暴力都包含着自我升腾（Selbststeigerung）或亢奋（Efferveszenz）的因素：主体一旦动用了暴力，权力及自主性范围就会随之扩大，于是，便趋之若鹜地进一步加剧了暴力活动。[2]雷姆茨玛认为，在那些原本依据法治限制暴力的国家制度中发挥作用的，正是暴力的这种自我去界限化（Selbstentgrenzung）的动力：那些本该以合法手段限制暴力的人，从某个时候起，开始激烈地把这些手段中的暴力元素据为己有，把工具变成了其行动的内在目标。自此，离以下论断便只有一步之遥：像魏玛共和国这般如此迅猛地实现再军事化的社会，具有逐步摧毁其文明制度、助长个人暴力倾向蔓延的趋势。因此，1933年在政治和法律层面所发生的事情，并非极端的突变或全新的开始，而是一个欧洲现代性核心国家的野蛮化过程之结果——这种渐变且不易察觉的野蛮化过程具有悠久的历史。

所有这些考虑——无论是对战争心理扭曲作用的观察，还是关于执法部门之自我破坏潜力的观点——都构成了现代社会脆弱性理论的基石：雷姆茨玛想表明的是，在由法治所构成的共同

[1] Vgl. etwa Jan Philipp Reemtsma, »Freiheit, Macht, Gewalt«, a. a. O., S. 140 f.; vgl. zu diesem Themenkomplex jetzt auch：Daniel Loick, *Kritik der Souveränität*, Frankfurt am Main 2012, Kapitel II. 2.

[2] Vgl. auch Ferdinand Sutterlüty, *Gewaltkarrieren. Jugendliche im Kreislauf von Gewalt und Missachtung*, Frankfurt am Main 2002.

体文明成就中，没有什么是稳定与持久的，从而，应当保卫这个共同体，让其一劳永逸地免受我们暴力潜能释放的威胁；另一297方面，所有现代社会所潜存的某种机制或规律意味着，那些仅仅被暂时抑制的摧毁型暴力，总能一次又一次地挣脱自己的枷锁。从"一战"中对杀戮限制的解除，到国家社会主义中排犹暴力的滥用，再到亡命之徒（Desperados）的形象[1]，一条关于摧毁型暴力的线索贯穿了整个 20 世纪，正是在这种暴力的交往维度（kommunikative Dimension）上——无声地要求人们同流合污——现代性的自我理解产生了错觉，因为借助"应对策略"，此前所有的暴力都被压缩到了以目的为导向的工具性范式中。[2]

因此，与权力分析大师米歇尔·福柯不同，雷姆茨玛所坚持的历史观旨在透过社会形态纷繁的变化，揭露一种关于战争状态、肉体征服以及摧毁型暴力滥用的潜藏的永恒性；那里既没有人类持续的改善，也没有道德教化的过程，因而，观察者便失去了规范取向或规范评价的基准点。事实上，任何指望在历史中看到通往文明进步过程的假说，都让雷姆茨玛高度怀疑。在他看来，一种乐观主义的历史哲学没有依据，同样地，也没有理由相298信人类具备道德学习的能力。[3] 然而，他并没有从这一切中得出任何相对主义的结论；虽然他并不完全是一个康德主义者，但他与大卫·休谟或理查德·罗蒂一样，清醒地寄希望于人类某种情感应对能力（emotionale Ansprechbarkeit）。雷姆茨玛试图从自己对社会秩序脆弱性的清醒洞见中所获得的弱道德观念（das schwache Ethos），正是建立在这个前提之上。

---

[1] Jan Philipp Reemtsma, *Vertrauen und Gewalt*, a. a. O., S. 503 ff..

[2] Ebd., S. 493—505.

[3] Vgl. Jan Philipp Reemtsma, »Was heißt: aus der Geschichte lernen?«, a. a. O.

二

在其社会理论中，扬·菲利普·雷姆茨玛很少涉足道德哲学或伦理学领域，即便涉足，也是犹豫不决的；他在著作中，对我们能否在道德上抗击迄今反复肆虐的暴力与暴行这一问题着墨甚少。如此回避的原因首先在于，他并不认为20世纪文明的断裂对我们所有道德哲学的努力而言没有任何意义。这个受康德、歌德滋养成长的文化，居然会容忍、支持对欧洲犹太人的种族灭绝，甚至为此欢欣鼓舞——在雷姆茨玛看来，光是这个事实就足以质疑道德普遍主义的全部努力了。[1]诚然，雷姆茨玛并不想如约翰·杜威或其他盎格鲁—萨克逊批评家般走得那样远，认为德国人之所以愿意服从希特勒的统治，只是因为康德义务论道德普及的致命性影响[2]；然而另一方面，他也想让道德普遍主义承认，在犹太人被迫害的关键时刻，团结我们所有人的道德原则的观念是完全失效的。雷姆茨玛认为，这种观念——所有人都应当具备以尊重他人为原则导向的理性能力——之所以错误，只是因为动机的无后果性（Folgenlosigkeit）；无论人们在康德之后做出何种尝试，试图对这一原则的认同视为某种不容置疑的、源于我们纯粹语言能力的东西，对于在具体历史中纠缠的主体而言，这样的努力仍然毫无意义。因此，在雷姆茨玛看来，康德特色的道德普遍主义的缺陷，就是想要将道德的正当性与如何促使主体遵

299

---

[1] Vgl. etwa Jan Philipp Reemtsma, »Theorie der Moral nach Todorov und Luhmann«, in: ders., *»Wie hätte ich mich verhalten?« und andere nicht nur deutsche Fragen*, a. a. O., S. 75—100., bes. S. 82 ff..

[2] 参见本书《狂热的逻辑：约翰·杜威关于德国人精神气质的考古学》一章。

循道德原理的问题脱钩；如果只是去追问哪些原则可以合乎理性
地有效，而不考虑它们如何在具体情况下发挥作用，那么，道德
哲学就无法为防止暴行与残忍作出任何贡献。当然，从对理性主
义道德论证的上述批判中，雷姆茨玛并不会得出所有道德哲学的
考量均无关紧要的这种结论。他本人一再强调，毕竟有人出于
道德动机反抗纳粹——单单是这个事实，就足以让他的理论意图
（即处理这种行动有效的道德信念之条件）显得有意义了。虽然
道德普遍主义未能接近这种动机前提，但这并不意味着要立即放
弃所有的道德哲学。

　　为了获得进一步的见解，雷姆茨玛谨慎地重拾大卫·休谟
的道德理论学说，不久之前，他还试图从中额外推导出一套关于
社会信任构成（soziale Vertrauensbildung）的理论。尽管雷姆茨
玛没有接纳休谟经验主义理论的所有预设，但休谟对我们道德情
感核心的假设却似乎在很大程度上说服了他。据此，我们不能按
照理性认识或某种真理洞见的模式来设想道德信念的出现，而
必须视之为我们对他人所展现的同情心（Empathiegefühlen）的
习惯性沉淀过程。因此，对休谟而言，我们以这种情感方式所
善待的人越多，可归于某个主体的道德信念就越是成熟而全面。
雷姆茨玛认为，这种模式不仅适合解释对纳粹独裁的道德反抗，
而且也适合解释对暴政与暴行的普遍抗争：人们与那些素昧平
生的受苦受难者团结一致，并不是出于理性的洞察力，而是因
为人们在情感认同之路上延伸了自己的同情心，视这些陌生人
为同类（Mitmenschen），不愿对其施加任何暴力。在此发挥作
用的，并不是主体认识事物的一种神秘的学习过程，而是其同
情心（Mitgefühl）的一种社会化延伸。正是这种同情心导致了
"态度的改变"，或者像雷姆茨玛所反复说的，"精神气质的转变"

（Mentalitätswandel）。[1] 在《信任与暴力》的研究中，这种延伸
同情的纯粹情感能力——远没有那么被强调了——由一种在现代
性特定条件下构建社会信任的可能性所保证；正如雷姆茨玛所猜
测的那样，由于此时功能分化加速进行的过程不再得到"高级的
我们"（vorgeschaltetes Wir）这一被基督教价值观赞扬的"框架
信任"（Rahmenvertrauen）所支持、所熨帖，因此，很快便需要
那些能够建立起信任的等价物——这种等价物最先出现于 19 世
纪国家认同的构建中。[2] 然而，由于对这种功能分化挑战的"补
偿性回答"在历史上失去了其不言而喻的效力，因此，现代社会
中所必需的信任构建变得尤为艰难。鉴于极端暴力隐秘的持存，
社会信任几乎难以为继，除非，相互同情之人的圈子得以不断扩
展。与休谟一样，雷姆茨玛把自己余下的信任都倾注于这种扩展
之中。

302

　　在雷姆茨玛看来，由于这种变化过程同个体情感状态的几
乎不可用的前提相关联，通过情感转移（而非理性认识）而产
生，因此，这种变化过程也并非真正永久的。倘若，遏制暴力的
体制改革是出于心理状态的改变而实施，那么，其稳定性与坚固
性就远未达到那些在人类历史中看到有效学习过程的人们所希冀
的程度。雷姆茨玛认为，道德是一种极其脆弱的力量；只有当人
们从其生活世界的特定视域出发，与他人建立情感的联系，开始
展现出对他人的同情心与善意时，道德才会真正出现；但是，由
此奠定的基础却并不牢固，不足以承载文明的进步甚或永久的和
平。然而，所有这些并不意味着，雷姆茨玛没有看到我们为道德

---

[1] 关于这一术语，主要参见 Jan Philipp Reemtsma, »Was heißt: aus der Geschichte
lernen?«, a. a. O., S. 45 ff.。

[2] Jan Philipp Reemtsma, *Vertrauen und Gewalt*, a. a. O., S. 85—99.

传播作出贡献的可能性。对他而言，即使我们没有理性信念的手
段来促使他人接受一种道德态度，那也不意味着我们完全没有机
会对暴力、敌意与不容忍进行道德上的遏制。在《莱辛在汉堡》
这本精彩绝伦的书中，他提出了一种加强道德情感力量的典范方
式。[1] 在书中，他带着毫不掩饰的好感，再现了 18 世纪 60 年
代的莱辛在其《汉堡剧评》（*Hamburgische Dramaturgie*）中把剧院
设计为道德社会化场所的思考。据雷姆茨玛所说，在思索中，这
位《明娜·冯·巴恩赫姆》（*Minna von Barnhelm*）和《智者纳坦》
（*Nathan*）的作者隐约受到这种观念的引导——现代的道德已经
失去了宗教及习俗的激励性支持；因此，需要一种新的媒介，以
便承担鼓励主体善待其同类的任务。莱辛认为，能够合理履行这
个职责的唯一组织机构就是剧院；因为这里经常聚集足够多的观
众，如果呈现在他们面前的戏剧设计得当，他们便会不由自主地
如此行事，以同情心洞察他人的脆弱性。因此，对莱辛而言，剧
作家所面临的关键挑战，就是设计出逼真且复杂的舞台角色，在
激励观众接受舞台角色的观点的同时，扩大观众的同情心。假如
这成功了，那么剧场里便发生了一个道德社会化的过程，因为道
德无外乎是对他人脆弱生命善意体谅的能力。

　　我曾说过，雷姆茨玛带着毫不掩饰的好感，再现了莱辛的
这些著名思考；无论是把道德建立在人类情感的基础上，还是对
人类生命脆弱性的强调，都与雷姆茨玛自己的信念非常接近。当
然，这并不是说，雷姆茨玛想在今天重新将剧场本身作为一个
道德机构来予以恢复；他对完全不同方向的作家的偏好——无论

---

[1] Jan Philipp Reemtsma, *Lessing in Hamburg 1766—1770*, München 2007, bes.
S. 44—65.

是维兰德还是阿诺·施密特——就已经与这种不靠谱要求大相径
庭了。扬·菲利普·雷姆茨玛对这种倒退（即退回现代主义文
学之前的阶段）并无兴趣；在他看来，文学不应该直接服务于
道德教育，而应当提供一种"二阶观察"（Beobachtung zweiter
Ordnung）[1]，以虚构的方式确定我们生活的可能性范围。对莱
辛的反思，其实并不符合这一观念，因而必须作范例式理解：以
《汉堡剧评》为例，这些反思旨在提醒我们关注这样一个事实：
我们总是有新的机会来增强道德的情感力量，从而抵抗暴力对
文明的消解。今天，在文学对其媒介自我启蒙的 250 年后，莱
辛在他的时代为戏剧发展所作出的贡献必然呈现出完全不同的
形式与形态；无论是戏剧、长篇小说还是短篇小说——正如理查
德·罗蒂偶尔乐见的那样——都无法直接增强我们对他人苦难的
敏感度。[2]这些表现形式早已被其他真实性与公信力更强的媒   305
介所取代——这里所说的，可能是大屠杀幸存者们令人羞愧的叙
述[3]、某些电影或历史展览，重要的是，为了突破特殊主义的壁
垒，拓展我们同情的能力，没有什么在当下是未经审美尝试的。

　　并不是说，雷姆茨玛对这种道德情感激励的效果寄予厚望；
一个很早就被历史现实剥夺了所有社会理论幻想的人，自然不会
希望从我们道德力量的审美提升中得到任何祝福，也不会希望最
终实现和平状态或"目的王国"。通过对莱辛的评论，雷姆茨玛

---

[1] Jan Philipp Reemtsma, »Was wird aus Hansens Garten? Gedanken über den
　　fortschreitende Verlust an Symbolisierungsfähigkeit«, in: ders., *Das unaufhebbare
　　Nichtbescheidwissen der Mehrheit*, München 2005, S. 9—42, hier S. 23.

[2] Vgl. Richard Rorty, *Kontingenz, Ironie und Solidarität*, Frankfurt am Main 1989,
　　Kapitel 7, 8 und 9.

[3] Jan Philipp Reemtsma, »Die Memoiren Überlebender«, in: ders., *Mord am
　　Strand*, a. a. O., S. 227—253.

或许想告诉我们的是，我们别无选择：鉴于人类实施暴力的能力，我们唯有不懈地加强在同情能力中同样被赋予我们的反作用力。我们在此所能期待的目标，无非是建立一个"文明的最低限度"(ein zivilisatorisches Minimum)[1]——在这种状态下，使用身体暴力的可能性将大大降低。

[1] Jan Philipp Reemtsma, »1795/1995-Kants *Zum Ewigen Frieden* und die Idee des Zusammenhangs von Weltbürgertum und zivilisatorischem Minimum«, in: ders., *»Wie hätte ich mich verhalten?« und andere nicht nur deutsche Fragen*, a. a. O., S. 120—132.

参考文献

~~~~~~~~~~~~~~~~~~~

»Das ambivalente Erbe Hegels. Franz Rosenzweig zu Beginn des Jahrhunderts«, erschienen als Nachwort in: Franz Rosenzweig, *Hegel und der Staat*, herausgeben von Frank Lachmann, Berlin 2010, S. 556-582.

»Logik des Fanatismus. John Deweys Archäologie der deutschen Mentalität«, erschienen als Einführung in: John Dewey, *Deutsche Philosophie und deutsche Politik*, Berlin/Wien 2000, S. 7-35.

»Phänomenologie des Bösen. Das vergessene Werk von Aurel Kolnai«, erschienen als Nachwort in: Aurel Kolnai, *Ekel, Hochmut, Haß. Zur Phänomenologie feindlicher Gefühle*, Frankfurt am Main 2007, S. 143-175.

»Der destruktive Realist. Zum sozialphilosophischen Erbe Siegfried Kracauers«, unveröffentlicht.

»Dispositive unseres Denkens. Die verkannte Leistung Robin G. Collingwoods«, erschienen als Nachwort zu: Robin G. Collingwood, *Die Idee der Natur*, Frankfurt am Main 2005, S. 215-232.

»Versuchungen eines Liberalen. Helmuth Plessner vor dem Nationalsozialismus«, unter anderem Titel erschienen in: Wolfgang Essbach u. a. (Hg.), *Plessners »Grenzen der Gemeinschaft«*, Frankfurt am Main 2002, S. 21-28.

»Die Gefährdungen des Wir. Sozialistische Tendenzen im Werk von Amitai Etzioni«, ursprünglich eine Laudatio, die unter anderem Titel erschienen ist in: Amitai Etzioni, *Übers Ego zum Wir*, Bielefeld 2010, S. 33-58.

»Die Grenzen des ›homo oeconomicus‹. Albert O. Hirschmans intellektuelles Vermächtnis«, unveröffentlicht.

»Die Historizität von Furcht und Verletzung. Sozialdemokratische Züge im Denken von Judith Shklar«, erschienen als Vorwort in: Judith N. Shklar, *Der Liberalismus der Furcht*, herausgegeben und übersetzt von Hannes Bajohr, Berlin 2013, S. 7-25.

»Geschichtsschreibung als Befreiung. Quentin Skinners Revolutionierung der Ideengeschichte«, ursprünglich eine Laudatio, die unter anderem Titel erschienen ist in: *Mittelweg 36* 18 (April/Mai 2009), S. 35-46.

»›Nach Weltuntergang‹. Zur Sozialtheorie von Jan Philipp Reemtsma«, ursprünglich eine Laudatio, wiederveröffentlicht in: Ulrich Bielefeld, Heinz Bude, Bernd Greiner (Hg.): *Gesellschaft – Gewalt – Vertrauen. Jan Philipp Reemtsma zum 60. Geburtstag*, Hamburg 2012, S. 246-266.

术语索引

〰〰〰〰〰〰〰〰〰

注：高频出现的术语未列出；术语后的数字为德文版页码，即本书页边码

A

Abstraktion 抽象 129, 135

Aktualität 现时性 157, 163, 214, 271

allgemein 一般的，普遍的 37, 47, 58, 95, 99, 103, 104, 107, 111, 131, 151, 170, 173, 179, 180, 219, 258

Allgemeinheit 普遍性 135, 232

Anliegen 关切 83, 91, 161, 185

Aufbau 结构，构建 35, 52, 78, 185

Aufgabe 使命，任务 23, 30, 51, 57, 63, 108, 132, 145, 172, 207, 256, 279, 293, 303

Aufhebung 扬弃 29, 265

Aufklärung 启蒙 51, 64, 71, 93, 122, 126, 141, 157, 164, 221, 253

Augenblick 瞬间 14, 33, 113, 181, 193, 195, 262, 294, 299

Ausdruck 表达 24, 31, 69, 73, 130, 135, 151, 191, 243, 249, 254

Aussage 命题 155—159, 173, 181, 192, 199, 210, 211, 235, 249, 283

Aversion 反感 98

B

Bedeutung 意义 32, 38, 51, 54, 62, 64, 70, 71, 76, 78, 83, 100, 104, 107, 124, 133, 142, 165, 214, 279, 290

Bedingung 条件 37, 111, 138, 185, 194, 216, 244, 258, 278, 300, 301

Begriff 概念 8, 29, 57, 69, 78, 111, 134, 141, 173, 262, 271, 273, 275

Begründung 论证 62, 138—141, 146, 165, 228, 242, 247, 253, 299

Besonderheit 特殊性 135—137, 174

Bestimmung 规定 57, 69, 91, 104, 111, 135, 154, 157, 172, 174, 249

Betrachtung 考察，审视，沉思 52, 69, 102, 153, 219, 224, 268, 274, 299, 303, 304

Bewegung 运动 17, 83, 89, 113, 145, 148

Bewußtsein 意识 12, 43, 94, 180, 262, 289, 295

Beziehung 关系 83, 104, 108, 183, 185, 194, 202, 220

Bürger 公民 162, 192, 195, 234, 238, 244, 254, 258, 273, 291

Bürgerkrieg 内战 200, 201, 290, 293

D

Darstellung 呈现 13, 22, 29, 31, 39, 43, 114, 164, 174, 242, 302

Dekonstruktion 解构 28, 266

Denken　思维，思想　11, 31, 89, 136, 152, 228, 242, 263, 265, 269, 273

Dialektik　辩证法　51, 53, 122, 138, 141

Ding　物体，事物　21, 24, 27, 35—37

Distanzierung　排斥　98

E

Eigenart　特性　267

Eigenschaft　特征，属性　89, 93—95, 98, 102, 105, 150, 156, 251

Eigentum　所有权　14

Eindruck　印象　13, 24, 115, 163, 256, 266, 273, 277

Einheit　统一性，统一　91, 141, 156, 169, 176

Einteilung　划分　94, 289

das Einzelne　个人　101, 104

Element　要素　13, 30, 84, 116, 157, 240, 266, 296

Empfindung　感觉　88, 95, 111, 163, 282

Entfremdung　异化，疏离　25, 231, 252

Entstehung　产生　15, 49, 51, 190, 269, 270, 272, 285

Entwicklung　发展　12, 25, 36, 62, 81, 188, 213, 219, 251, 283, 290

Erfahrung　经验　7, 27, 79, 97, 180, 184, 235, 255, 292, 293

Erfassung　理解　95, 165

Erfüllung　履行　58, 59

erkennen　认识　15, 64, 96, 123, 150, 155, 225, 233, 238, 254, 301

Erkenntnis　认识，知识　33, 119, 136, 140, 153, 210, 282, 285, 300, 302

Erkenntnisgegenstand　认识对象　152

Erkenntnistheorie　认识论　150

Erklärung　解释　39, 50, 64, 69, 137, 141, 268, 281

Erscheinung　现象　54, 82, 99, 140

F

Faktum　事实　78

Form　形式　19, 53, 65, 96, 125, 136, 149, 170, 209, 228, 249, 269, 279, 287, 293, 304

Formalismus　形式主义　57, 87, 136

Freiheit　自由　40, 56, 182, 253, 273—279

Funktion　功能　15, 39, 108, 131, 175, 271, 303

Fügung　秩序

G

das Ganze　整体，全体　25, 34, 39, 156, 172, 266, 280

Gebilde　构成物　18, 36, 124, 223

Gedanke　思想　18, 28, 38, 66, 68, 96, 149, 213, 245, 284

Gefühl 情感 25, 86—111, 244, 284, 295

Gefühlsreaktion 情感反应 78, 92, 94, 100, 101—103, 106, 108, 256

Gegenstand 对象 81, 87, 95, 104, 113, 150, 207, 257, 284

Gegenwart 当代，当下 32, 52, 59, 134, 152, 233, 268, 285, 305

Geist 精神 14, 33, 47, 71, 96, 133, 149, 170, 253, 283

Gemeinschaft 共同体 59, 170—176, 183, 186—188, 195, 244

Gesamtdeutung 总体诠释 12, 22

Geschichtsbetrachtung 历史观, 267, 272, 276—279, 287, 296

Gesellschaft 社会 8, 44, 120, 171—173, 181—187, 191, 224, 262, 281, 290, 301

Gesellschaftskritik 社会批判 123, 131—133, 263, 280

Gesetz 规律 82, 210, 231

Gestalt 形态 97, 107, 125, 128, 133, 147, 169, 218, 226, 273, 280, 297, 304

Gestaltung 塑造 139, 189

Gewalt 暴力 64, 72, 86, 123, 136, 179, 254, 285—306

Grundlage 基础 18, 29, 49, 78, 152, 164, 255, 275

H

Handlung 行为 57, 152, 189, 267, 270

I

Idealismus 唯心主义，观念论 12, 51, 53, 59—72

Idealismus 理想主义 57, 68, 70, 253

Idee 理念，观念 13, 14, 19, 28, 50, 56, 63, 65, 151, 254, 255

Ideologie 意识形态 103, 126—128, 271

Inbegriff 典范 57, 58, 70, 270

Inhalt 内容 19, 55, 58, 68

Irrationalismus 非理性主义 52, 65, 71, 162

K

Kategorie 范畴 124, 131, 221, 240

Konstruktion 建构 14, 39, 89, 124—132, 240, 301

Kritik 批判 36, 56, 80, 150, 196, 276, 281, 295, 299

Kultur 文化 19, 60, 74, 76, 144, 196, 298

Kulturanalyse 文化分析 133, 141

Kulturphilosophie 文化哲学 17

L

Leben 生命 8, 84, 95—97, 104, 109, 171, 172, 200, 246, 304

Lebensphilosophie 生命哲学 64, 71

Lebensstation 生命历程 31—33

Lebenswelt 生活世界 54, 92, 96, 99, 119, 132, 151, 163, 281, 302

M

Macht 权力 51, 131, 135, 171, 206, 217, 254, 296

Materie 物质 96

Mentalität 精神气质 47, 49—52, 55—59, 64—74

Metaphysik 形而上学 51, 143, 159, 160

Methode 方法 27—30, 73, 87, 146, 159, 217, 269, 276

Mitbestimmung 共同决定 125, 236

Mitgefühl 同情心 301

Mitmensch 同类 98, 301, 303

Moment 要素 54, 153, 295

Möglichkeit 可能性 35, 66, 169, 181, 189, 206, 222, 240, 278, 301, 304

O

Objektivismus 客观主义 89

Objektivität 客观性 88

Ordnung 秩序 36, 58, 189, 206, 247, 256, 298, 304

P

Phänomen 现象 96, 113, 138, 139, 152, 153, 222

Phänomenologie 现象学 76, 81—83, 87—90, 97, 110, 252

Positivismus 实证主义 53, 153

Possibilismus 可能主义 209, 210, 217, 223, 225, 232, 240, 244

Praxis 实践 78, 93, 148, 179, 208, 219, 253, 259, 290

Prozeß 过程 9, 57, 153, 136, 157, 164, 205, 285, 294, 300, 303

Psychoanalyse 精神分析 80, 86

Psychologie 心理学 54, 80, 82, 221, 255, 257

R

Rahmen 框架 60, 102, 106, 133, 174, 187

Rahmenbedingung 框架条件 199, 202, 212

Rationalismus 理性主义 65, 72

Rationalität 合理性 57, 66, 135, 136, 139, 172, 268

Realist 现实主义者

Realität 实在性，现实 88, 121—128, 131

Reflexion 反思 35

Regel 规则 210

Rekonstruktion 重构 13, 27, 37, 39, 43, 162, 233, 268

Reproduktion 复制 124, 180, 187

Richtung 方向 19, 86, 107, 147, 197, 206, 220, 263

S

Schema 范式 63, 66, 67, 69, 266, 281, 291, 297

Schicksal 命运 42, 44, 71, 97, 248, 251, 253, 257

Seele 灵魂 83, 103, 105

Selbsterkenntnis 自我认识 20, 251

Sinn 意义 7, 57, 81, 95, 106, 136, 155, 172, 198, 266, 276

Sittlichkeit 伦理 14, 15, 30, 163

Spekulation 思辨 80, 100, 149, 251, 252, 272

Sprache 语言 92, 93, 105, 175, 224, 242, 245, 284

Struktur 结构 33, 105, 110, 113, 118, 151, 253, 290

Subjektivität 主体性 56, 126

Synthese 综合 87, 201

System 系统，体系 29, 31, 36, 154, 187, 248, 257, 292

T

Tatsache 事实 11, 28, 43, 57, 82, 96, 152, 174, 217, 244, 262, 298, 300

Tätigkeit 活动 21, 145, 150, 159, 181, 201, 212, 265, 285

Totalität 整体性，整体 24, 28

U

Unterscheidung 区别，区分 53, 93, 159, 166, 168, 235, 244, 274, 287, 290

Ursache 原因 18, 43, 47, 51, 64, 219, 256

Urteil 判断 121, 240

V

Verhältnis 关系 31, 107, 112, 174, 220, 235, 259, 275, 287

Verknüpfung 结合 182, 259

Vernunft 理性 33, 38, 54—72, 134—140, 282

Vitalismus 生命主义 71, 74

Vivisektion 活体解剖 8

Voraussetzung 前提 20, 66, 111, 116, 150, 162, 211, 274, 300

W

Wahrheit 真理 66, 131, 156—159, 191, 267, 300

Wahrnehmung 知觉 34, 41, 129, 131, 138, 234, 257, 259, 291

Welt 世界 15, 33, 53, 67, 72, 97, 127, 151, 213, 216, 267

Weltbild 世界观 52, 53, 113

Weltbürgertum 世界主义 17, 26

Weltkrieg 世界大战 12, 15, 24, 42, 50, 52, 206, 282, 292, 297

Wesen 本质 82—86, 104—111, 169, 170, 186, 286

Widerspruch 矛盾 156, 177, 228

Wirklichkeit 现实性 27, 62, 70,

121, 125, 130, 158—160

Wirkungsgeschichte 效果历史 40,
58, 77

Z

Zivilisation 文明 53, 60, 283, 285,
291

人名索引

注：人名后的数字为德文版页码，即本书页边码

A

Acton, Harry 哈里·阿克顿 118

Adelman, Jeremy 杰里米·阿德尔曼 200, 208, 219

Adorno, Theodor W. 特奥多·W. 阿多诺 51, 120—122, 127, 132, 138, 141

Améry, Jean 让·阿梅里 281, 282, 285

Arendt, Hannah 汉娜·阿伦特 202, 247—257, 281, 282

Austin, John 约翰·奥斯汀 267

Ayer, Alfred 阿尔弗雷德·艾耶尔 149

B

Balázs, Béla 贝洛·鲍拉日 76

Benjamin, Walter 瓦尔特·本雅明 97, 115, 142, 202, 295

Berlin, Isaiah 以赛亚·伯林 143, 274

Bernhardi, Friedrich von 弗里德里希·冯·伯恩哈迪 58, 63

Binswanger, Ludwig 路德维希·宾斯万格 82

Bradley, Francis Herbert 弗朗西斯·赫伯特·布拉德利 53, 148

Brentano, Franz 弗朗茨·布伦塔诺 78, 81, 93

Bosanquet, Bernard 伯纳德·鲍桑葵 148

Bourne, Randolphe 伦道夫·伯恩 49

Bowles, Samuel 塞缪尔·鲍尔斯 220, 227

Bubel, Martin 马丁·布伯 11, 181—183, 186, 188

C

Carter, Jimmy 吉米·卡特 185

Chapiro, Sarah 莎拉·查皮洛 204

Chesterton, Gilbert K. 吉尔伯特·K. 切斯特顿 84, 87

Cohen, Hermann 赫尔曼·柯亨 24

Collingwood, Robin G. 罗宾·G. 科林伍德 7, 143—166, 264

Colorni, Eugenio 尤金尼奥·克洛尼 197, 198, 210

Croce, Benedetto 贝内德托·克罗齐 145, 149, 164

Curtius, Ernst Robert 恩斯特·罗伯特·库蒂尔乌斯 20

D

Dewey, John 约翰·杜威 7, 47—75, 145, 299

Dilthey, Wilhelm 威廉·狄尔泰 22, 145, 169, 173

E

Ehrenberg, Hans 汉斯·艾伦贝格 16, 19, 20, 29, 31

Etzioni, Amitai 阿米泰·埃兹奥尼 178—195

Eucken, Rudolf 鲁道夫·奥伊肯 63

F

Ferenczi, Sándor 桑多尔·费伦齐 79, 87

Fogarasi, Béla 贝拉·福加拉西 76

Foucault, Michel 米歇尔·福柯 147, 161, 217, 265, 266, 280, 297

Fry, Varian 瓦里安·弗莱 203

G

Gadamer, Hans-Georg 汉斯-格奥尔格·伽达默尔 146, 147, 268

Galbraith, John Kenneth 约翰·肯尼斯·加尔布雷思 220

Geertz, Clifford 克利福德·格尔茨 227, 228, 237

Gémes, Elisabeth 伊丽莎白·盖姆斯 115

Gintis, Herbert 赫伯特·金迪斯 220

Glatzer, Nahum 纳胡姆·格拉策 43

Gomperz, Heinrich 海因里希·贡佩尔茨 83

Green, T. H. T. H. 格林 53, 148

H

Harriman, W. Averell W. 阿维尔·哈里曼 208

Hayek, Friedrich von 弗雷德里希·冯·哈耶克 198, 199, 207

Haym, Rudolf 鲁道夫·海恩 22

Hampshire, Stuart 斯图尔特·汉普郡 118

Heine, Heinrich 海因里希·海涅 71

Hildebrand, Dietrich von 迪特里希·冯·希尔德布兰 90

Hirschman, Albert O. 阿尔伯特·O. 赫希曼 196—246

Hitler, Adolf 阿道夫·希特勒 67—72, 113, 202, 203, 207, 299

Hobsbawm, Eric 艾瑞克·霍布斯鲍姆 7

Hoffmann, Stanly 斯坦利·霍夫曼 220

Horkheimer, Max 马克斯·霍克海默 51, 122, 138

Hume, David 大卫·休谟 298,

300, 301

Huntington, Samuel　塞缪尔·亨廷顿　215, 216

J

Judt, Tony　托尼·朱特　7

Jurinetz, W.　W. 尤里内茨　80

K

Kaltscheuer, Otto　奥托·卡特舍尔　247

Kateb, George　乔治·凯特布　255

Kaysen, Carl　卡尔·凯森　227

Kirchheimer, Otto　奥托·基希海默　167

Kolnei, Aurel　奥雷尔·科尔奈　35—119

Koselleck, Reinhart　莱因哈特·科塞莱克　262

Kracauer, Siegfried　齐格弗里德·克拉考尔　7, 8, 120—142

Kramme, Rüdiger　吕迪格·克拉默　167—176

Kristeva, Julia　茱莉亚·克里斯蒂娃　249

L

Laslett, Peter　彼得·拉斯莱特　264

Lasson, Georg　格奥尔格·拉松　24

Leontief, Wassily　瓦西里·里昂惕夫　220

Levi, Primo　普里莫·列维　281, 285

Levinas, Emmanuel　伊曼努尔·列维纳斯　11

Locke, John　约翰·洛克　264

Löwenthal, Richard　理查德·洛文塔尔　221

Luhmann, Niklas　尼克拉斯·卢曼　262

Lukács, Georg　格奥尔格·卢卡奇　43, 44, 64, 76

O

Offe, Claus　克劳斯·奥菲　237

Olson, Mancur　曼瑟尔·奥尔森　238

P

Paz, Octavio　奥克塔维奥·帕兹　220

Pettit, Philip　菲利普·佩蒂特　275

Picht, Werner　维尔纳·皮希特　20

Pizzorno, Alessandro　亚历山德罗·皮佐诺　237

Plessner, Helmuth　赫尔穆特·普莱斯纳　7, 167—177

Pocock, John G. A.　约翰·G. A. 波考克　264

Polányi, Karl　卡尔·波拉尼　76, 89

Polányi, Michael　迈克尔·波拉尼　76

Popper, Karl 卡尔·波普尔 44

M

MacIntyre, Alasdair 阿拉斯戴尔·麦金太尔 143

Mannheim, Karl 卡尔·曼海姆 76

Marcuse, Herbert 赫伯特·马尔库塞 42, 280

Mead, George Herbert 乔治·赫伯特·米德 74, 182

Meinecke, Friedrich 弗雷德里希·梅尼克 5, 17—19, 21, 23, 26—28, 34, 40, 46

Meinong, Alexius 亚历克修斯·迈农 93

Millar, John 约翰·米勒 230

N

Nader, Ralph 拉尔夫·纳德 220

Neumann, Franz 弗朗茨·诺伊曼 167

Nietzsche, Friedrich 弗雷德里希·尼采 16, 51, 52, 64, 71, 74, 252, 267—269, 272, 273, 276, 277, 279,

Nohl, Herman 赫尔曼·诺尔 22

R

Rawls, John 约翰·罗尔斯 237

Reemtsma, Jan Philipp 扬·菲利普·雷姆茨玛 280—305

Reiniger, Robert 罗伯特·莱宁格 83

Reger, Erik 艾瑞克·雷格尔 8

Rickert, Heinrich 海因里希·李凯尔特 17, 26

Ritter, Joachim 约阿希姆·里特 46

Rorty, Richard 理查德·罗蒂 66

Rosenkranz, Karl 卡尔·罗森克兰茨 22

Rosenzweig, Franz 弗朗茨·罗森茨威格 7, 11—46

Ryle, Gilbert 吉尔伯特·赖尔 143

S

Savigny, Eike von 艾克·冯·萨维尼 262

Scheler, Max 马克斯·舍勒 62, 81—92, 107

Schelling, Thomas 托马斯·谢林 212

Schlick, Moritz 莫里茨·石里克 83

Schmidt, Arno 阿诺·施密特 304

Schmitt, Carl 卡尔·施密特 78, 114, 167—176

Scholem, Gershom 格肖姆·肖勒姆 11

Searle, John 约翰·塞尔 189

Sen, Amartya 阿马蒂亚·森 237

Shklar, Judith 朱迪丝·施克莱 247—261

Silone, Ignazio 伊格纳齐奥·西

隆 280

Simmel, Georg 格奥尔格·齐美尔 62, 129

Skinner, Quentin 昆廷·斯金纳 144, 229, 262—279

Skorupski, John 约翰·斯科鲁普斯基 143

Smith, Adam 亚当·斯密 204, 217, 230, 231

Sombart, Werner 维尔纳·桑巴特 204

Spitz, René 勒内·斯皮茨 76

Steuart, James 詹姆士·斯图亚特 231

Strawson, Peter 彼得·斯特劳森 160

T

Theunissen, Michael 米夏埃尔·托伊尼森 37, 46

Tobin, James 詹姆斯·托宾 215

Topitsch, Ernst 恩斯特·托皮奇 45

Tönnies, Ferdinand 斐迪南·滕尼斯 32, 33, 41

W

Wagner, Richard 理查德·瓦格纳 22, 71

Walzer, Michael 迈克尔·沃尔泽 66, 196, 237, 280, 281

Weizsäcker, Viktor von 维克托·冯·魏萨克 20

Wieland, Christoph Martin 克里斯托夫·马丁·维兰德 285, 304

Wiggins, David 大卫·威金斯 76, 83, 85, 91, 118

Williams, Bernard 伯纳德·威廉姆斯 76, 83, 85, 91, 118

Windelband, Wilhelm 威廉·文德尔班 16

Wittgenstein, Ludwig 路德维希·维特根斯坦 160, 262, 267, 278

Wölfflin, Heinrich 海因里希·沃尔夫林 21

图书在版编目(CIP)数据

时代的活体解剖:20世纪观念史肖像/(德)阿克
塞尔·霍耐特著;梁乐睿译. —上海:上海人民出版
社,2023
(霍耐特选集)
ISBN 978 - 7 - 208 - 18141 - 0

Ⅰ. ①时… Ⅱ. ①阿… ②梁… Ⅲ. ①思想史-世界
Ⅳ. ①B1

中国国家版本馆 CIP 数据核字(2023)第 022996 号

责任编辑 毛衍沁
封面设计 胡 斌

霍耐特选集

时代的活体解剖
——20 世纪观念史肖像

[德] 阿克塞尔·霍耐特 著

梁乐睿 译

出　　版　上海人民出版社
　　　　　　(201101　上海市闵行区号景路 159 弄 C 座)
发　　行　上海人民出版社发行中心
印　　刷　上海商务联西印刷有限公司
开　　本　635×965　1/16
印　　张　17
插　　页　4
字　　数　193,000
版　　次　2023 年 4 月第 1 版
印　　次　2023 年 4 月第 1 次印刷
ISBN 978 - 7 - 208 - 18141 - 0/B · 1674
定　　价　72.00 元

马克斯·霍克海默

《启蒙辩证法：哲学断片》

《批判理论》

《文化批判》

特奥多·阿多诺

◇ 阿多诺选集·哲学

《道德哲学的问题》

《否定的辩证法》

《美学理论（修订译本）》

《最低限度的道德：对受损生活的反思》

《黑格尔三论》

《认识论元批判：胡塞尔与现象学的二律背反研究》

《本真性的行话：论德意志意识形态》

《批判模式》

◇ 阿多诺选集·音乐

《论瓦格纳与马勒》

尤尔根·哈贝马斯

《交往行为理论（第一卷）：行为合理性与社会合理化》

《包容他者》

《后民族结构》

Frankfurter Schule
法兰克福学派书系

《欧盟的危机：关于欧洲宪法的思考》
《社会科学的逻辑》
《真理与论证》
《在自然主义与宗教之间》

阿克塞尔·霍耐特

《权力的批判：批判社会理论反思的几个阶段》
《为承认而斗争：论社会冲突的道德语法》
《承认：一部欧洲观念史》
《理性的病理学：批判理论的历史与当前》
《再分配还是承认？——一个政治哲学交辩》
《正义的他者》
《时代的活体解剖：20世纪观念史肖像》

Frankfurter Schule
法兰克福学派书系

哈特穆特·罗萨

《新异化的诞生：社会加速批判理论大纲》
《不受掌控》
《危机中的晚期现代社会：社会理论能做什么？》

莱纳·福斯特

《辩护的权利：建构主义正义论的诸要素》
《正义的语境：超越自由主义与社群主义的政治哲学》
《冲突中的宽容：一个争议性概念的历史、形态和当下境遇》